Gertrud Pfister FLIEGEN – IHR LEBEN

CIP-Kurztitelaufnahme der Deutschen Bibliothek

Gertrud Pfister:
Fliegen – ihr Leben : die ersten Pilotinnen / Gertrud Pfister. –
1. Aufl. – Berlin : Orlanda-Frauenverl., 1989
ISBN 3-922166-49-0

Die Beiträge »Ich flog über Afrika« von Amy Johnson und »Allein über den Atlantik« von Amelia Earhart wurden aus dem Englischen übersetzt von Margarete Längsfeld, München.

Verantwortlich für den Wortlaut des Beitrags »Im Liniendienst bei der Lufthansa«: Nicola Lunemann, Copilotin, Deutsche Lufthansa AG.

1. Auflage 1989

ISBN 3-922166-49-0

Lektorat: Bettina Schäfer
Umschlag: An Dekker, Amsterdam, unter Verwendung eines Fotos, das die französische Bildhauerin und Flugschülerin Thérèse Peltier um 1908 zeigt. (Ullstein Bilderdienst, Berlin)
Satz / Layout: Limone, Berlin
Druck: Plambeck & Co., Neuss

GERTRUD PFISTER

FLIEGEN – IHR LEBEN

DIE ERSTEN PILOTINNEN

Orlanda Frauenverlag

Inhalt

Einleitung 9

Die Erfüllung eines Traumes – Luftschifferinnen 17

Carlotta, die Lady im Ballon 23

Eine Luftradlerin, Pressebericht von 1899 29

Käthe Paulus, die erste deutsche Fallschirmspringerin 30

Der Doppelabsturz von Käthe Paulus 38

Frauen in ihren »fliegenden Kisten« 41

Melli Beese 48

Unser Flugplatz in memoriam von Melli Beese 57

Harriet Quimby 64

Marie Marvingt 72

Eine Sturmfahrt im Ballon über die Nordsee während der Nacht von Marie Marvingt 73

Baronessen, Artistinnen, Künstlerinnen – Flugpionierinnen 79

Frauen in der Luftfahrt, Pressebericht von 1925 87

Mit dem Flugzeug über die Meere – Abenteuer in fernen Ländern 89

Ein Rekord der Aktualität, Pressebericht von 1934 97

Thea Rasche – die »Königin der Luft« 99

Das »Powder Puff Derby« 1929 von Thea Rasche 100

Mein abenteuerlichster Flug von Amy Johnson 109

Die »fliegende Sekretärin« – Amy Johnson 111

Ich flog über Afrika von Amy Johnson 127

Versuch's noch einmal, Jean – Jean Batten 134

Mary, Herzogin von Bedford – Eine alte Dame fliegt um die Welt 140

Von Tunis nach Sizilien von Marga von Etzdorf 150
Der Flug ist das Leben wert – Marga von Etzdorf 156
Glück und Pech von Marga von Etzdorf 163
Jacqueline Cochran – Ihr Weg zu den Sternen 165
Unterwegs von Jacqueline Cochran 173
Allein über den Atlantik von Amelia Earhart 176
Amelia Earhart – Pilotin und Feministin 183
Phantastische Geschichte um verschollene Fliegerin,
Pressebericht von 1970 198

Fliegen als Beruf – Buschpilotinnen,
Kunstfliegerinnen, Fallschirmspringerinnen 201
Beryl Markham – Afrika war ihre Heimat 209
Die Suche nach einem verschwundenen Piloten
von Beryl Markham 220
Nancy Bird – Zum Fliegen geboren 224
Pilotinnen heute: Im Liniendienst bei der Lufthansa 235

Anmerkungen 236

Literatur 238

Bildnachweis 240

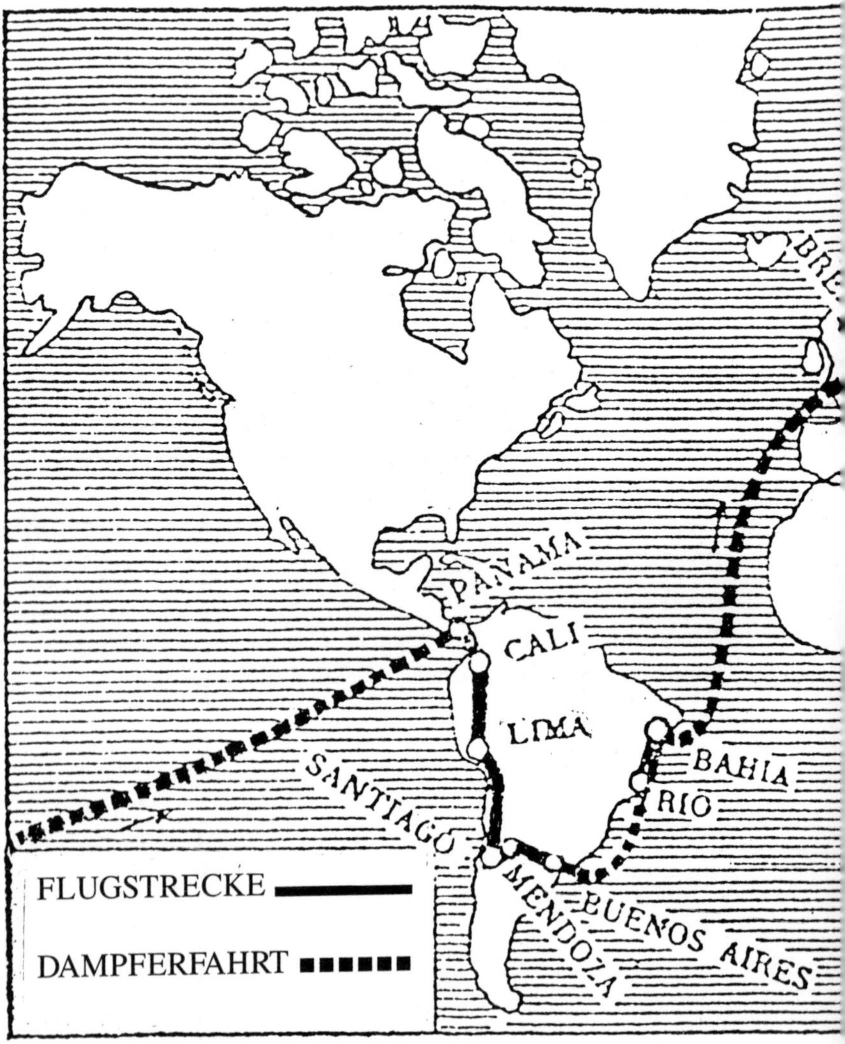

Elly Beinhorns Weltflug 1931: Die Karte zeigt den Weg, den die Fliegerin Elly Beinhorn während ihres Weltflugs zurücklegte. Die gestrichelte Linie bezeichnet die Dampferfahrten zwischen den Kontinenten. Elly Beinhorn startete in

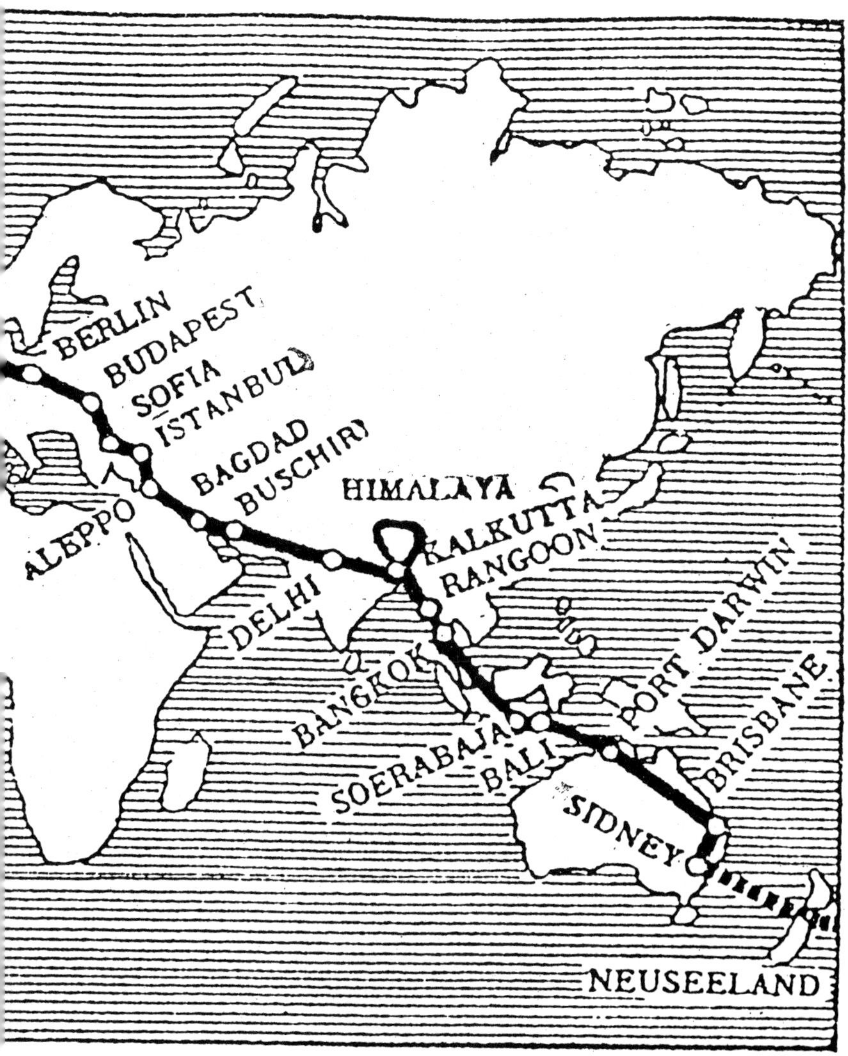

Berlin und kehrte mit dem Dampfer nach Bremen zurück, von wo sie mit dem Flug Bremen – Hannover – Berlin den Kreis um die Erde schloß. Sie ist die erste Frau, die sämtliche Erdteile mit dem Flugzeug überflogen hat.

Gertrud Pfister

Einleitung

Wer hat noch nicht davon geträumt, die Schwerkraft zu überwinden, alle Probleme hinter sich zu lassen und einfach davonzufliegen? Nur wenige haben den Wunsch, fliegen zu können, verwirklicht; sie waren damit allerdings nicht gleichzeitig aller Sorgen ledig. Im Gegenteil, die meisten Frauen, die sich ans Steuer eines Flugzeugs gewagt hatten, wurden nicht nur mit Turbulenzen in der Luft, sondern auch mit erheblichen Widerständen auf der Erde konfrontiert.

In einer modernen Verkehrsmaschine als PassagierIn zu fliegen, ist heute nicht mehr besonders anstrengend oder aufregend. Das Flugzeug ist — zumindest für die Mittelschichten der westlichen Industrieländer — zu einem Verkehrsmittel geworden, das viel von seiner ursprünglichen Faszination verloren hat. Exklusiv blieb dagegen der Kreis derer, die nicht geflogen werden, sondern selbst fliegen. Noch haben sich wenige Frauen heute dem Fliegen — sei es als Hobby oder als Beruf — verschrieben. Ist deshalb der Blick in die Pionierzeit des Fliegens für Frauen irrelevant? Was haben die Erfahrungen, Probleme und Erfolge der Flugpionierinnen mit dem Leben der Frauen heute zu tun?

Die Geschichte(n) der ersten Pilotinnen zu rekonstruieren, bedeutet, Frauen in diesem Bereich sichtbar zu machen und einen Mosaikstein zu einer umfassenden Geschichte der Frauen hinzuzufügen. Wie die Biographien anderer Frauen, so können auch die Lebensgeschichten der Pilotinnen Mut machen, weil sie nicht in erster Linie die Diskriminierungen von Frauen zeigen, sondern Wege, gegen diese Diskriminierungen anzugehen. Die Frauen, die in ihren »fliegenden Kisten« die Schwerkraft überwanden, ließen sich auch durch vielfältige Vorbehalte und Einschränkungen nicht davon abhalten, über ihr Leben selbst zu entscheiden und ihre Träume zu verwirklichen. Die Pilotinnen, ganz gleich wie sie persönlich zur Frauendiskriminierung und zum Feminismus standen,

Beryl Markhams Ankunft in London nach ihrem Flug von Nairobi

können in einer Hinsicht als Vorbild dienen: Sie leisteten Widerstand — indem sie sich nicht an die an Frauen gerichteten Erwartungen anpaßten und indem sie den Mythos der weiblichen Schwäche widerlegten. Bei Langstrecken- oder Kunstflügen, im harten Chartergeschäft erwiesen

sich Frauen als mutig, reaktionsschnell, ausdauernd und kompetent im physischen, psychischen und intellektuellen Bereich; sie erbrachten Leistungen, die man(n) Frauen niemals zugetraut hatte.
Die Geschichte der Luftfahrt ist aber auch ein gutes Beispiel für die Stabilität und Resistenz von Vorurteilen. Alle Erfolge, die Frauen in der Luftfahrt hatten, selbst die Transatlantikflüge einer Amelia Earhart oder einer Beryl Markham konnten für lange Zeit das Stereotyp, daß Frauen im Cockpit eines Flugzeugs nichts zu suchen hätten, nicht erschüttern. Alle Beweise der fliegerischen Kompetenz reichten nicht aus, um den Ausschluß von Pilotinnen aus dem Linienflugverkehr aufzuheben. Die Erfahrungen dieser frühen Pilotinnen bei ihren Versuchen, einen Platz in der Luftfahrt zu erobern, sind die Erfahrungen, die Frauen immer dann machen, wenn sie in angeblich männliche Domänen eindringen. Erst jetzt erreichen Frauen in den westlichen Industrieländern Zugang zur Ausbildung und Beschäftigung als Verkehrspilotinnen.
Die unbestreitbaren Leistungen der ersten Pilotinnen sollten uns jedoch nicht dazu verleiten, sie zu glorifizieren und unkritisch als Heldinnen zu verehren. Sie waren Menschen mit Stärken und Schwächen; ihre Motive waren nicht nur edel und selbstlos, ihre Entscheidungen nicht immer ausgewogen und ihre Einstellungen oft problematisch — an welchen Maßstäben sie auch immer gemessen werden. Viele Pilotinnen waren sehr ehrgeizig und bereit, große Risiken einzugehen, um im Scheinwerferlicht des öffentlichen Interesses zu stehen. Manche strebten auch ganz bewußt die Konkurrenz mit Männern an. Sie wollten besser sein als ihre Kollegen, und sie übernahmen dabei oft auch »männliche« Orientierungs-, Verhaltens- und Wertmuster.
Fliegen war gefährlich; die Frauen, die sich den unstabilen »fliegenden Kisten« anvertrauten, die über unerforschte Erdteile und Meere flogen oder riskante Kunstflüge vorführten, setzten dabei ihr Leben aufs Spiel. Auch diese Bereitschaft, das Leben für eine Sache — einen Flug, das Gefühl der Freiheit oder den Ruhm — einzusetzen, soll weder bewundert noch verurteilt werden. Die Pilotinnen nahmen sich vielmehr das Recht heraus, für ihre eigene Person Entscheidungen zu treffen, ein Recht, das Männer, obwohl sie es wie selbstverständlich für sich in Anspruch nahmen, Frauen oft nicht zugestehen wollten.
Fliegen überwindet Distanzen und ermöglicht Begegnungen mit Menschen in fernen Ländern. Vor allem die Langstreckenfliegerinnen hatten

Gelegenheit oder waren — je nach der Perspektive — gezwungen, in völlig fremden Kulturkreisen Kontakte aufzunehmen. Diese Kontakte waren für die meisten Pilotinnen zweckgebunden: Sie dienten einzig und allein dazu, den Weiterflug zu ermöglichen. Nach der Effektivität des Service wurden der Flugplatz, die Menschen und die ganze Kultur beurteilt. Der eurozentrische Blickwinkel und die Attitude von »Kolonialherren« ist in den Reiseberichten vieler Pilotinnen zu finden; sie maßen die fremde Kultur an den technischen und zivilisatorischen »Errungenschaften« des eigenen Landes und beurteilten dann die »Eingeborenen« oft als exotisch, aber auch als primitiv. Wenn sie, was häufig vorkam, in die Häuser reicher Landsleute eingeladen wurden oder in den besten Hotels logierten, empfanden sie die Hierarchie, die weißen Herren und die einheimischen Diener, als natürliche Ordnung der Dinge. Diese in der westlichen Welt weit verbreiteten und stabilen Denk- und Deutungsmuster stellten die Pilotinnen nicht in Frage. Sie nahmen die fremden Kulturen oft nur am Rande wahr.
Nicht nur das ethnozentrische, sondern auch das nationalistische Klima der Zeit beeinflußte die Einstellungen und Sichtweisen der Pilotinnen, die als Nationalheldinnen gefeiert wurden. Enthusiastisch und patriotisch wollten sich fast alle — sowohl im Ersten wie auch im Zweiten Weltkrieg — in den Dienst des jeweiligen »Vaterlandes« stellen, und sie empfanden es als Diskriminierung, ja sogar als persönliche Beleidigung, wenn ihr Angebot nicht angenommen wurde. Keinem der autobiographischen Texte ist zu entnehmen, daß den Pilotinnen, die Bomber zum Einsatzort flogen oder die, wie Hanna Reitsch, sogar an der Entwicklung neuer Waffen mitarbeiteten, damals bewußt war, daß sie an der Vernichtung von Leben beteiligt und somit mitschuldig waren am Tod von Millionen Menschen. Das Entsetzen über die Benutzung der Flugzeuge als todbringende Waffen, über die von Bomben zerstörten Städte und über die Millionen Toten klingt nur selten, und wenn, dann erst in der Retrospektive durch.

Mein Interesse an den Pilotinnen erwachte vor etwa zehn Jahren, als ich beim Durchblättern der schon etwas vergilbten Zeitschrift *Frauenturnen — Frauensport* von 1919 auf einen Artikel über Melli Beese stieß. Bis dahin war ich gar nicht auf den Gedanken gekommen, daß Frauen viel zur Entwicklung der Luftfahrt beigetragen haben könnten. Neugierig

Hélène Dutrieu um 1909

Marga von Etzdorf um 1927

begann ich in Archiven und Bibliotheken zu recherchieren, um etwas über das Leben von Melli Beese herauszufinden. Je mehr Informationen ich über sie fand, Mosaiksteine, die sich allmählich zu einem Lebensbild zusammenfügten, desto mehr erfuhr ich auch über andere Pilotinnen, über Käthe Paulus, Harriet Quimby, Hélène Dutrieu — Frauen, die mich faszinierten. Mehr oder weniger systematisch begann ich nun, Informationen über diese und andere Pilotinnen zu sammeln. Manchmal dauerte es Monate, bis ich einen Artikel aus den USA oder ein Buch aus England endlich in Händen hielt, und oft war der Inhalt enttäuschend, vor allem dann, wenn sich der Autor auf die technischen Besonderheiten der Flugzeuge und nicht auf das Leben und die Leistungen der Pilotin konzentriert hatte. In vielen »Geschichten der Luftfahrt« tauchten Frauen gar nicht oder nur in Fußnoten auf. Viel Material erhielt ich von Herrn Griese, der das Archiv des Luftsportverbandes in Schleswig-Holstein verwaltet, vom Museum für Verkehr und Technik in Berlin und dem Deutschen Museum in München, wo sich der Nachlaß von Marga von Etzdorf befindet. Am glücklichsten war ich immer dann, wenn ich einen autobiographischen Text gefunden hatte, einen Text, der mir die Schreiberin nahe brachte und authentische Einblicke in ihr Leben erlaubte. Je mehr ich über das Fliegen las, desto stärker wurde mein Wunsch, auch selbst einmal die Erfahrungen zu machen, die manche Pilotinnen so eindruckvoll beschrieben. Ich entschloß mich, an einem einwöchigen Kurs im Fallschirmspringen teilzunehmen. Der erste Tag verging mit theoretischen Erklärungen, Fallübungen und dem Legen der Schirme. Am zweiten Tag war es dann so weit — das kleine Flugzeug mit der offenen Luke stieg höher und höher. Ich schielte hinunter, winzig klein waren die mit Gräben umgebenen Wiesen und Felder, noch kleiner die roten Dächer. Allmählich bekam ich Angst, wie sollte ich nur das Landefeld finden können. Bevor ich mir noch weitere Gedanken machen kann, bin ich an der Reihe. Ich krieche nach vorne, setze mich in die offene Tür, meine Füße baumeln ins Leere. Ein Blick zum »Absetzer« — er nickt und läßt meine Schulter frei. Ich falle ins Leere und schwebe, bevor ich noch wie vorgeschrieben »einundzwanzig, zweiundzwanzig, dreiundzwanzig« zählen kann, am Schirm hängend zwischen Himmel und Erde. Ich fühle mich plötzlich ganz leicht, gelöst und glücklich, ich habe Zeit, die Erde ganz langsam auf mich zukommen zu lassen und ich weiß, daß ich diese Erfahrung nie vergessen werde.

Vera von Bissing beherrschte 1931 als einzige Frau den Looping nach vorn

Die Erfüllung eines Traumes – Luftschifferinnen

Wie ein Vogel zu fliegen, ist einer der ältesten Träume der Menschen, dem sich zunächst Phantasten, Artisten, Abenteurer und Autodidakten, später dann eher Wissenschaftler, Techniker, Sportbesessene und Geschäftsleute, aber auch ganz »normale« Menschen verschrieben. Diese Welt des Fliegens, des Abenteuers, der Forschung und der Technik galt schon immer als Welt der Männer, in der Frauen wegen mangelnder psychischer, physischer und intellektueller Eignung nichts zu suchen hatten und haben. Fliegen erfordert als männlich geltende Eigenschaften wie technisches Verständnis, Übersicht, Kaltblütigkeit, Durchhaltevermögen, Mut und dergleichen.
Fliegen war aber schon immer auch ein Traum von Frauen, den sie als Ballonfahrerinnen, Fallschirmspringerinnen und Pilotinnen zu verwirklichen suchten.

> Erhebe dich, mein leichtbeschwingter Kahn …
>
> Wohlan, aus deinem grünen Kranz von Bäumen
> erhebe dich, mein leichtbeschwingter Kahn,
> Hinauf ins Reich, das keine Grenzen säumen,
> Die Erd entflieht, durch Wolken geht die Bahn,
>
> Ein glänzend Meer in ungemess'nen Räumen
> ist vor dem trunk'nen Auge aufgethan,
> Sonst nur befahren von der Sehnsucht Träumen
> Trägt es mich selbst, die Schwache, himmelan!![1]

So poetisch beschrieb Wilhelmine Siegmundine Reichard, ein »junges, zartes Frauenzimmer«, ihre Gefühle bei einem Ballonaufstieg, der, knapp 30 Jahre nach der Erfindung des Heißluftballons, eine unglaubliche

Wilhelmine Reichard

Sensation darstellte. Die »mutige Luftschifferin« war mit Carl Gottfried Reichard verheiratet, einem Wissenschaftler, Unternehmer und Abenteurer, der durch seine eigenen Ballonaufstiege, noch mehr aber durch die Luftreisen seiner Frau, genug Geld verdiente, um eine chemische Fabrik errichten zu können. Bewundert wegen ihres Mutes, stieg Wilhelmine Reichard zwischen 1811 und 1820 viele Male mit einem Freiballon auf, geriet dabei häufig in große Gefahren, die sie mit bemerkenswerter Kaltblütigkeit meisterte, und überlebte — wie durch ein Wunder

— sogar einen Absturz. Als sie zu ihrer dritten Luftreise trotz der Warnungen ihres Mannes aufgestiegen war, geriet sie in einen Sturm, der sie in so große Höhe riß, daß sie ohnmächtig wurde. Als sie wieder erwachte, war dies der schrecklichste Augenblick ihres Lebens, den sie folgendermaßen schildert: »Ich fand mich in dem Schiffchen liegend, und das Barometer war meinen Händen entsunken ... Mein Blick fiel sogleich auf den Ball. Man denke sich, welches Entsetzen mich ergriff, als ich ihn gänzlich zersprengt, allen Gases entledigt, und stückweise durch das zerrissene Netz flattern sah ... Mit Blitzesschnelle die Wolken durchschneiden, mich der Erde sehr nahe erblicken und abermals bewußtlos dahinsinken, war das Werk eines Augenblicks.[2] Sie überlebte den Absturz, weil der Ballon am Gipfel einer großen Fichte hängenblieb und so der Sturz abgefedert wurde. Nach vielen Erfahrungen zog sich Wilhelmine Reichard, die Pionierin der »Damenluftfahrt« in Deutschland, 1820 ins Familienleben zurück.

Lange vor Wilhelmine Reichard hatten sich Französinnen dem Freiballon, einem zur damaligen Zeit sehr unzuverlässigen Luftfahrzeug, anvertraut. Nur wenige Jahre nach der Erfindung des Heißluftballons (1782) und nur Monate nach den ersten »bemannten« Ballonfahrten bestieg die erste Frau, Elisabeth Thible, 1794 in Lyon zusammen mit dem Maler Fleurant eine Montgolfière; beide erreichten während ihrer 45minütigen Fahrt eine Höhe von weit über 2000 m. Madame Thible soll, während sie als Minerva verkleidet in die Höhe schwebte, Arien gesungen haben, um dem Publikum und dem anwesenden König von Schweden ihren Mut zu beweisen. In ihrem Luftreisebericht heißt es: »Welche Lust, diese Erde zu verlassen, die von Neid und Eigennutz verzehrt wird. Welches Vergnügen, sich in die Gegenden des Himmels zu erheben, in denen majestätisches Schweigen und ewiger Frieden herrschen.«[3]

Schon an der Wende vom 18. zum 19. Jahrhundert entwickelte sich das Ballonfahren zu einem Beruf, der, in Ausnahmefällen, auch von Frauen ergriffen wurde. Beinahe alle berühmten Ballonfahrerinnen kamen durch ihren Ehemann oder durch Verwandte mit der Luftfahrt in Berührung. Die erste professionelle Luftschifferin, und eine der berühmtesten, war Sophie Blanchard, die nach dem Tode ihres Mannes (1809) seine Nachfolgerin wurde und ihr waghalsiges Unternehmen ungewöhnlich erfolgreich betrieb. Laut Beschreibung war sie »von robustem Charakter und ebensolcher Gesundheit, wenngleich mit der Fürsorglichkeit

und dem zarten Äußeren ausgestattet, das von der Weiblichkeit jener Zeit erwartet wurde.«[4]
Sie erfreute sich allseitiger Anerkennung, wurde von Napoleon zur kaiserlichen Aeronautin ernannt und durfte bei offiziellen Anlässen ihre Künste zeigen. 1810 stieg sie zur Feier der Vermählung Napoleons mit ihrem Ballon in die Lüfte. Ihre Tourneen führten sie durch ganz Europa, nach Neapel, Rom, Pisa, und auch nach Deutschland. Am 16. September 1810 startete sie ohne Gondel, auf einem Seil sitzend in Frankfurt, wurde in den Taunus abgetrieben und landete mit starken Erfrierungen. Besonders beliebt waren ihre nächtlichen Vorstellungen, bei denen der Ballon mit bengalischem Feuer beleuchtet einen feenhaften Anblick bot. 1819 stieg sie in den Gärten des Tivoli zu einer dieser riskanten Fahrten auf und entzündete einen Feuerwerkskörper, der den Ballon in Brand setzte. Das Publikum hielt den lodernden Ballon für eine neue Attraktion und klatschte begeistert, bis es erkannte, daß die Aeronautin verzweifelt gegen die Flammen kämpfte. Eine Rauchwolke hinter sich herziehend verschwand der Ballon zwischen den Häusern. Sophie Blanchard überlebte diesen Absturz nicht.
Noch gefährlicher als Ballonfahrten waren »Abstürze« mit dem Fallschirm, mit dem seit dem Ende des 18. Jahrhunderts experimentiert wurde, wobei die Brüder Garnerin eine entscheidende Rolle spielten. Während bei früheren Versuchen mit dem Fallschirm Tiere als »Versuchskaninchen« dienten, führte Jacques Garnerin 1897 als erster Mensch einen Fallschirmabsprung aus etwa 100 m Höhe durch, was die Zuschauermenge mit begeisterten Ovationen quittierte. Eine Verwandte, Elisa Garnerin, war die erste Frau, die sich 1814 in Paris mit einem Fallschirm zur Erde gleiten ließ, trotz der Warnungen der Sachverständigen, daß »der Druck der Luft den zarten Organen eines jungen Mädchens gefährlich werden könne.« In den folgenden Jahren verdiente sie sich bei Vorstellungen in ganz Europa den Ehrentitel »Venus im Ballon«, wobei sie immer spektakulärere Schaustellungen zeigte und zwischen 1815 und 1828 insgesamt 39 Absprünge durchführte.[5] Trotz ihres gefährlichen Gewerbes erreichte sie ein hohes Alter und starb friedlich im Bett.
Auch die Gründung einer Familie und die Geburt von Kindern hielten die Berufsluftschifferinnen nicht von ihren gefährlichen Unternehmungen ab. So war Madame Poitevin, Mutter von mehreren Kindern, eine der bekanntesten Artistinnen in Frankreich, die nicht nur Sprünge mit

Sophie Blanchards Absturz

ihrem berühmten rotseidenen Fallschirm durchführte, sondern auch bei ihren Ballonaufstiegen statt einer Gondel ein lebendiges Tier, ein Pferd oder einen Stier, verwendete. Auch nach dem Tod ihres Mannes zog sie sich nicht ins Privatleben zurück, sondern führte weiter bis zum Alter von 55 Jahren Ballonfahrten durch. Ihr Wissen und Können gab sie an ihren Sohn weiter, der seinerseits wieder eine Familie von Aeronauten begründete.[6]

Ebenfalls Mutter, sogar siebenfache, war die Engländerin Margaret Graham, die nicht so sehr durch spektakuläre Auftritte, als vielmehr durch Eleganz und Grazie sowie durch einen ungewöhnlichen Geschäfts-

sinn beeindruckte. So pflegte sie die Vorbereitung zu einem Ballonaufstieg, das Herstellen des Gases, das Füllen des Ballons, in aller Öffentlichkeit abzuwickeln, um die Spannung der Zuschauer noch anzuheizen. Nachdem sie festlich gekleidet mit dem ebenfalls phantasievoll geschmückten Ballon entschwebt war, versuchte sie, so schnell wie möglich wieder zu landen, damit sie den Beifall des staunenden Publikums entgegennehmen konnte. Eine weitere Einnahmequelle waren die Passagiere, die für das aufregende Erlebnis einer Ballonfahrt teuer bezahlen mußten. Margaret Graham, eine ausgezeichnete Ballonschifferin und eine hervorragende Geschäftsfrau, übte ihr gefährliches Gewerbe ohne größeren Unfall 40 Jahre lang aus.
Gegen Ende des Jahrhunderts hatte sich das Ballonfahren in drei verschiedene Richtungen entwickelt: Zum einen waren Luftpartien zu einem kostspieligen Freizeitvergnügen der Oberschicht geworden, zum anderen wurde der Ballon als Sportgerät benutzt, wobei möglichst große Strecken geflogen werden sollten, und drittens boten sich Ballonaufstiege immer noch als artistische Glanzleistungen für ein sensationshungriges Publikum an, das immer neue und immer wagemutigere Kunststücke erwartete.
Die Ballonführerinnen und Fallschirmspringerinnen überschritten mit ihren Träumen und ihren Taten die enggesteckten Grenzen der Weiblichkeit. Ihre Kleidung, ihr Leben, ihr Ehrgeiz und ihr Wagemut machten sie zu gesellschaftlichen Außenseiterinnen, die wegen ihrer großen Leistungen zwar akzeptiert und bejubelt, aber nicht in die Gesellschaft integriert waren.

Carlotta, die Lady im Ballon

Carlotta hieß eigentlich Mary und war ein ganz normales amerikanisches Mädchen, bis sie 1871 Carl E. Myers heiratete, einen Farmersohn, der von frühester Jugend an fasziniert war von den Fortschritten der Naturwissenschaften und der Technik. Er reparierte alle möglichen Instrumente und experimentierte mit Elektrizität und mit der Telegraphie. Er war Autodidakt und machte eine Zeitlang die damals neue Kunst der Fotografie zu seinem Lebensinhalt.

Bald nach seiner Heirat wandte Carl Myers sein Interesse einem neuen Betätigungsfeld zu, nämlich der Luftfahrt, die noch eine Fülle von ungelösten Problemen aufwarf. Sowohl die Ballone als auch das Umgehen mit dem für den Aufstieg notwendigen Wasserstoff bedurften dringend einer Weiterentwicklung. Auf diese und andere Probleme warf sich Carl Myers; er erfand zum Beispiel ein Verfahren, den Stoff für die Ballonhüllen leicht, undurchlässig und gleichzeitig haltbar zu machen. Während dieser Phase des Experimentierens und Erfindens war Mary für ihren Ehemann eine unverzichtbare Hilfe. Sie entwickelte sich sogar zu einer Spezialistin auf verschiedenen Gebieten; unter anderem war sie zuständig für das Zuschneiden und Zusammennähen des Stoffes sowie für die Behandlung der Nähte, die so präpariert werden mußten, daß sie luftundurchlässig waren.
Mary wurde zur Partnerin ihres Ehemannes, die sich an den wissenschaftlichen Experimenten ebenso beteiligte wie an den theoretischen Diskussionen der Probleme, die sich bei den Ballonaufstiegen zur damaligen Zeit ergaben.
Der erste von den Myers hergestellte Ballon (1878), wurde von einem professionellen Luftschiffer getestet. Carl startete erst zwei Jahre später zu seiner ersten Ballonfahrt, auf der er die Form des Ballons veränderte und die Auswirkungen dieser Manipulation auf das Flugverhalten studierte. Sein Angestellter scheint es abgelehnt zu haben, derart gefährliche Experimente durchzuführen.
Schon kurze Zeit später stieg auch Mary zum ersten Mal mit einem Ballon auf, ein spektakuläres Ereignis, zu dem zehntausende ZuschauerInnen kamen. Sie sahen, wie sich der Ballon in die Luft erhob, schwebte und dann schnell nach Osten abdriftete. Während der Fahrt ließ Mary Brieftauben frei, die mit einer Botschaft zum Startplatz zurückflogen. Mary selbst gab an, daß diese geniale und einfach durchzuführende Idee vorher noch nie verwirklicht worden war.
Der Farmer, der Mary nach ihrer sicheren Landung zu Hilfe kam, war höchst erstaunt — nicht so sehr über die Ballonfahrt, sondern eher darüber, daß ein so junges Mädchen — er hielt die 29jährige für 17 — sich alleine so weit von zu Hause entfernt hatte.
Dieser erste Ballonaufstieg Marys war ein Wendepunkt im Leben der beiden Myers — Mary verwandelte sich in »Carlotta, die Lady der Lüfte« und Carl legte sich den Titel »Professor« zu.

In der Folgezeit hatte »Carlotta« alle Hände voll zu tun; in den ersten zwei Jahren ihrer Karriere führte sie über 60 Ballonaufstiege — übrigens ohne auch nur den kleinsten Unfall zu verursachen — durch. Allerdings kam es des öfteren zu gefährlichen Situationen. Recht ereignisreich war der dritte Ballonaufstieg Carlottas, bei dem sie in eine Schlechtwetterfront geriet. Der Wind riß den Ballon so schnell nach oben, daß Carlotta schon fürchtete, die Ballonhülle würde diesen Belastungen nicht standhalten können. Plötzlich aber durchbrach sie die Wolken, und unter ihr breiteten sich die »schneeweißen Berge eines Wolkenlandes« aus. Trotz dieses wundervollen Anblicks wollte sie so schnell wie möglich wieder zur sicheren Erde zurück. Der Abstieg dauerte aber lange, und Carlotta dachte schon, daß die Erde verschwunden sei, als sie plötzlich auf sie zuraste. »Ich warf alles Überflüssige weg, Ballast, meinen Mantel, meine Schuhe, aber der dichte Regen machte den Ballon zu schwer und er trieb dicht über den Baumkronen, während der Korb Blätter, Zweige und Eicheln mitnahm.«[1]
Carlotta warf einen Anker, der sich in einem hohen Baum festhakte, und hielt so die rasende Fahrt an. Sie war damit allerdings immer noch nicht gerettet, denn sie schwebte hoch über dem Boden, wo sie ein zufällig vorbeikommender Jäger entdeckte. Zum Erstaunen der ihr zur Hilfe eilenden Männer, weigerte sie sich, ihr Gefährt zu verlassen. Sie dirigierte vielmehr vom Ballonkorb aus die Rettungsaktion am Boden und hielt so lange aus, bis nach langer Arbeit der Ballon auf der sicheren Erde war.

Überall wo die »Lady der Lüfte« auftrat, war das Publikum begeistert, die Presse fasziniert. Die Journalisten berichteten in Superlativen über die Schönheit und vor allem auch den Wagemut der »Luftprinzessin«. In der *Watertown Daily Times* vom 5. Juli 1882 wird Carlotta zum Beispiel folgendermaßen beschrieben: »Die Lady trug ein flottes Kostüm aus blauem Flannell mit goldenen Borten besetzt. Ihr kurzer Rock enthüllte eng anliegende Gamaschen. Ein schicker Strohhut krönte das Ganze und gab ihrem Gesicht einen pikanten, jungenhaften Ausdruck. Leichtfüßig stieg sie in das zerbrechliche Gebilde, das sie anstelle eines Ballonkorbes benutzte ... Als der 'Aerial' langsam in die Höhe stieg, konnte man ihre jugendliche Gestalt deutlich sehen; scheinbar stand sie auf der Luft selbst, als sie zum Abschied ihren Hut schwenkte.«[2]

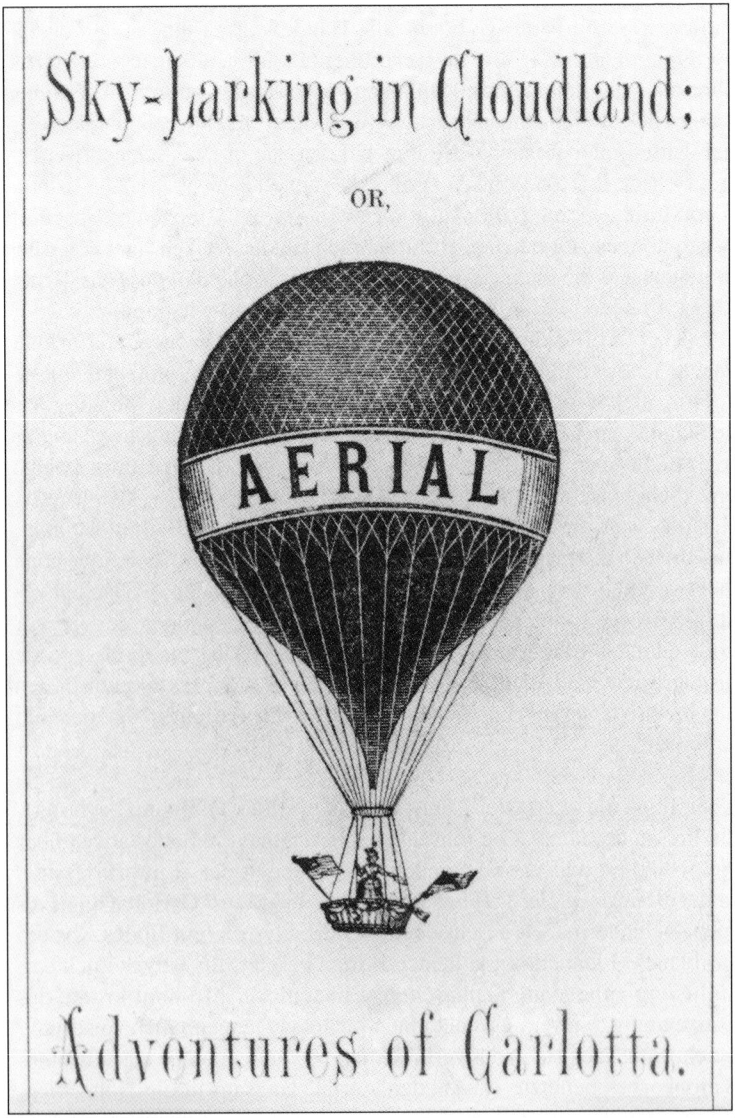

Carlottas erster Ballon

Carlotta war aber nicht nur schön, sie war auch in ihrer Profession hervorragend; sie vollbrachte Wunderdinge im Führen eines Ballons. 1883 schrieb sie ein Büchlein über ihre Luftabenteuer mit dem Titel: *Luftabenteuer im Wolkenland.* Dort schilderte sie auch den Aufstieg in Watertown aus einer anderen Perspektive als der oben zitierte Journalistenbericht. Während der Ballon aus dem Blickfeld der staunenden Zuschauer verschwand, hatte Carlotta nur einen kurzen Augenblick Zeit, sich dem Anblick der unter ihr dahinziehenden Landschaft zu widmen. Sehr bald begann die Suche nach einem geeigneten Landeplatz, was eine genaue Berechnung der Windgeschwindigkeit, der Windrichtung und der möglichen Fallgeschwindigkeit voraussetzte. Es gelang Carlotta wirklich den von ihr ausgewählten Platz zu erreichen, und dann stellte sich heraus, daß sie mit ihrer Wahl großes Glück gehabt hatte, denn »alles ringsherum war Sumpf ... wo die aus dem Wasser ragenden Büsche jede Möglichkeit der Fortbewegung zu Fuß oder auf dem Boot vereitelten ... Der Mann, der mir später half, erzählte grausige Geschichten über die Skelette von Wanderern, die immer wieder gefunden werden, wenn das Wasser bei Trockenheit zurückgeht.«[3]
Die Auftritte der Myers wurden immer professioneller; Carl war für die Organisation und die technische Ausstattung, Carlotta für die Show verantwortlich — und sie tat einiges, um das Publikum zu unterhalten. Begeisterung rief etwa folgende Szene hervor: Während eine große Menschenmenge auf das Erscheinen Carlottas, der Luftprinzessin, wartete, humpelte plötzlich eine alte Frau, auf einen verbogenen Schirm gestützt auf den Professor zu. Sie wolle etwas im Himmel erledigen, erklärte sie dem Erstaunten, und mit dem Ballon aufsteigen. Sie fragte den Professor, wieviel der Ballon denn kosten solle, und als dieser aus Spaß 500 Dollar nannte, drückte sie dem Überraschten ein Päckchen Dollarnoten in die Hand. Noch bevor er sich von seinem Erstaunen erholt hatte, war die alte Frau, wenn auch etwas unsicher, schon auf den Rand des Ballonkorbes gestiegen. Um sie zu erschrecken, ließ Myers den Ballon etwas los, was der Alten sichtlich zu gefallen schien. Der Ballon stieg noch höher, als die Frau plötzlich ihren Schirm und gleichzeitig auch den Halt verlor. Sie schien ihrem Schirm nachspringen zu wollen. Entsetzensschreie ertönten, die ZuschauerInnen hielten den Atem an, als plötzlich der Hut, die Brille, der weite Mantel zur Erde flogen und anstelle der Alten Carlotta in einem wunderschönen Kostüm erschien. Als das Pu-

blikum den Betrug erkannt hatte, erhob sich ein Gebrüll und Geschrei, die Wogen der Begeisterung schlugen hoch wie nie zuvor bei einem Ballonaufstieg.
1881 bekam Carlotta eine Tochter, die sie Elizabeth Aerial nannte und schon im zarten Alter von 3 Jahren zu einer Ballonfahrt mitnahm. Später trat Elizabeth Aerial, trotz ihres Namens, allerdings nicht in die Fußstapfen ihrer Mutter. Eine gefährliche Landung in einem kleinen See, die sie als Siebenjährige erlebte, verleidete ihr die Fahrten im Freiballon für immer.
Die Mutterpflichten hielten Carlotta nicht von ihren Luftfahrten ab, ein Auftritt folgte dem anderen. Fast unglaublich war die Fähigkeit Carlottas, die Fahrtrouten, die völlig vom Wind abhängig waren, vorher zu berechnen und die Landeplätze vorherzubestimmen. Diese Fähigkeit stellte sie 1909 durch eine Ballonfahrt rund um New York unter Beweis. Sie gewann damit nicht nur höchste Anerkennung, sondern auch eine Wette und ein goldenes Abzeichen.
1889 kauften die Myers ein 30-Zimmer-Haus mit einem großen Anwesen und eröffneten die »Ballon-Farm«. Hier stellten sie Ballone her, erprobten neue Ballontypen und arbeiteten an der Konstruktion eines »Himmelsrades«, das im Gegensatz zum Ballon lenkbar sein sollte.
Mit 42 Jahren beendete Carlotta ihre Karriere als Artistin, nicht aber als Luftschifferin. Sie unternahm noch viele weitere Luftfahrten auf der Ballonfarm. Erst als Carl weit über 70 Jahre alt war, gaben die Myers ihren Beruf oder besser: ihre Berufung auf. Sie verkauften ihr Anwesen und zogen zu ihrer Tochter. Beide erreichten ein hohes Alter; Carl starb 1923, Carlotta 1932.
Die Karriere Carlottas ist typisch und untypisch zugleich. Sie wurde als Luftschifferin berühmt in einer Zeit, in der sich nur die Wenigsten den Traum vom Fliegen erfüllen konnten, in der die Menschen eine Fahrt im Ballon, noch dazu von einer Frau, als Sensation und als willkommene Ablenkung vom Alltag betrachteten. Typisch ist auch, daß Carlotta wie viele andere Luftschifferinnen von ihrem Ehemann entdeckt und gemanagt wurde. Sie blieb aber nicht im Schatten ihres Mannes, sondern sie übernahm den gefährlicheren Teil des ganzen Unternehmens; sie entwickelte sich zur Expertin, die ihren Ballon mit einer Perfektion beherrschte, die keiner ihrer Kollegen erreichte.

Eine Luftradlerin

Wir haben in Nummer 3 dieser Zeitschrift des amerikanischen Luftradlers Carl E. Myers Erwähnung gethan, wir dürfen daher nicht unterlassen, unsern Lesern bekannt zu geben, dass ähnliche Versuche auch diesseits des atlantischen Ozeans von einer deutschen Luftschifferin, Fräulein *Käthchen Paulus*, ausgeführt werden. Es sei vorausgeschickt, dass auch Fräulein Paulus wie Herr Myers nicht etwa den Anspruch macht, auf diese Art ein lenkbares Luftschiff herstellen zu wollen; wir könnten vielmehr scherzweise behaupten, das Radeln wird heuer auch schon in der Luft Mode und das in dem alten Europa sogar schon bei den Damen. Die durch ihre Kühnheit im Fallschirm-Absturz weitbekannte Luftschifferin hält es für angebracht, mit der Zeit mitzugehen und die Zeit verlangt heute, dass diese fesche, schneidige Aeronautin luftradelt. ...
Das Vehikel von Fräulein Paulus haben die Adler-Fahrradwerke ihrer Vaterstadt Frankfurt a.M. erbaut. Es besteht aus einem langen eiförmigen Ballon, überspannt mit einem Netz, welches dicht unterhalb der Ballonhülle nach einer zugleich als Längsversteifung dienenden Stange hinläuft. An letzterer nun befindet sich ein leichter Rahmen, welcher den Sitz der Luftschifferin, genau gleichend denen der Zweiräder, und die Propeller mit deren Übertragungen nach den Tretkurbeln trägt.
Bezüglich der Propeller hatte Fräulein Paulus im Jahre 1898 je eine 4-flüglige Schraube vorn und hinten am Gestell angebracht. In diesem Jahr hat sie dieses System verlassen und statt dessen vorn zwei nebeneinander befindliche vierschaufelige Wendeflügel-räder. Ueber ihre Erfahrungen, basierend auf ihren 15 Fahrten mit dem vorjährigen Modell, theilt Fräulein Paulus uns mit, dass sie allemal die Wirkung der Propeller auf die Flugbahn des Fahrzeuges deutlich gespürt hat. Sie will bei ruhigem Wetter mehrfach beobachtet haben, dass sie gegen die Windrichtung bei kräftigem Treten sich einige Zeit still stehend halten konnte. Unsere Luftradlerin fliegt fast ausschließlich in West- und Süddeutschland. In Köln a. Rh., Düsseldorf, Frankfurt a.M., Wiesbaden, Kreuznach, Metz, Strassburg, München und so fort ist sie wohlbekannt und Tausende haben sie dort angeschaut und werden es bestätigen, dass sie den Luftradelsport mit vieler Grazie ausübt, wozu ihre anmuthige Erscheinung nicht wenig beiträgt.
»Illustrierte Aeronautische Mitteilungen«, Straßburg, 4/1899

Käthe Paulus, die erste deutsche Fallschirmspringerin

Die erste deutsche Frau, die ihr Leben nicht nur dem Ballonfahren, sondern auch dem Fallschirmspringen widmete, war Käthe Paulus, über deren abenteuerliches Leben nur wenig bekannt ist. Geboren wurde sie 1868 in einem kleinen Dorf bei Seligenstadt in Hessen. Aus Adreßbüchern und standesamtlichen Eintragungen läßt sich entnehmen, daß sie nicht wie manche Presseberichte sensationslüstern behaupteten eine »Tochter aus gutem Hause« war, sondern aus kleinbürgerlichen, vielleicht sogar eher proletarischen Verhältnissen stammte. Ihr Vater war Schmied, später Maschinenheizer; sie selbst arbeitete zuerst als Näherin. 1889 oder 1890 lernte sie den 16 Jahre älteren Luftschiffer Herrmann Lattemann kennen. Sie hatte einen seiner Fallschirmabsprünge gesehen und war fasziniert. Sie selbst berichtete: »Ich war ein Mädchen meiner Zeit. Nicht einmal Schlittschuhlaufen konnte ich, denn meine Mutter hielt das für ein junges Mädchen für unnötig und gefährlich. Nie hatte ich mich um Luftschiffahrt und Luftschiffer gekümmert. Aber dieser Mann hatte mir großen Eindruck mit seinem Mut gemacht ... Lattemann merkte, wie mich das alles interessierte. Wir kamen ins Gespräch, und auf einmal fragte er mich, ob ich nicht Lust hätte, einmal mit ihm aufzusteigen. Es durchfuhr mich heiß und ich antwortete ohne Zögern: 'Ja!' Und ob ich etwa auch mal abspringen wollte? 'Aber natürlich!' antwortete ich, froh daß er solches Vertrauen in mich setzte.«[1]
Der für eine Frau sehr ungewöhnliche Entschluß, Luftschifferin zu werden, ließ sich allerdings nicht sofort verwirklichen, denn zunächst wurde Käthe mit der Herstellung der Ballons und Fallschirme vertraut gemacht. Daß sie als Näherin gut mit Nadel und Faden umgehen konnte, war dabei sicher von Vorteil. Ebenfalls sehr ungewöhnlich war es, daß sie trotz enger privater und beruflicher Partnerschaft Lattemann nicht heiratete, sondern sich nur mit ihm verlobte. 1891 wurde ihr Sohn Wilhelm Herrmann geboren. Deshalb konnte ihr »sehnlichster Wunsch« erst 1893 in Erfüllung gehen: Lattemann erklärte sich bereit, sie mitzunehmen.
Da entstanden plötzlich neue Hindernisse. In Wiesbaden lehnte der Kurdirektor den gemeinsamen Aufstieg von Käthe Paulus und ihrem Verlobten ab. Auch in Sachsen verboten die Behörden »die praktische Betätigung einer Dame in der Luftschiffahrt«.

Endlich 1892, nach anderen Quellen 1893, war in Nürnberg dann der große Tag gekommen. Lattemann wollte mit dem Fallschirm abspringen und brauchte jemanden, der den Ballon nach seinem Absprung weiterführte. Bei früheren Vorstellungen hatte er den Ballon führerlos weiter-

fliegen lassen und ihn häufig beschädigt zurückerhalten. In Nürnberg war zudem, wie Käthe Paulus sich erinnerte, ein Passagier zu betreuen. In einer Quelle heißt es, daß dies ein Stadtrat gewesen sei, der als Sittenapostel über die Moral im Ballon wachen sollte. Lattemann schärfte jedenfalls seiner Partnerin vor dem Aufstieg ein, sich nicht anmerken zu lassen, daß es ihre erste Ballonfahrt sei.
»Zum Ausgleich des Gewichtsverlustes sollte ich gleich bei seinem Absprung das Ventil ziehen. Aber als er nun über den Korbrand stieg und sich in die Tiefe schwang, war ich von alledem so beeindruckt, daß ich vergaß, das Ventil zu ziehen. Der Ballon schnellte dadurch sofort von 900 Meter auf etwa 3500 Meter Höhe. Wir waren begeistert; auf einmal aber wies der Passagier auf die Ballonhülle, die an mehreren Stellen einriß.
'Der Ballon platzt!'zuckte es mir durch den Kopf. Sofort zog ich kräftig das Ventil, mit dem Erfolg, daß wir schnell zu sinken begannen. Schneller sogar als mir lieb war. Also Ballast heraus, um den Fall abzuschwächen! Aber der Ballon reagierte nicht. Offenbar verlor er durch die Risse in der Hülle zuviel an Gas. Auch unsere Mäntel mußten über Bord, Cognacflasche und alles irgendwie Entbehrliche!
Aber da kam schon die Erde heran und gleich darauf prasselten wir in ein Hopfenfeld. Die Hülle ging noch mehr in Fetzen. Ich schlug mir den Schädel blutig. Aber was tat das alles gegenüber dem stolzen Bewußtsein, daß im großen ganzen die Sache geklappt hatte. Der Passagier war auch zufrieden und Lattemann noch mehr, als wir auf einem Ochsenwagen wieder zu dem von Tausenden von Menschen umringten Aufstiegsplatz zurückkehrten.«[2]
Schon bei ihrer dritten Ballonfahrt wagte Käthe den ersten Absprung; bei der technischen Unvollkommenheit der Schirme war das ein todesmutiges Unternehmen. Käthe Paulus scheint der Entschluß, ihr Leben dem Fallschirm anzuvertrauen, aber viel leichter gefallen zu sein als ihrem Partner, der sich für sie verantwortlich fühlte. »Als es so weit war«, schrieb Käthe Paulus später, »daß ich aussteigen sollte, sah er mich einen Augenblick an. Dann sagte er nur leise: 'Mit Gott!' So war er.«[3]
Käthe ließ sich in 1200 Meter Höhe aus dem Ballon gleiten; das Gefühl in der Luft war eigenartig, drei Sekunden, eine kleine Ewigkeit, dauerte es bis zur Öffnung des Schirmes. Dann endlich kamen der ersehnte Ruck und ein großes Glücksgefühl — der Schirm hatte sich geöffnet. Die

Springerin schwebte am Fallschirm hängend in der Luft, konnte sich einen kurzen Moment entspannen und den Blick auf die Landschaft genießen. Doch schon bald begann die Konzentration auf die Landung. Bedrohlich kamen Kirchturmdächer, Fabrikschlote, Hausdächer immer näher. Der Wind trieb Käthe Paulus schließlich auf einen Bahndamm, gerade als ein Zug heranbrauste. Der Lokomotivführer machte eine Vollbremsung, die Fahrgäste stürzten an die Fenster und konnten die glatte Landung der Fallschirmspringerin, die noch knapp über die Gleise getragen wurde, bewundern.

In der Folgezeit gehörten Ballonaufstiege und Fallschirmabsprünge für Käthe Paulus fast zum Alltag. Bis 1914 führte sie 516 Ballonfahrten und 145 Fallschirmabsprünge durch. Trotzdem wurde sie nie leichtsinnig oder überheblich; der Sprung in die Tiefe bedeutete immer eine Überwindung. Ihre Gefühle bei den »Abstürzen aus schwindelnder Höhe« schilderte sie folgendermaßen:

»Ich gestehe gern, daß der Entschluß zum Absturz in die Tiefe eine große Überwindung kostete. Bleibt doch stets der Gedanke lebendig, daß irgendwo eine Kleinigkeit übersehen sein könnte, daß das bisher bewährte Material irgendeinen Schaden hat und der gewagte Sprung der letzte sein könnte. Er erzeugt ein gruseliges Gefühl, über das man nur hinübergelangt mit der Erinnerung an das Sprichwort: Dem Mutigen gehört die Welt.«[4]

Käthe Paulus' Karriere als Luftschifferin drohte ein Ende zu nehmen, als am 17. Juni 1894 ihr Partner Lattemann bei einer besonders gefährlichen Vorführung tödlich verunglückte. Nach dem Absprung seiner Partnerin, die das Ventil des Ballons geöffnet hatte, wollte er den unteren Teil seiner Ballonhülle nach oben stülpen und mit dem dann fallschirmartigen Gerät auf die Erde gleiten. Die Verwandlung des Ballons in einen Fallschirm gelang nicht, und Käthe mußte an einem Fallschirm hängend mitansehen, wie Lattemann an ihr vorbei in den Tod stürzte. »Das Gas entwich und der Ballon stürzte schwer an mir vorüber. Unwillkürlich schrie ich auf. Ich rief Lattemann zu, aber mir schien, als verstünde er mich nicht mehr, als habe er die Augen geschlossen. Ich hing am Schirm, ohne helfen zu können, während er in rasender Fahrt, die Hülle wie ein umgekehrter Regenschirm nachflatternd, in die Tiefe stürzte.

Alles war dumpf. Als ich landete, hatten sie ihn schon tot in einer Straße von Krefeld gefunden. Es war sehr schwer.«[5]

Käthe Paulus erlitt einen Nervenschock, lag mehrere Wochen im Krankenhaus und erholte sich nur langsam. Ein zweiter Schicksalsschlag traf sie 1895, als ihr kleiner Sohn an Diphterie erkrankte und starb. Nach dem Tod ihres Verlobten und Partners wurde Käthe Paulus bestürmt, diesen gefährlichen Beruf aufzugeben. Sie tat es nicht. Nicht Sensationshunger und Geldgier, sondern nach ihren eigenen Worten die »innere Verbundenheit mit dem wunderschönen Beruf, für den Lattemann sein Leben geopfert hatte«, bewogen sie, der Luftfahrt treu zu bleiben. Nachdem sie sich von ihrem Schock erholt hatte, kaufte sie sich vier neue Ballons und trat auf unzähligen Veranstaltungen in ganz Europa, in London, Paris, Amsterdam, Nizza, Berlin und Wien, auf.

Sie wurde als erste Fallschirmspringerin in Deutschland »die Sensation des anbrechenden Jahrhunderts«, und überall als »Luftheldin« oder »Primadonna der Lüfte« gefeiert. Ihr Markenzeichen war ihre Kleidung, die in einer Zeit, in der die Damen noch nicht einmal den Knöchel zeigen durften, äußerst gewagt war. Käthe trug Pluderhosen, hohe Ledergamaschen oder Stiefel, eine Bluse und eine flache Matrosenmütze. Gewagt waren auch ihre Vorführungen, denn sie versuchte, mit immer neuen Konstruktionen und Wagnissen ihre Zuschauer zu überraschen. Ihre gefährlichste Präsentation war der Doppelabsprung: Dabei sprang sie vom Ballon aus ab, löste sich von ihrem ersten Fallschirm und schwebte mit einem zweiten Schirm zu Boden. Anstelle des Ballonkorbes benutzte sie zuweilen ein Trapez, künstliche Tiere oder ein Fahrrad, mit dem sie Propeller bewegte. Mit diesem »lenkbaren Fahrradluftballon« warb sie für Adler-Fahrräder. Der *Taunusbote* vom 23.8.1898 beschrieb eine ihrer Vorstellungen folgendermaßen: »Eine Homburger Luftschifferin, Fräulein Käthchen Paulus, stieg gestern Nachmittag 6 Uhr aus einem großen Zuschauerkreis vom Zoologischen Garten in Frankfurt in die Lüfte. Der eigenartig gebaute Luftballon trug die Aufschrift 'Adler-Fahrrad'. Der Sitz der kühnen Luftschifferin war auf einem schön gearbeiteten Fahrrad angebracht. Durch das Treten bewegte sich eine Windmühle, die jedoch keinen Bezug auf eine etwaige Lenkung des Luftschiffes hat.— Jedenfalls eine gute und gewiß auch gutbezahlte Reklame für die Adlerfahrradfabrik.«[6]

Einmal schien »Miss Polly«, wie sich Käthe Paulus auch nannte, sogar versucht zu haben, auf einem lebendigen Pferd sitzend aufzusteigen. Doch daraus wurde nichts, die Polizei verbot diese Vorführung. Die

Frankfurter Lantern würdigte dieses Ereignis mit einer Karikatur, einem geflügelten Pferd vor einem Kutschwagen mit der Unterschrift: »Das Roß, auf welchem Miß Polly durch die Luft reiten wollte, wird, nach dem polizeilichen Verbot, im Scheffelgarten zum Biertransport verwendet.«[7]

Während ihrer jahrzehntelangen Karriere als Luftschifferin und Fallschirmspringerin hatte Käthe Paulus keinen einzigen gravierenden Unfall, allerdings geriet sie in manch unangenehme Situation. Die Fallschirmabsprünge waren vor allem deshalb schwierig, weil sie mitten in den Städten, vor den Augen des Publikums durchgeführt werden mußten. Im *Taunusboten* von 1935 errinnerte sich ein Augenzeuge an eine eher humoristische Episode in Bad Homburg. Käthe stieg vom Kurgarten auf, sprang ab und glitt bei klarem und windstillem Wetter fast senkrecht direkt auf einen Weiher zu. Es gelang ihr gerade noch, nicht im Wasser, sondern auf einem Baum zu landen. »Jedoch schien die wagemutige Dame zum Klettern nicht geeignet«, heißt es in dem Bericht, »was die zahlreichen Zuschauer einigermaßen belustigte. Da trat kurzentschlossen ein Handwerker, Herr Heinrich Hart, die Kletterpartie auf den Baum an, erreichte die sich energisch sträubende Luftschifferin und nahm sie kurzerhand auf den Rücken. Inzwischen war dann eine Leiter herangeschafft worden, auf der beide unter großer Heiterkeit den sicheren Boden erreichten. Man wunderte sich, daß Käthchen Paulus, die den Mut aufbrachte, aus so beträchtlicher Höhe aus dem Ballon zu springen, sich scheute, vom Baum zu klettern.«[8]

Die Landungen waren immer das Schwierigste: In Scheveningen landete Käthe Paulus im Meer, in Amsterdam mitten in der Altstadt auf dem Dach eines Kohlenhofes, in Wien in der Kärntner Straße, wo sie von der Polizei vor den SouvenirjägerInnen geschützt werden mußte. Aber auch wenn sie den Ballon sicher auf einem Acker zu Boden brachte, konnte dies Ärger und eine Anzeige wegen des angerichteten Flurschadens nach sich ziehen.

Um eine erfolgreiche Luftschifferin zu sein, bedurfte es nicht nur des Mutes, sondern auch organisatorischen und kaufmännischen Geschicks. Die Reisen mußten organisiert, die Ausrüstung transportiert, Verträge ausgehandelt und Auftritte vorbereitet werden. Käthe Paulus erzielte einerseits relativ große Einnahmen: Zu ihren Flugveranstaltungen kamen Tausende, die in der Regel 50 Pfennig Eintritt bezahlten. Dazu hatte

sie Einnahmen aus Werbe- und Passagierfahrten. Auf der anderen Seite waren aber auch große Unkosten abzudecken: Sie mußte den Transport ihrer Ballons und des Zubehörs, die Mitarbeiter, Gas, Vergnügungssteuer und anderes mehr bezahlen.
Der Fallschirm war für »Käthchen« nicht nur ein Sport-, sondern vor allem ein Rettungsgerät. Sie arbeitete ständig an seiner technischen Weiterentwicklung und erfand zum Beispiel die Verpackung des Fallschirmes, das Fallschirmpaket, das die Beförderung der Schirme erleichterte und die Lage des Stoffes und der Leinen fixierte.
Nach der Jahrhundertwende zeigte sich, daß der Ballon den Traum vom Fliegen nur teilweise erfüllen konnte: Er ließ sich nicht lenken. Die Zukunft gehörte dem »schwerer-als-Luft-Prinzip«, der Flugmaschine. Auch Käthe Paulus versuchte im Trend zu bleiben. 1909 kaufte sie einen Blériot-Eindecker und begann bei den ersten Piloten, Fridolin Keidel und dem Chefpiloten der »Flugmaschine Wright GmbH«, Paul Engelhard, Unterricht zu nehmen. 1911 stürzte Engelhard tödlich ab. Ob dies Käthe Paulus dazu veranlaßte, das Motorfliegen aufzugeben, kann heute nicht mehr eindeutig geklärt werden. In manchen Quellen ist zu lesen, daß sie im Ungang mit dem Flugzeug wenig Geschick zeigte oder auch, daß sie, an das lautlose Schweben in der Luft gewöhnt, das Motorengeräusch nicht ertragen konnte.
21 Jahre lang blieb Käthe Paulus Luftschifferin; ihre letzte Fahrt unternahm sie am 26. Juli 1914. Kurz danach begann der Erste Weltkrieg. Sofort bot sie dem Preußischen Kriegsministerium ihr Fallschirmpaket an, ohne Erfolg. Man war vom militärischen Wert des Fallschirms nicht überzeugt. Erst nachdem zahlreiche Fesselballonbeobachter ihr Leben verloren hatten, begannen sich die Behörden für Käthe Paulus und ihren Vorschlag zu interessieren. Sie wurde mit der Anfertigung von Fallschirmen beauftragt und stellte zusammen mit 40 Näherinnen bis Kriegsende etwa 7000 Fallschirme her. Zahlreiche Ballonbeobachter verdankten ihr das Leben, zum Beispiel konnten sich 1917 bei Verdun 20 Beobachter aus abgeschossenen Fesselballons mit dem Fallschirm retten. Für ihre Verdienste wurde sie vom kommandierenden General der Luftstreitkräfte mit dem »Verdienstkreuz für Kriegshilfe« ausgezeichnet.
In den letzten 20 Jahren ihres Lebens wohnte Käthe Paulus in Berlin, in der Gotthardstraße 2. Nach dem Krieg wurde es sehr still um sie. Für Fallschirme und Ballons gab es keine Verwendung, für Käthe Paulus

deshalb keine Aufgaben mehr. Vor allem nach dem Tod ihrer Mutter im Jahr 1922 lebte sie völlig zurückgezogen. Käthe Paulus, einst die »Sensation des anbrechenden Jahrhunderts«, starb fast vergessen 1935 im 67. Lebensjahr. An der Seite ihrer Mutter wurde sie auf dem Reinickendorfer Friedhof beigesetzt. Ihr Grabstein trägt die Inschrift: »Käthe Paulus — Die erste deutsche Fallschirmpilotin«.
Käthe Paulus war eine erstaunliche Frau, die überall durch ihren Mut, ihre Kompetenz, aber auch ihr Lächeln auffiel. Der Anstoß für ihre Karriere als Luftschifferin kam zwar von ihrem Partner, aber ihre Laufbahn nach seinem Tod beweist, daß sie ihm ebenbürtig, wenn nicht sogar überlegen war. Auf der einen Seite war »Käthchen Paulus, das fliegende Fräulein« oder zuweilen auch »Miss Polly« genannt, eine Artistin, die an der Wende vom 19. zum 20. Jahrhundert das Publikum, das noch nicht mit Sensationen übersättigt war, begeisterte. Auf der anderen Seite war sie eine Erfinderin, die an der Konstruktion eines sicheren Rettungsgerätes arbeitete und die von ihr entwickelten Fallschirme auch selbst testete. Als Artistin, die noch dazu aus kleinen Verhältnissen stammte, hatten für sie viele der geltenden Normen und Weiblichkeitsideale keine Bedeutung. Schon durch ihre Kleidung — Pumphosen, Stiefel, Matrosenbluse — demonstrierte sie ihren außergewöhnlichen Status.
Daß sie eine Frau war, gereichte ihr vom Geschäftlichen her gesehen, eher zum Vorteil. Es erhöhte den Nervenkitzel des Publikums. Der Preis für die Freiheit und das Abenteuer war ein Leben als Außenseiterin, die eben weil sie als Ausnahmefrau galt, kaum die Chance hatte, herrschende Vorurteile und Stereotypisierungen zu verändern. Auch die Kraftfrauen auf dem Jahrmarkt und im Zirkus hatten schon seit je her demonstriert, daß Frauen alles andere als schwach sind. Sie widerlegten eindeutig das Frauen- und damit auch das Menschenbild, das die Geschlechteranthropologie des 19. Jahrhunderts ausgehend von dem Konzept der polaren Ausprägung und gegenseitigen Ergänzung der männlichen und weiblichen Wesensmerkmale zum Dogma erhoben hatte. Es ist allerdings zu vermuten, daß die herausragenden Fähigkeiten und Fertigkeiten von Frauen im Zirkus oder im Ballon die herrschenden Weiblichkeitsmythen kaum beeinflußten, denn die Welt der Artistik ist gerade durch das Außergewöhnliche faszinierend. Die Artistinnen verdienten Geld und Ruhm gerade dadurch, daß sie außerhalb jeglicher Normalität standen.

Der Doppelabsturz

Ich will nun kurz die Technik des Doppelabsturzes erörtern.
Der dem Kunststücke zugrunde liegende Gedanke ist die Wiederholung eines Fallschirmabsturzes vom Luftballon durch einen weiteren Absturz vom entfalteten Fallschirm mittels eines mitgeführten zweiten Schirmes. Hierbei muß man die Vorsicht beachten: die erste Absturzhöhe sehr hoch zu wählen, zirka 1200 Meter, den zunächst zur Entfaltung gelangenden Fallschirm entsprechend größer und stärker zu bauen, damit er imstande ist, die größere Last zu tragen, und die Gefahr vermieden wird, daß er bei der Entfaltung, die das Material in hohem Maße beansprucht, zerreißt. Die Technik des Doppelfallschirmes erscheint auf den ersten Blick sehr einfach, wenn man aber berücksichtigt, daß hierbei von Kleinigkeiten Leben und Tod abhängt, so wird man zugeben müssen, daß jedes einzelne genau überlegt und mit großer Sorgfalt vorbereitet werden muß. Im allgemeinen hängen beide Fallschirme zusammengerollt an einer Trapezstange, gemeinsam befestigt durch ein um Paket und Stange laufendes Gurtband. Das Gurtband endigt in zwei Ösen. Diese werden durch einen kleinen Ring in der Mitte meines untersten Fallschirmringes durchgezogen und hier mit einem durchgesteckten konischen Holzstift festgehalten. Jeder einzelne Fallschirm wird sorgfältig lang gefaltet und mit seinem oberen Teil in einen Sack hineingebracht, der ihn wie ein Schirmfutteral vollständig bedeckt. Sodann werden die Fallschirmleinen sorgfältig geordnet und in zwei Hälften geteilt. Diese Leinen werden darauf, jede Hälfte für sich, mit Zwischenlage von Papier, um jede Vernestelung der Leinen untereinander zu verhüten, auf dem Sack nach der Spitze zu zusammengerollt; um ein unbeabsichtigtes Rollen zu verhüten, wird um dieses Paket ein breiter Gummigurt gezogen, und der sogenannte Touristenfallschirm ist fertig zum Absprung. Der zweite Fallschirm wird genau in derselben Weise behandelt, nur ist das Paket, anstatt mit Gummi, mit einem festen Gurt geschlossen, genau so, wie beide Schirme zusammen an der Trapezstange befestigt sind. Am Ringe des zweiten Fallschirmes ist eine Schlinge angebracht, in welche ich mich schon bei der Abfahrt des Ballons hineinsetze. Diese Art Befestigung wende ich an, wenn ich ohne Korb auffahre und den Ballon nach dem Absturz fliegen lasse. Hat der Ballon einen Korb, so wird das Doppelpaket an einer Trapezstange außerhalb des Ringes befestigt. Ich setze mich alsdann auf

Der »Doppelabsturz«

den Korbrand, nach außen gekehrt. Das erste Paket ist an der Trapezstange festgebunden, während das zweite an einem Auslösehaken hängt und sich bei meinem Absprung durch die Gewichtsänderung auslöst. Jetzt kommt für die untenstehenden Zuschauer ein aufregender Moment. Ich schließe die Augen und gleite hinab in die jähe Tiefe. In 3 bis 4 Sekunden saust der Schirm 60 Meter hinunter. Dann bläht sich die seidene Stoffhülle über mir, und die größte Gefahr ist vorüber. Ich pendle verhältnismäßig langsam zur Mutter Erde hinab und bereite mich auf den zweiten Absturz vor, der sich genau in derselben Weise vollzieht.

Käthe Paulus

Frauen in ihren »fliegenden Kisten«

Trotz der Weiterentwicklung der Ballone konnte ein entscheidendes Problem nicht gelöst werden: Sie waren nicht lenkbar. Erst die Erfindung des Verbrennungsmotors am Ende des Jahrhunderts machte es möglich, lenkbare Luftschiffe, nach ihrem Erfinder »Zeppelin« genannt, zu bauen. Ihnen schien die Zukunft zu gehören, als sich eine weitere revolutionäre Entwicklung anbahnte: Die Menschen begannen mit einem Gerät, das schwerer als Luft war, zu fliegen. Begründer der modernen Flugtechnik und Erfinder eines einem Hängegleiter ähnlichen Fluggerätes war Otto Lilienthal, der nach vielen erfolgreichen Gleitflügen tödlich abstürzte.
Erst der Einsatz der modernen Technik, des Verbrennungsmotors, brachte auch hier den Durchbruch und die Fluggeräte wirklich zum Fliegen. 1904 gelang den Brüdern Wright in den USA der erste Motorflug. 1909 führte Orville Wright seine Flugkünste zum ersten Mal in Deutschland vor. Das Tempelhofer Feld in Berlin war schwarz vor Menschen, die ihren Augen nicht trauen wollten: Orville Wright konnte wirklich fliegen. Trotzdem war das Flugzeug noch weit davon entfernt, ein Transportmittel zu sein. Fliegen war Sport, und zwar eine Sportart, die dem Geschmack der Zeit entsprach, weil sie die Grenzen, die dem Menschen gesetzt sind, zu überwinden schien. Treibende Kraft für die rasante Weiterentwicklung des Fliegens und der Flugzeuge war das Rekordprinzip, denn die Flugmaschinen waren noch kaum lufttauglich, als schon die ersten Preise ausgesetzt und die ersten Rekorde registriert wurden.
Schon bald nachdem sich die ersten Flugzeuge in der Luft halten konnten, vertrauten auch Frauen, zunächst als Passagierinnen, ihr Leben diesen zerbrechlichen Apparaten aus Draht, Leinwand und Holz an. Beflügelt von den Heldentaten der französischen Flugpioniere wie Farman oder Blériot entschloß sich die Bildhauerin Thérèse Peltier 1908, als

Passagierin zusammen mit dem berühmten Léon Delagrange mit einer Flugmaschine aufzusteigen. Sie kamen 200 m weit und erreichten die atemberaubende Höhe von 2 m. Thérèse war begeistert, gab aber ihren Entschluß, Pilotin zu werden wieder auf, als Delagrange 1910 bei einem Absturz tödlich verunglückte.
Wie Madame Peltier wollten sich auch andere Frauen nicht mehr damit zufrieden geben, die wagemutigen Flieger als Zuschauerinnen zu bewundern oder höchstens als Passagierinnen mitgenommen zu werden; sie strebten danach, ein Flugzeug selbst zu steuern und, wie Melli Beese schrieb, »Leben und Tod in der eigenen Hand« zu haben.[1] Der Weg zum Flugzeugführerschein erwies sich allerdings für die meisten Frauen als schwierig und langwierig. In fast allen autobiographischen Texten berichten Pilotinnen über die vielfältigen Widerstände, die sich ihnen entgegenstellten, angefangen mit der ablehnenden Haltung der Eltern über die Weigerung vieler Fluglehrer, Frauen auszubilden, bis hin zu den Anfeindungen der männlichen Piloten. Diese versuchten mit vielen Mitteln, sogar durch Sabotage, das Eindringen der Frauen in diese Domäne der Männlichkeit zu verhindern, denn sie befürchteten zu Recht, daß der Ruhm der Piloten in dem Augenblick an Glanz verlieren würde, in dem auch Frauen fliegen konnten. In einer Zeit, in der der naturwissenschaftliche Unterricht an Mädchenschulen vernachlässigt wurde, in der überdies technisches Verständnis, Leistungsorientierung und Wagemut bei Frauen nur mit großem Mißtrauen registriert wurden, verwundert es nicht, daß nur wenige Frauen es wagten, vom Fliegen zu träumen, und noch weniger, diesen Traum zu realisieren.

Allen Hindernissen und Widerständen zum Trotz lernten es Frauen, die »fliegenden Kisten«, die zunächst nur kurze Sprünge machten, zu beherrschen. Am 15. Oktober 1909 gelang der Französin Raymonde Delaroche, angeblich Baronin, ein erster selbständiger Flug von 300 m mit einem Zweidecker. 1910 erwarb sie mit einem Flug von sieben Minuten Dauer das Pilotenpatent und war damit die erste »Vertreterin des Damenflugsports«. Baronin Delaroche blieb nicht lange die einzige Pilotin; in den Jahren zwischen 1910 und 1914 erwarben über 40 Frauen in der ganzen Welt den Pilotenschein. Zum Vergleich: Allein in Deutschland hatten vor dem Ersten Weltkrieg etwa 800 Männer die Pilotenprüfung abgelegt.

Die erste Pilotin, Raymonde Delaroche um 1910

Der Traum vom Fliegen forderte einen hohen Einsatz: Die Pilotinnen riskierten ihre Gesundheit oder sogar ihr Leben. Schon vor dem Ersten Weltkrieg waren vier Frauen tödlich abgestürzt, unter ihnen die neunzehnjährige Französin Suzanne Bernard 1912, die noch nicht einmal ihre Flugausbildung abgeschlossen hatte. Andere Pilotinnen wie Raymonde Delaroche, Melli Beese oder Mathilde Moisant hatten ernsthafte Verletzungen erlitten, zum Teil bei Unfällen, die sie nicht selbst verschuldet hatten. Mathilde Moisant, deren Bruder 1911 mit seiner Flugmaschine

verunglückt war, wurde bei einer Flugschau mit einer gefährlichen Situation konfrontiert. Gerade als sie landen wollte, rannten die Zuschauer auf die Landebahn. Mathilde Moisant reagierte schnell, sie gab Vollgas und versuchte, das Flugzeug wieder hochzuziehen. Da setzte der Motor aus, die Maschine stürzte ab und überschlug sich. Verletzt wurde sie aus dem brennenden Wrack gezogen. Trotzdem blieb sie ihrem gefährlichen Sport, der für sie mehr als nur ein Zeitvertreib war, treu.
Viele der Frauen, die von der Faszination des Fliegens gepackt waren, gaben alles auf, um fliegen zu können. Melli Beese, die erste deutsche Pilotin, brach beispielsweise eine aussichtsreiche Karriere als Bildhauerin ab, um ihr Leben auf dem Flugplatz zu verbringen.

Hélène Dutrieu bei ihrem Flug um den »Coupe Fémina« 1910

Schon vor dem Ersten Weltkrieg machten die Pilotinnen den Männern in ihren fliegenden Kisten auf allen Gebieten Konkurrenz. So beteiligten sie sich erfolgreich an Flugmeetings. Hélène Dutrieu, die beste der Vorkriegspilotinnen, ließ 1911 auf einem Flugtag in Florenz alle männlichen Konkurrenten hinter sich, und Melli Beese konnte nur mit unlauteren Mitteln der Sieg auf der Berliner Herbstflugwoche 1911 genommen werden. Auch bei Kunstflugvorführungen und Langstreckenflügen waren die Männer jetzt nicht mehr unter sich. Die 42jährige Jeanne Pallier flog zum Schrecken der Pariser 1912 um den Eiffelturm, Hélène Dutrieu wagte es sogar, einen Passagier mitzunehmen, und Blanche Scott wurde durch ihren »Todessturz«, einen Sturzflug, den sie erst kurz vor dem Boden abfing, berühmt. Einer der riskantesten Flüge, die vor dem Ersten Weltkrieg von einer Frau durchgeführt wurden, war die Überquerung des Ärmelkanals im Jahr 1912 durch die erste amerikanische Pilotin Harriet Quimby.

Eine überraschend große Zahl von Pilotinnen, Melli Beese, Martha Behrbohm, Hilda Hewlett oder auch Majorie Stinson, waren als Fluglehrerinnen tätig und unterrichteten in der Regel männliche Flugeleven. Es liegt nahe, daß die Fluglehrerinnen schon sehr qualifiziert und kompetent sein mußten, um in der von Männern dominierten Welt des Fliegens anerkannt zu werden und ihr Auskommen zu finden.

Frauen erwiesen sich als äußerst geschickte Pilotinnen, die sich auch durch die vielen Pannen, die damals auf der Tagesordnung standen, nicht aus der Ruhe bringen ließen und kaltblütig jede Chance zur Notlandung nutzten. Große Geistesgegenwart bewies zum Beispiel die französische Pilotin Louise Driancourt, die bei einer Landung aufgrund eines Zündungsdefekts den Motor nicht abstellen konnte und befürchten mußte, in die auf das Flugfeld laufenden Zuschauer zu rasen. »Madame Driancourt zögert keinen Augenblick, reißt die Aeroplan herum, rast mit voll laufendem Motor direkt in den seitlich stehenden Flugzeugschuppen hinein. Mit einigen üblen Hautabschürfungen kam sie davon. Ihre Geistesgegenwart aber rettete vielen unschuldigen, dummen Menschen das Leben.«[2]

Die Sehnsucht, wie ein Vogel zu fliegen, ergriff ganz unterschiedliche Frauen, junge und ältere — Jeanne Pallier war 42, als sie fliegen lernte —, verheiratete und unverheiratete, auch Mütter mehrerer Kinder. Die schon erwähnte Louise Driancourt hatte drei Kinder, die englische Pilotin Hilda B. Hewlett, Frau eines bekannten Schriftstellers, einen erwachsenen Sohn, den sie als Passagier mitnahm.

Die Mehrzahl der Pilotinnen stammte anscheinend aus den Mittel- und Oberschichten, was angesichts der finanziellen Mittel, die für die Pilotinnenausbildung aufgebracht werden mußten, nicht verwundert. Auffallend ist, daß viele, und gerade die besten Pilotinnen, auch in anderen Sportarten aktiv waren. Hélène Dutrieu war Radrennfahrerin, Baronin

Delaroche Automobilistin und Ballonführerin, Blanche Scott Automobilrennfahrerin, Melli Beese Hochseeseglerin.
Als sportliches Allroundtalent muß Marie Marvingt gelten, die Wettkampfschwimmen, Radrennfahren und Bergsteigen, Skifahren und Eislaufen zu ihren Hobbies zählte, aber auch noch andere Sportarten beherrschte. Besonderen Wagemut hatte sie bei verschiedenen Ballonfahrten bewiesen, wie bei der »Sturmfahrt im Ballon über die Nordsee während der Nacht von Nancy nach Southwold«, über die sie selbst in der *Deutschen Zeitschrift für Luftschiffahrt* berichtet. Auch im Flugzeug hatte sie Gelegenheit, Kaltblütigkeit und Geschick zu demonstrieren. Auf einem Flug nach St. Etienne setzte plötzlich ohne die leiseste Warnung ihr Motor aus, und sie hatte die Wahl, in einem Café oder auf einer von Häusern umgebenen Kegelbahn zu landen. Geistesgegenwärtig wählte sie die Kegelbahn, und es gelang ihr, die Maschine fast unversehrt zu Boden zu bringen.
Unter den ersten Pilotinnen waren Künstlerinnen oder zumindest Frauen mit einer künstlerischen Begabung überproportional vertreten: Thérèse Peltier war Bildhauerin wie auch Melli Beese; Raymonde Delaroche trat als Schauspielerin auf, Harriet Quimby arbeitete als Journalistin, und auch Marie Marvingt veröffentlichte mehr oder weniger professionelle Texte, in denen sie ihre Erfahrungen als Pilotin beschrieb.
Kennzeichen vieler Pilotinnen war außerdem eine gewisse Exzentrik, ein Bruch mit den Traditionen und Konventionen, der sich in der Kleidung, im Verhalten und in der als unweiblich geltenden Begeisterung für das Fliegen ausdrückte. Der Reiz der Gefahr und des Abenteuers, die öffentliche Aufmerksamkeit und die Begeisterung des Publikums, Selbstbehauptung und Bestätigung waren weitere Motive, die gerade in einer Zeit, die Frauen wenige Entfaltungsmöglichkeiten außerhalb der Familie bot, große Bedeutung hatten. Auch der Versuch, den Mythos der weiblichen Schwäche zu widerlegen und sich mit Männern zu messen, mag eine Rolle gespielt haben. Amelia Earhart berichtet, daß Ruth Law, die einen amerikanischen Langstreckenrekord hielt, gerade deshalb die Konkurrenz mit den männlichen Piloten aufnahm. Auch Katherine Stinson erklärte, nachdem ihr als erster Frau mehrere Loopings hintereinander gelungen waren, daß sie nun »mit den größten Leistungen der Männer gleichgezogen« habe und daß sie weiter daran arbeite, »die Frau auf dem schwierigsten Fachgebiet vor dem Mann in Führung zu brin-

Katherine Stinson in Osaka

gen«.[3] Nicht nur Ruhm und Geld — es war für Frauen sehr schwer, das Fliegen als Verdienstquelle zu nutzen —, sondern vor allem das Gefühl, die Erdenschwere zu überwinden und frei wie ein Vogel zu sein, bewog sie dazu, Leben und Gesundheit aufs Spiel zu setzen.

Am Vorabend des Ersten Weltkrieges nahm das Flugwesen auch aufgrund der Förderung durch die Behörden, einen ungeheuren Aufschwung. Die Militarisierung des Flugwesens begünstigte die Ausgrenzung der Frauen, deren fliegerische Ausbildung, da sie nicht als Soldaten Verwendung finden konnten, nicht gefördert, ja sogar behindert wurde. Auch für die männlichen Piloten bedeutete der Krieg das Ende des Traumes von Freiheit und Abenteuern.

Melli Beese

Bedrohlich für die männliche Vorherrschaft waren die Pionierinnen des Motorflugs, in Deutschland vor allem Melli Beese. Amélie Hedwig Beese wurde 1886 in der Nähe von Dresden geboren. Ihre wohlhabenden Eltern — ihr Vater war Architekt — förderten ihre vielfältigen Begabungen; sie zeichnete, spielte verschiedene Instrumente und lernte sieben Sprachen. Ihr Entschluß, zur Bühne zu gehen, scheiterte am Widerstand der Eltern. 1906 bis 1909 studierte sie in Stockholm Bildhauerei. Dort entwickelte sie sich außerdem zur begeisterten Hochseeseglerin und erwarb gründliche Kenntnisse im Schiffsbau, weil, so berichtet sie selbst, sie neben ihrer künstlerischen Arbeit für die Technik ein brennendes Interesse hegte. Seitdem die Nachrichten von den ersten Flugversuchen um die Welt liefen, war sie fasziniert von der »Aviatik« und hörte an der Technischen Hochschule Dresden Flugtechnik und -mechanik. Ihre Vorbilder könnten der berühmte französischen Flugpionier, Léon Delagrange und seine Schülerin Thérèse Peltier, die schon 1908 als erste Frau fliegen lernen wollte, gewesen sein. Beide hatten sich ebenfalls der Bildhauerei verschrieben.

1910 gab Melli Beese ihre Karriere als Bildhauerin endgültig auf, um ihren Traum vom Fliegen zu verwirklichen. Sie zog nach Berlin-Johannisthal, mietete ein möbliertes Zimmer am Rande eines Kiefernwäldchens mit Blick auf das Flugfeld und machte sich auf, bei einer Flugschule um Unterricht nachzufragen. Hier erlebte sie die erste Enttäuschung, denn weder der Direktor der »Albatros-Werke« noch der Leiter der »Flugmaschine Wright GmbH«, Paul Engelhard, waren an einer Flugschülerin interessiert. Engelhard erklärte Melli Beese ganz offen, er halte es für völlig ausgeschlossen, daß eine Frau mit den Flugapparaten umgehen könne. Als Melli Beese nicht aufgeben wollte, empfahl er, es doch bei einer anderen Flugschule, bei der »Ad-Astra-Fluggesellschaft« zu versuchen. Die »Ad-Astra-Fluggesellschaft« besaß einen »Wright-Doppeldecker«, mit dem sie Schauflüge veranstaltete und Flugschüler ausbildete. Einer der beiden Inhaber, der Diplom-Ingenieur Robert Thelen, der angeblich seinen Mund nur auftat, um eine Zigarette hineinzustecken, akzeptierte Melli Beese als Schülerin — wie sein späteres Verhalten zeigte, möglicherweise aus finanziellen Gründen, denn eine Flugzeugführerausbildung kostete etwa 3000 Mark.

Doch bald darauf kam die nächste Enttäuschung: Melli, die gehofft hatte, schon wenige Wochen später im Himmel ihre Kreise ziehen zu können, mußte warten. Weil damals nur bei absoluter Windstille geflogen werden konnte, war Geduld eine der wichtigsten Eigenschaften der Piloten. In den wenigen Stunden der Windstille drängten sich die Schüler in die Maschine, und die Neulinge kamen erst als letzte zum Zuge. Schließlich war Melli Beese auch kein normaler Flugschüler, sondern eine Frau, die mit argwöhnischer Neugier betrachtet und als unerwünschter Eindringling behandelt wurde. Wochenlang durfte sie nur am Bau und an der Reparatur von Flugzeugen, zerbrechlichen Gebilden aus Holz, Leinwand und Drähten, mithelfen. Ihr technisches Verständnis, ihr rasches Zupacken und ihre unkomplizierte Art hatten ihr schnell die Herzen der Monteure und Arbeiter gewonnen. Später sollten ihr ihre Erfahrungen in der Werkstatt und ihre Kennntisse im Flugzeugbau von großem Nutzen sein.

Endlich war es so weit — Thelen nahm Melli Beese mit in die Luft zum ersten Flug, den ihr Biograph Norden einfühlsam schildert:

»Die Monteure hasten zur Seite. Eiskalt springt der Luftstrom Melli an, drückt sie fest in den Platz, der weniger ist als ein provisorischer Stuhl, mit kurzen Beinen auf die Flügelkante gestellt. Die Maschine stößt und holpert über den Boden, wenige Augenblicke nur. Wie in einem alten ungefederten Automobil, denkt sie, ist enttäuscht in plötzlicher Erinnerung an das stoßfreie Anfahren einer Eisyacht. Die Wirklichkeit überholt ihre Gedanken. Nach einem letzten Ruck hört das Stolpern auf, die Erde sinkt unter den Füßen weg, blitzschnell, der Horizont weitet sich links und rechts hoch, der Doppeldecker fliegt ... Melli könnte aufschreien im Glück der Sekunden. Der peitschende Wind dröhnt, lauter noch als das Gebrüll des Motors, in ihren Ohren, zerrt an der Kappe, reißt am Haar, fetzt durch die Lederjacke hindurch. Kalt, bitterkalt. Melli merkt es kaum, denkt nur: Wenn dieser Flug niemals ein Ende nähme. Wenn ich immer so fliegen könnte. Allein, ganz allein. Flügel — Motor — ich. Alle Gedanken schalten sich um auf das neue Weltbild, die Schau von oben, die Freiheit im Raum.«[1]

Das Glück war nicht von langer Dauer. Melli Beese erlebte ziemlich bald am eigenen Leibe, wie gefährlich Fliegen war. Im Dezember 1910 stürzte Thelen mit seiner Schülerin auf dem Passagiersitz ab — eine Antriebskette war von der Motorwelle abgesprungen. Thelen blieb un-

verletzt, Melli Beese zog sich einen schweren Knöchelbruch zu, der sie zu einer Flugpause zwang. Kurz nach dem Unfall erhielt sie die Nachricht, daß ihr geliebter Vater ganz plötzlich an einem Herzschlag gestorben war. Sie fuhr trotz ihrer Verletzung sofort nach Dresden und verbrachte einige Wochen in ihrem Elternhaus. Lange hielt sie es dort allerdings nicht aus, der Unfall und seine Folgen konnten an ihrem Entschluß, zu fliegen, nichts ändern, mit unwiderstehlicher Kraft zog es sie nach Johannisthal zurück.
Schon im Januar, noch auf zwei Stöcke gestützt, tauchte sie wieder auf ihrem geliebten Flugplatz auf, wo sie sich durch ihre Hartnäckigkeit doch einigen Respekt bei ihren Fliegerkollegen erwarb. Im Café Senftleben oder in Meinickes Fliegerrestaurant, beliebten Treffpunkten, wo sich vor allem bei schlechtem Wetter die Piloten einfanden, wurde sie zu einem gerne gesehen Gast. Trotzdem begann für sie von neuem eine Zeit des Wartens, denn Robert Thelen weigerte sich ohne Angabe von Gründen, sie weiter zu unterrichten. Zu stolz, um von Thelen eine Erklärung zu fordern, wartete Melli Beese fast vier Monate lang, bevor sie sich im Mai 1911 von der »Ad-Astra-Gesellschaft« trennte. In diesen vier Monaten wurde der Flugplatz für Melli zur Heimat; der Flugbetrieb begann am frühen Morgen; tagsüber, wenn der Wind aufgefrischt war oder wenn sich im Sommer sogenannte Luftlöcher bildeten, arbeiteten die Piloten an ihren Maschinen, um dann abends erneut mit ihren Flugapparaten aufzusteigen.
Auch mit ihrem nächsten Fluglehrer hatte Melli Beese Pech. Sie hatte sich entschieden, zusammen mit dem Wright-Piloten von Mossner den Sachsenrundflug mitzufliegen und dann in einer Filiale der »Wright-Gesellschaft« in Weimar ihre Ausbildung zu Ende zu bringen. Beide Vorhaben ließen sich nur ansatzweise verwirklichen. Schon auf der zweiten Etappe des Rundflugs verlor das Team von Mossner-Beese bei strömendem Regen die Orientierung und mußte aufgeben. In Weimar konnte Melli Beese nur dreimal fliegen, weil dann die besten Motoren für einen Wettflug in Berlin benötigt wurden. Immerhin hatte die junge Pilotin bei ihrem dritten Flug in Weimar ein unvergeßliches Erlebnis: Ihr Lehrer überließ ihr die gesamte Steuerung des Flugzeugs. »Zum ersten Mal Leben und Tod in der eigenen Hand — in einer Unmittelbarkeit, wie es bei keinem anderen Sport der Fall ist! ... Ich konnte kein Ende finden — immer wieder ließ ich die Maschine steigen, fallen, wieder steigen, nach links

herum schwenken, in immer engeren Kurven. Die Wright-Maschine folgte ja so herrlich leicht auch dem kleinsten Steuerdrucke ...«[2]
Zurück in Berlin versuchte Melli Beese nun bei der dritten Flugschule, den »Rumpler-Werken«, die einen neuen Flugzeugtyp, die »Taube«, bauten, ihr Glück. Ihr Fluglehrer war der erfolgreichste Pilot der Vorkriegsjahre, Hellmuth Hirth, der allerdings nicht eben viel von Frauen am Flugzeugsteuer hielt. Melli gewöhnte sich erstaunlich schnell an das neue Fluggerät, die »Taube«, die sich für ihren Geschmack viel zu leicht flog. Schon nach fünf Flügen war sie bereit für ihren ersten Alleinflug, aber für diese fünf Flüge brauchte sie eineinhalb Monate. Auch bei Rumpler kämpften zu viele Flugschüler um die wenigen Flugzeiten, und nur wer seine Ellenbogen einsetzte, kam zum Zuge. Melli Beese mußte sich nun nicht nur gegen die Konkurrenz ihrer Mitschüler, sondern auch gegen das abwartende Zögern ihres Lehrers, der Frauen nur als Zuschauerinnen auf dem Flugplatz akzeptierte, durchsetzen.
Am 27. Juli 1911 endlich stieg Melli Beese zu ihrem ersten Alleinflug auf. »Von diesem Morgen an«, schreibt Norden in ihrer Biographie, »hielten die Männer noch mehr zusammen. Sie witterten Gefahr für den Glorienschein, den die Welt um sie wob, und beschlossen, der fliegenden Frau in ihren Reihen das Leben ein wenig schwerer zu machen.«[3]
Dabei bewiesen sie viel Phantasie; sie manipulierten zum Beispiel an der Steuerung ihres Flugzeuges. Ein anderes Mal war der Benzintank des Flugzeuges entleert, so daß Melli Beese, gerade als sie die für den Prüfungsflug vorgeschriebenen Schleifen fliegen wollte, sofort landen mußte.
Alle Widerstände und Hindernisse hielten sie jedoch nicht auf; an ihrem 25. Geburtstag im September 1911 legte sie ihre Prüfung als erste Pilotin in Deutschland nach 114 Männern ab. Die Zeitschrift *Flugsport* würdigte dieses Ereignis mit einer kurzen Notiz: »Die erste deutsche Fliegerin. Auf dem Flugplatz Johannisthal erwarb am 5. September die erste deutsche Fliegerin Fräulein Nelly Beese ihr Führerzeugnis auf einem Rumpler-Etrich-Eindecker. Die junge Dame hatte sich vor einiger Zeit durch einen Sturz mit dem Flieger Thelen aus 50 m Höhe einen Knöchelbruch zugezogen, der sie für längere Zeit dem Flugfeld fernhielt. Bald nach ihrer Genesung aber nahm die junge Fliegerin die Flugkunst wieder auf und erreichte auf dem Eindecker glänzende Erfolge. Bei ihrer Prüfung bewies Fräulein Beese hervorragendes Können

und beschrieb mit der 'Taube' Achten und Schleifen. Zum Schluß landete die Fliegerin aus 50 m Höhe mit abgestelltem Motor.«[4]
Schon Ende September beteiligte sich die frischgebackene Pilotin, die einzige Frau unter 24 Teilnehmern, an der Johannisthaler Herbstflugwoche und hatte auch hier mit den üblichen Schwierigkeiten zu kämpfen. Die »Rumpler-Werke« wollten ihr kein Flugzeug zur Verfügung stellen, weil einige der teilnehmenden Piloten gedroht hatten, sie würden nicht mit einer Frau zusammen in einem Wettbewerb starten. Erst das Eingreifen des Flugplatzdirektors, der sich vom Auftreten einer Frau eine Sensation versprach, verhalf Melli Beese zu einer »Taube«, an die sie sich jedoch erst gewöhnen mußte. Auch die Hoffnungen mancher Männer, daß der Start der Pilotin am Fehlen eines Passagiers scheitern würde, erfüllte sich nicht. Es fand sich schließlich doch noch ein junger Flugschüler, der bereit war, als Passagier zu fungieren.

Die Herbstflugwoche, in jenem Jahr vom 24. September bis 1. Oktober, war eine Dauerprüfung, bei der es auf die in der Luft verbrachte Zeit ankam. In den ersten Tagen hielt sich Melli Beese glänzend; es gelang ihr sogar, den Dauerweltrekord und kurz darauf auch den Höhenweltrekord mit Passagier für Pilotinnen mit 825 m zu brechen. Zu ihrer großen Genugtuung kam der »Käpp'n«, Paul Engelhard, der Frauen im Flugzeug a priori für unfähig erklärt hatte, im Auto zum Startplatz gefahren, um ihr zu gratulieren und sein Urteil zu revidieren. In der »BZ« war zu lesen: »Alle Achtung! Was das kleine Fräulein auf ihrer Rumpler-Taube leistet, konnte manchem ihrer männlichen Berufskollegen zur Ehre gereichen. Sie stieg auf und blieb volle zwei Stunden und 9 Minuten in der Luft. Sie ist somit nur 1 Minute hinter der besten Tagesleistung zurückgeblieben.«[5]
Am 4. Tag der Flugwoche schob sich Melli Beese auf den 2. Platz des Gesamtklassements und wurde damit zur Bedrohung für ihre männlichen Konkurrenten. Das stürmische Wetter am 5. Tag bot dann den Anlaß, die unliebsame Konkurrentin auszuschalten. Melli erhielt unter dem Vorwand, daß eine Frau bei stürmischem Wetter nicht fliegen könne, keine Starterlaubnis; sie mußte das Steuer dem Chefpiloten Hellmuth Hirth, der aber schon nach 10 Minuten wieder landete, überlassen. Dadurch fiel sie auf den 5. Platz zurück, erhielt aber immer noch einen Flugpreis von 2499 Mark.

Sieger der Herbstflugwoche wurde Alfred Pietschker, Enkel von Werner von Siemens, der wenige Stunden nach Melli Beese den Flugzeugschein mit der Nummer 116 erworben hatte. Er gehörte zu den engen Freunden Mellis und verunglückte 24jährig wenige Wochen nach seinem Triumph auf der Flugwoche beim Einfliegen eines neuen Flugzeugtyps. Nach seinem Absturz verbreitete sich das Gerücht, daß er freiwillig in den Tod gegangen sei, weil Melli Beese seine Liebe nicht erwidert habe. Wenige Monate vorher war ein anderer Freund Melli Beeses, Georg Schendel, abgestürzt. Ihm widmete sie einen Nachruf, der mit den Worten endet: »Fliegen ist notwendig, Leben nicht!«
1912 eröffnete Melli Beese zusammen mit ihrem späteren Mann, dem Franzosen Charles Boutard als stillem Teilhaber, die »Melli-Beese-Flugschule GmbH«, Sitz Johannisthal. In einer Werbeschrift erklärte sie:
»Auf mannigfache Anregungen hin habe ich mich entschlossen, auf dem Flugplatz Johannisthal eine eigene Flugschule zu errichten. Ich bin dabei von der Erwägung ausgegangen, daß es an der Zeit ist, den in vielen Beziehungen ungeregelten Zuständen in manchen Flugschulen dadurch ein Ende zu machen, daß ein wirklich ordnungsgemäßes und straff organisiertes Institut die Ausbildung zum Flieger nach festgesetzten Grundsätzen übernimmt. Vor allem soll der Unterricht schnell erfolgen und zwar auf Wunsch auf Maschinen verschiedener Gattung ... Da ich einerseits unter allen Umständen nur eine beschränkte Anzahl von Schülern annehmen will und mir andererseits drei Piloten und drei Flugzeuge zur Verfügung stehen, so wird der fast überall eingerissene Übelstand entfallen, daß die Schüler Wochen und Monate auf dem Flugplatz verweilen, ohne überhaupt zum Fliegen zu kommen. Die infolge der Witterungsungunst nun einmal unvermeidlichen Ruhepausen werden in meiner Schule dadurch ausgefüllt werden, daß den Schülern theoretische Unterweisungen gegeben werden und ihnen die Möglichkeit gelassen wird, sich in den Werkstätten an praktischen flugtechnischen Arbeiten aller Art zu beteiligen. Hinsichtlich der Berechnung hinsichtlich des von den Schülern etwa verursachten Bruchschadens werde ich, völlig abweichend von der Praxis der schon bestehenden Flugschulen, lediglich die mir selbst entstandenen Kosten für Material und Arbeitslohn berechnen.«[6]
Aufgrund der günstigen Bedingungen fand Melli Beese sehr schnell Flugschüler und auch einige Schülerinnen, die aber nicht allzuviel Aus-

dauer zeigten, was wegen der schlechten Berufsaussichten für Frauen in diesem Bereich nicht verwundern konnte.
Im Januar 1913 heiratete Melli Beese ihren Flugkameraden und Geschäftspartner Charles Boutard. Der 1884 geborene Franzose war 1910 nach Johannisthal gekommen, um mit seinem Landsmann Poulain einen Eindecker zu bauen und zu fliegen. Wie Poulain war auch Boutard vorher ein bekannter Radrennfahrer gewesen. Im Januar 1911, nachdem er acht Monate an dem Eindecker gearbeitet hatte, wollte er ohne große Erfahrung trotz des böigen Wetters die Maschine einfliegen. Melli Beese erlebte die Katastrophe mit: »... ungeachtet des gefährlichen Wetters, sowie der Lage unserer Startbahn, die schon im Anstieg eine Kurve verlangte, wollte er jetzt in kühnem Wagemute aufsteigen. Mit der Folge, daß wir uns bereit machten, einen Sturz zu erleben ... Wir sollten recht behalten: die sehr schnelle Maschine, anscheinend auch etwas schwanzlastig, schoß steil in die Höhe, und ehe der Führer sie noch in die Hand bekommen hatte, war die Kurve verpaßt, und es ging 'über Land'! In dieser Lage war es das richtigste, schnell wieder zu landen. Charles Boutard handelte auch nach dieser Erkenntnis, übersteuerte dabei jedoch den Apparat, und krachend sauste er durch splitternde Chausseebäume in die Tiefe ... Das sah böse aus!«[7]
Trotz des schlimmen Sturzes war der Pilot nur leicht verletzt. Bei einer weiteren Bruchlandung vier Wochen später wurde ihm der Unterschenkel zerschmettert und »nur die außerordentliche Kunst eines hervorragenden Arztes rettete ihn, nach langwierigem Krankenlager, vor der Prothese«. Melli Beese und der hochgewachsene Franzose wurden Freunde, als sie sich nach der Gesundung Boutards im Herbst 1911 in der »Rumpler'schen Schülerschar« wieder trafen.
Die Jahre 1912 und 1913 waren für Melli Beese anstrengend, aber auch erfolgreich. Sie leitete nicht nur ihre Flugschule, sondern konstruierte und baute ihre Flugzeuge selbst. Dabei war sie viel erfolgreicher als manche ihrer männlichen Kollegen. In einem Rückblick erinnert sie sich an die Konstruktionen, »die mehr der Phantasie als technischem Verständnis entsprangen. Sie bildeten für uns eine stete Quelle der Heiterkeit, obwohl es ihren geistigen Vätern so bitterernst damit war ... Ein anderes Flugzeug besaß zwei hintereinandergelagerte Eindeckerflächen und nicht weniger als vier Propeller ... Auch dieser Aparat verließ — wohl zum Glück für die wohlgebildeten Glieder seines Besitzers — nie-

Melli Beese mit dem von ihr konstruierten Flugzeug

mals den sicheren Erdboden.«[8] Melli baute als Schulungsflugzeug die »Melli-Beese-Taube«, die entscheidende Verbesserungen gegenüber älteren Flugzeugtypen aufwies und überdies wesentlich billiger als die »Rumpler-Taube«, für nur 12 000 Mark, angeboten wurde.
Die Entwicklung des Flugwesens ging aber in eine Richtung, die Melli Beese entscheidend benachteiligte: Die Aviatik wurde zunehmend von finanziellen und militärischen Interessen geprägt, und das Flugzeug wurde als potentielle Waffe zu einem Spekulationsobjekt. Das bedeutete, daß gerade die kleinen Flugzeugwerke immer weniger Chancen hatten, mit der Weiterentwicklung Schritt zu halten. Melli Beese hatte zudem zwei Nachteile: Sie war französische Staatsbürgerin und eine Frau. Beides schloß sie von den Aufträgen seitens der Militärbehörden aus. Melli Beese arbeitete 1913 vor allem an der Verwirklichung eines Traumes. Sie baute ein Flugboot, das trotz ständiger finanzieller Schwierigkeiten kurz vor dem Ersten Weltkrieg fast fertiggestellt war. Im August 1914 sollte es bei einer Konkurrenz für Wasserflugzeuge starten. Der Erste Weltkrieg bedeutete für Melli Beese, die aufgrund ihrer Heirat die französische Staatsbürgerschaft besaß, das Ende all ihrer Pläne: Ihr Mann wurde verhaftet, ihre Flugschule geschlossen, ihr Flugboot zerstört. Während des Krieges lebte das Ehepaar Beese-Boutard in Wittstock an der Dosse in der Verbannung. Beide erkrankten an Tuberkulose.
Nach dem Krieg kehrte Melli Beese krank und morphiumsüchtig sofort nach Berlin zurück. Es gelang ihr aber nicht mehr, in der Welt des Fliegens, und das war die einzige Welt für sie, Fuß zu fassen. Ihr wagemutiger Plan, zusammen mit ihrem Mann mit zwei Flugzeugen um die Welt zu fliegen, scheiterte schließlich an der Finanzierung. Die Entschädigung, die ihr für den Verlust ihres Eigentums bezahlt wurde, verlor sie durch falsche Investitionen und die Inflation. Die finanzielle Misere, Krankheit und Hoffnungslosigkeit trugen sicherlich auch dazu bei, daß sich etwa 1920 Melli Beese und Charles Boutard entfremdeten. Melli Beeses letzter Flug auf dem neuen Berliner Flugplatz Staaken mit einer ausgedienten »Fokker« endete mit einer Katastrophe — der Zerstörung des Flugzeugs bei der Landung.
1925 gab Melli Beese die Hoffnung auf. Sie erschoß sich am 22. Dezember in einer Pension in Berlin-Halensee, gerade als Charles Boutard sie zu einem Spaziergang abholen wollte. Sie liegt auf dem Schmargendorfer Friedhof begraben.

Das Schicksal der ersten deutschen Pilotin ist eng mit den sozialen und politischen Entwicklungen der Zeit verknüpft. So war ihre fliegerische Karriere nur möglich, weil ihre soziale Herkunft »stimmte«, weil sie über eine der wichtigsten Voraussetzungen, ein wohlhabendes Elternhaus, verfügte. Für Leute ohne finanzielle Absicherung beschränkte sich die Beteiligung am Fliegen in der Regel auf das Zuschauen. Die zweite Voraussetzung für das Fliegen, das richtige, das heißt, das männliche Geschlecht, brachte Melli Beese nicht mit, was ihr neben den generellen Schwierigkeiten, die mit dem Fliegen damals verbunden waren, zusätzliche Probleme eintrug. Zwar schrieb das herrschende Ethos den Männern Ritterlichkeit vor, aber anscheinend nur dann, wenn die Frauen bereit waren, ihre Rolle als hilflose und schwache Geschöpfe zu spielen. Eine Frau, die in die Domäne der Männer eindrang, konnte nicht mehr auf die ritterliche Fürsorge als Frau rechnen, sondern wurde als »Schmutzkonkurrenz« behindert. Daß Melli Beese sich in dieser Atmosphäre der Frauenfeindlichkeit durchsetzen und sogar eine führende Position im Flugwesen einnehmen konnte, ist ihrer ungewöhnlichen Hartnäckigkeit zu verdanken. Im Kampf gegen viele Widerstände blieb sie Siegerin; sie zerbrach an der Militarisierung des Flugwesens, dem Nationalismus, dem Ersten Weltkrieg.
1982 tauchte der Plan auf, das Schicksal der ersten deutschen Pilotin zu verfilmen. Der Titel des Drehbuches, entlehnt bei Voltaire, ist das Motto ihres Lebens: »Dir fehlen Flügel und du möchtest fliegen? Krieche!«

Unser Flugplatz – in memoriam

Herbst 1910. November war's, ein stürmisch kalter, regnerischer Spätnachmittag. Ich hatte wohl die Entfernung von Berlin unterschätzt, war auch wiederholt irregegangen — denn damals wiesen noch keine weithin sichtbaren Schilder an wohlgepflegten Zufahrtsstraßen den Weg —, und so war es schwarze Nacht geworden, in die nur ab und zu rotglühende Oellämpchen vor naßglänzenden Kieferstämmen blakten, als ich mit vorgehaltenem Regenschirm, am hohen Palisadenzaun entlang, mich mühsam durch Sturm und fußhohen Schlamm kämpfte, dem Eingangspförtchen der Albatros-Werke zu. Ich hatte eigentlich zur Wright-Gesellschaft gewollt, die jedoch am entgegengesetzten Ende des Platzes lag, auf Adlershofer Gebiet, und heute nicht mehr zu erreichen war. Um nun die ganze Reise nicht umsonst gemacht zu haben, beschloß ich, den Zufall walten zu lassen, und mich der Firma Albatros anzuvertrauen. Ich wollte fliegen lernen! — Das war aber auch alles, von dem ich wußte, daß ich es wollte ... Im Grunde lief ich ja doch nur vor mir selbst davon ... Denn wenn ich auch, seitdem die Nachrichten von den ersten Flugversuchen die Welt durchzogen, an der Technischen Hochschule Flugtechnik und -mechanik gehört hatte, weil ich neben meiner künstlerischen Arbeit für alle Technik und besonders für ihre neuesten — vielleicht phantastischsten Erscheinungen brennendes Interesse hatte, dem ich, als begeisterter Hochseesegler, seit längerem schon gründlichere Kenntnisse im Schiffbau verdankte, — trotz alledem, wie gesagt, war ich doch nie vorher dem Gedanken an die eigenhändige Führung einer Flugmaschine ernstlich nähergetreten. Nun war ich plötzlich da, und ich war felsenfest davon überzeugt: in wenigen, vielleicht zwei, spätestens drei Wochen würde ich, sportlich trainiert, wie ich war, hoch über allen Sterblichen meine Kreise ziehen ... Jeder einigermaßen Eingeweihte wird daraus meine glückliche Ahnungslosigkeit in allen, zur Fliegerei gehörigen Dingen erkennen. Hatte ich doch noch nie ein wirkliches Flugzeug gesehen, weder auf dem Boden, noch in der Luft; denn väterliche Güte hatte mich, trotz meiner grünen Jugend, nach Herzenslust lernen und reisen lassen, wie und wo ich wollte, und so hatte ich die ersten deutschen Flugvorführungen nur durch die Zeitungen im Auslande verfolgen können. Es waren ihrer übrigens nicht so viele: Orville Wright — den ich bald darauf ebenso kennen lernen sollte, wie seinen Bruder Willbur — war auf dem Tempelhofer Felde als erster in Deutschland öffentlich geflogen; die erste Johannisthaler Flugwoche, mit Blériot, de Caters, Latham, Rougier u.a.m., war noch nicht lange vorüber, und eben erst hatte der erste, von deutschen Fliegern bestrittene Ueberlandflug Johannisthal — Bork i.d. Mark stattgefunden, bei dem Grade den Lanzpreis der Lüfte gewann.

Die fliegerischen Begebenheiten führten also noch fast alle das Prädikat: »der erste«, als ich an jenem Novemberabend in das kleine, einfach möblierte Bureau der damaligen »Albatros- und Pilot-Gesellschaft« eintrat. Wenn ich jedoch gehofft hatte, schon heute die ersehnte Bekanntschaft mit einem richtigen Flugzeug zu machen, so hatte ich mich getäuscht! Direktor Wiener, der mich liebenswürdig empfing, schien doch genügende Zweifel in die fliegerischen Fähigkeiten einer jungen Dame zu setzen, um gar nicht erst den Versuch zu machen, mich als Schülerin für sein Unternehmen zu gewinnen, sondern empfahl mir ebenfalls die »Wright-Gesellschaft« für meine Ausbildung. Ich mußte folglich meine Ungeduld noch zügeln, bis ich am nächsten Morgen nach Adlershof kam. Hier, bei »Wright«, war eine kleine, aber fröhliche Gesellschaft in den gemütlichen Garderobe- und Messeräumen versammelt. Es waren Lehrer und Schüler, meist frühere Offiziere, die sich zu den soeben beginnenden Schulflügen bereitmachten, und als mich der Buchhalter und später bekannte Rekordflieger Friedrich dann in die weite Montagehalle geleitete, stand ich endlich, endlich dem großen, doch so graziös wirkenden Werkzeug menschlicher Sonnensehnsucht gegenüber ... Gleich darauf brummte draußen auch schon ein Motor los, worin sich das Rattern und Knattern der beiden, mittels Kettenübertragung angetriebenen Propeller mischte. Ich trat neugierig durch die weitoffenen Hallentore auf das freie Feld hinaus. Im selben Augenblick kam auch der Leiter und erste Lehrer des Unternehmens, Kapitän z.S. Engelhard, startbereit hinzu, und ich hatte eben noch Zeit, das männlich-ernste Antlitz des Seniors deutscher Fliegerei mit einem raschen Blicke zu streifen, ehe er die breite Schutzbrille herunterzog und, ohne lange Präliminarien seinen luftigen Führersitz auf der Vorderkante der unteren Tragfläche einnehmend, mit dem neben ihm sitzenden Schüler davonflog.

Was mich anbelangt, so ist es mein stolzester Tag gewesen, als in der Herbstflugwoche 1911 unser »Käpp'n«, der die Frau im Flugzeuge a priori für unfähig erklärte und gar kein Hehl daraus machte, extra im Auto nach dem neuen Startplatze kam, um mir zu meinen Rekordflügen zu gratulieren und mich feierlichst von seinem Sammelurteil auszunehmen. Er war zu ehrlich, um seinen Irrtum gegebenenfalls nicht freiwillig einzugestehen.

Jetzt, zu Winters Anfang, lag die Ebene braun und kahl vor mir, von graulila Nebeln in der Ferne verhängt. Aber gegenüber, am südwestlichen Ende, herrschte reges Leben! Dort lag der alte, damals einzige Startplatz, und da hinüber sollte ich nun; denn ich wollte die Schülerin Robert Thelens werden, der wegen seiner unerschrockenen Flüge berühmt war und seine Wright-Maschine dort drüben stationiert hatte. Ich kannte Thelen nicht, hatte ihn nur soeben im Wrightschuppen flüchtig gesehen, ohne einen Eindruck gewinnen zu können, und sah deshalb

unserer ersten Unterredung mit begreiflicher Neugierde entgegen. Würde ich auch hier dem Vorurteil begegnen, das Kapitän Engelhard der fliegenden — oder fliegen-wollenden Frau entgegenbrachte? Dieser hatte immerhin einige Gründe für sich; denn die vielgenannte Ballonführerin Käthe Paulus wurde schon seit beträchtlich langer Zeit von ihm unterrichtet, ohne jemals zum Ziele kommen zu können. Nun, Robert Thelen schien nicht von vorne herein verallgemeinern zu wollen. Ich wurde mit ihm und seiner Gesellschaft »Ad astra« bald handelseins und reiste noch einmal nach Dresden, um meine Eltern erst jetzt von meiner Absicht zu unterrichten. Schweren Herzens ließen sie mir auch diesen Wunsch, und ich ahnte nicht, als ich wenige Tage später mit absichtlicher Nonchalance von ihnen Abschied nahm, daß ich meines Vaters gütige Hand zum letzten Male in meiner hielt. Nur sechs kurze Wochen später sah ich ihn wieder — tot; die klugen Augen, die das Tun und Treiben seines Mädels stets mit so liebevollem Verständnis verfolgt hatten, für immer geschlossen, und ich selbst — von meiner lieben Mutter gestützt — hielt mich nur mühselig an Krücken aufrecht, mit schwer gebrochenen Gliedern von meinem ersten, unglücklichen Sturze kommend.
Jetzt konnte mich nichts mehr halten! Noch an zwei Stöcken hinkend, kehrte ich nach Johannisthal zurück und saß folgenden Tages wieder auf der Wright-Maschine. Sie war mir lieb geworden inzwischen! Trotz der wenigen Flüge, die ich vor meinem Unfall mitmachen durfte, hatte ich wohl gemerkt, wie reizvoll ihre Beherrschung sein konnte. Gerade ihre Labilität lockte mich: je empfindlicher die Steuerung, desto größer ihre Ausnutzungsmöglichkeit — das wußte ich aus langjähriger, seemännischer Erfahrung, und Thelens kühne Kurven wie Engelhards Sturmflüge bewiesen es mir auf's neue. Ich war sicher, das Flugzeug schon nach wenig mehr Flügen in der Hand zu haben, und mein Lehrer wußte es auch — mußte es wissen. Aber, war es Aberglaube, weil er mit mir gestürzt war, oder war es die Sorge, mich die Glieder nochmals in seinem Beisein brechen zu sehen — er unterrichtete mich plötzlich nicht weiter!
Eines frühen Morgens im April 1911 sperrte dichter Nebel die Welt vor meinem Fenster ab. Ich kroch also noch einmal in die Federn, um den immer seltener werdenden Morgenschlaf zu nutzen; denn, obwohl ich sicher sein durfte, auch bei schönstem Flugwetter die passive Resistenz meines Lehrers Thelen gegen meine fliegerische Ausbildung nicht überwinden zu können, war ich doch stets ebenso zeitig am Startplatze, wie

jeder meiner glücklicheren Kameraden. Das Interesse an allem, was dort geschah, ließ mich ja ohnehin nicht schlafen, und mitunter erbarmte sich auch einer der anderen Flieger meiner ungeduldigen Höhensehnsucht und nahm mich zu kurzem Fluge mit.
Ich mochte wohl eben die Augen von neuem geschlossen haben, als mich dumpfes Motorsummen mit hypnotischer Gewalt hochriß. In fliegender Hast ging die sportlich-praktische Toilette ihrem Ende entgegen — da öffnete meine Wirtin die Tür und sah mich aus verstörten Augen in schreckensbleichem Gesicht an: »Fräulein Beese — ein Todessturz! ... Bockemüller ...«
Ich mag wohl ebenfalls etwas blasser geworden sein bei dieser Nachricht. Im nächsten Moment war ich zur Tür hinaus und auf dem Weg zum Startplatze. — Bockemüller war ein junger Poulain-Schüler, ein halbes Kind noch, wohl kaum 18 Jahre alt, und gutmütig harmlos wie ein solches. Nach meinem ersten Unfall hatte er mich in einem einzylindrigen »Automobil« über das löcherige Feld transportieren helfen und dabei in rührender Fürsorge versucht, meinen zerbrochenen Gliedern die schlimmsten Stöße zu ersparen. Nun war er also tot. ... Es war doch ein eigenartiges Gefühl: gestern Abend noch unter uns, munter, froh, hoffnungsvoll, mit großen Plänen, und nun? ... Jeden von uns mögen wohl die gleichen Gefühle bewegt haben wie mich, als uns hier zum ersten Male der volle, unwiderrufliche Ernst, — die letzte, brutale Konsequenz unseres selbstgewählten Loses unmittelbar vor Augen trat. Wir hatten von Todesstürzen gelesen, darüber gesprochen und waren uns der steten Möglichkeit bewußt. Aber das war doch alles so ferne gewesen ...
Ich hatte mich im Mai 1911 endlich von meinem ersten Fluglehrer Thelen getrennt, um zunächst mit Oberleutnant v. Mossner, einem Engelhard-Schüler und alten Afrikakämpfer, den »Sachsenflug« mitzumachen und dann von ihm auf dem neu errichteten Flughafen in Weimar fertig ausgebildet zu werden, wo er sich mit einigen Wright-Flugzeugen niederlassen wollte. Unser Anteil am Sachsenfluge war allerdings bald erledigt: als wir nach langen Regentagen in Chemnitz endlich starten konnten, um — immer noch in strömendem Regen — nach Dresden zu fliegen, kamen wir nur bis nach Oederan, wo wir vereinbarungsgemäß zwischenlandeten, ohne jedoch das erwartete Begleitauto anzutreffen. Es dunkelte bereits stark; meine vollständige Unerfahrenheit in der Orientierung aus der Vogelperspektive konnte mit der kleinen Karte 1:300000 nicht viel

Melli Beese auf einer »Rumpler-Taube«

beginnen, zumal wir auf unseren total ungeschützten Sitzplätzen dem Regen preisgegeben waren und mit der nassen Maschine nur eben über jeden Bergrücken des Erzgebirges ins nächste Tal rutschen konnten, — und so verfehlten wir den Weg nach Dresden und kamen endlich, völlig durchnäßt, in Chemnitz wieder an. Wir gaben den Weiterflug daher auf und vertrösteten uns auf Weimar, wo der Unterricht in den nächsten Tagen beginnen sollte. Wirklich konnten wir auch bald, an einem herrlichen Maimorgen, zum ersten Male über die weichgeschwungenen Thüringer Hügel, nach Jena zu, fliegen, und bei unserem dritten Fluge hatte ich die große Freude, daß mir mein Lehrer die gesamte Steuerung selbständig überließ!
Es war für lange Zeit mein letzter Flug — abermals! Der Besitzer unserer Wright-Maschinen, ein Hauptmann, holte uns die besten Motoren fort, weil er durch Schauenburg, auch einen der allerältesten Flieger,

den kommenden B.Z.-Flug bestreiten lassen wollte. Die vorausgehende Johannisthaler Flugwoche begann; in Weimar sollte inzwischen der Flugplatz feierlichst eingeweiht werden, wozu der Großherzog erschien und Kapitän Engelhard auf einen Tag von Johannisthal herüberkam, um eigenhändig die Wright-Maschine vorzuführen. Aber der Sturm brauste, der Regen rann, und wir mußten uns auf die Clubräume beschränken. Folgenden Tags wurde auch der letzte Motor auf die Reise geschickt. Oberleutnant v. Mossner und ich saßen in Weimar, warteten — und sehnten uns fort.
Drei Wochen habe ich es noch ausgehalten in der alten Musenstadt, die sonst so anziehend ist. Mit unserem Monteur Ludwig, der mir ein treuer Helfer geblieben ist, bis ihn der Krieg zu den Waffen rief, habe ich den einzigen vorhandenen, aber unbrauchbaren Motor repariert, — um ihn auf irgend eine Etappenstation des B.Z.-Fluges senden zu können, den anderen nach; habe einen streikenden dafür bekommen und auch diesen wieder hergestellt, mit gleichem Resultat. Und dann — dann habe ich nicht mehr widerstehen können, sondern bin zurückgefahren nach meinem alten, lieben Johannisthal, wohin es mich mit allen Fasern zog, und habe mein früheres »Junggesellenheim« wieder bezogen, am Rande des Kiefernwäldchens, mit dem Blick auf das Flugfeld — oder wenigstens die Ballonhalle, soweit sie den hohen Bretterzaun überragte.
Durch die liebenswürdige Vermittlung unseres Flugplatzdirektors, Major v. Tschudi, — über dessen wesentlichen Anteil an der Entwicklung des deutschen Flugwesens später noch manches zu sagen ist — wurde ich nunmehr Schüler der »Rumpler-Gesellschaft«, die sich inzwischen auf der Nordostseite des Feldes, dem im Entstehen begriffenen »neuen Startplatze«, ein eigenes Heim gebaut hatte und damit in die Reihe unserer, nunmehr vier großen Firmen aufgerückt war.
Ich kannte Edmund Rumpler, ihren Begründer, natürlich längst, — hatte ihn schon gekannt, als er noch im hohen Norden Berlins, am Wedding, in einer kleinen Werkstatt auf finsterem Hofe an einem noch finstereren Eindecker arbeiten ließ. Rumpler siedelte sich am alten Startplatz an, wo er seine Geisteskinder in bester, anregender Gesellschaft wußte und sie ihrer Endbestimmung jedenfalls schneller zuzuführen hoffte. Aber es half alles nichts; soweit sie als Flugzeuge zur Welt kamen, blieben sie nach wie vor erdgebunden. Dagegen entpuppte sich Edmund Rumpler als ein hervorragender Motorfachmann und -konstrukteur. Er fand das

Gewünschte in dem neuen Apparate des österreichischen Konstrukteurs Etrich, der, aus einer Nachbildung des ausgezeichnet segelnden Zanonia-Samens entstanden, immer mehr einem stilisierten Vogel ähnlich geworden war und nun unter dem Namen: »die Taube« von Rumpler in Deutschland eingeführt wurde. Eines Tages, zu Beginn des Februar, war das erste dieser Flugzeuge in Johannisthal am Start erschienen, von Etrichs Werkmeister und eifrigem Mitarbeiter Illner im Fluge vorgeführt worden, und von Stund an war die Taube der erklärte Liebling des großen Publikums, der Militärbehörden, Schüler und vieler, vieler Flieger.

Auf der Taube sollte ich nun also den Flugunterricht fortsetzen und — hoffentlich!! — bald beendigen. Sie flog sich außerordentlich leicht, — zu leicht für meinen Geschmack; man konnte beinahe sagen, daß man von ihr geflogen wurde. Die größte Schwierigkeit lag jedenfalls bei ihr in der Landung. Gerade ich, die ich durch meinen freien Sitz, auf der Vorderkante der unteren Tragfläche, nur etwa 70 cm über dem Erdboden, verwöhnt war, empfand die Behinderung der Sicht durch den vorgelagerten Motor und die bedeutende Entfernung vom Boden beim Landen außerordentlich unangenehm, gewöhnte mich jedoch auch hierzu schnell genug, um meines Lehrers nach fünf Schulflügen für immer entraten zu können und dennoch niemals »Bruch« zu machen. Um diese fünf kurzen Flüge zu absolvieren, brauchte ich allerdings fast 1 1/2 Monate. Und das hatte seine guten — oder schlechten Gründe ...

Melli Beese in: »Motor«, Berlin, 1921

Harriet Quimby

Auf der Suche nach einer spannenden Story geriet die Journalistin Harriet Quimby 1910 in New York auf eine Flugschau, die sie so begeisterte, daß sie einem der tollkühnen Piloten erklärte, auch fliegen zu wollen. Dieser, John Moisant, versprach ihr zwar, sie zu unterrichten, konnte sein Versprechen aber nicht mehr einlösen, da er kurz darauf tödlich verunglückte. Harriet Quimby ließ sich dadurch nicht von ihrem Vorhaben abschrecken. Sie nahm Flugstunden an der von Johns Bruder Albert eröffneten Schule. Jeden Morgen um vier Uhr erschien sie auf

Harriet Quimby im pflaumenfarbenen Fliegeranzug

dem Flugplatz, gekleidet in einen langen Mantel aus pflaumenfarbenem Satin. Darunter trug sie ein Kleidungsstück, das zur damaligen Zeit höchst undamenhaft war, eine Hose. Eine Kapuze verbarg ihr Haar und ihr Gesicht, so daß es zunächst gar nicht auffiel, daß eine Frau sich dem ungewöhnlichen Sport des Fliegens verschrieben hatte. Doch bald bekam die Presse Wind von dem neuen Hobby der bekannten Journalistin, die in der Folgezeit selbst immer wieder eine gefragte Interviewpartnerin ihrer Kollegen war. In einem der ersten Interviews äußerte sie sich über ihre Motive: »Ich begann zu fliegen, weil ich dachte, daß das Gefühl in der Luft sensationell sein müsse, und ich habe mich nicht getäuscht. Autofahren ist schön ... aber nachdem ich die Flugzeuge in der Luft gesehen habe, konnte ich dem Wunsch, die Luftwege zu versuchen, wo es weder Geschwindigkeitsbegrenzungen noch Verkehrspolizisten gibt, nicht widerstehen. Außerdem dachte ich, daß es ganz nett wäre, die erste Amerikanerin mit einer Fluglizenz zu sein. Überhaupt ist Fliegen nicht gefährlicher als ein schnelles Auto zu fahren, und es macht viel mehr Spaß.«[1]

Harriet Quimby lernte zur Überraschung ihres Fluglehrers André Houpert sehr schnell, die zerbrechliche Flugmaschine zu beherrschen. Vier Monate nach ihrem ersten Flugversuch und nach 33 Lektionen trat Harriet Quimby als erste Amerikanerin zur Pilotenprüfung an. Sie genoß den Flug auf einer vorgeschriebenen Route und fühlte sich »wie ein Vogel mit ausgestreckten Flügeln in der Luft schwebend«. Nachdem sie auch eine Ziellandung exakt ausgeführt hatte, konnte kein Zweifel mehr bestehen, daß sie die Prüfung bestanden hatte. Über und über mit Schmutz und Öl bedeckt, aber strahlend nahm sie die Glückwünsche ihrer Prüfer und der ganzen Flugschule entgegen. Dies war der Anfang einer kurzen, aber ungewöhnlichen Karriere als Pilotin.

Nichts in Harriet Quimbys Kindheit und Jugend deutete auf ihre spätere Berufung hin. Über ihre Herkunft liegen widersprüchliche Berichte vor. Nach einer Version wurde sie in Kalifornien geboren und stammte aus einem reichen Elternhaus. Die andere, romantischere Version lautet, daß sie 1875 als Tochter eines erfolglosen Farmers und einer energischen, geschäftstüchtigen Mutter in Coldwater, Michigan die Welt erblickte. Nachdem die Familie nach Kalifornien gezogen war, begann die Mutter mit der Herstellung von Kräutermedizin, die der Vater dann vom offenen Wagen aus verkaufte. Das Geschäft florierte, und es gelang,

die unrühmliche Vergangenheit der Familie zu verbergen und die Töchter als Ladies in der Gesellschaft von San Francisco zu lancieren. Trotzdem wählte die überall wegen ihrer Schönheit und Eleganz bewunderte Harriet nicht den für Frauen damals üblichen Weg. Sie entschied sich für eine Karriere anstelle der Ehe: Sie wurde eine erfolgreiche Journalistin. Obwohl sie in zeitgenössischen Schilderungen als sehr feminin beschrieben wurde, war sie in vieler Hinsicht völlig »unweiblich«, sie war selbstbewußt und selbständig, fasziniert von der Geschwindigkeit und der Gefahr, und sie interessierte sich für Technik. Mit einem gelben Sportwagen machte sie San Francisco unsicher.
1903 zog Harriet Quimby nach New York, wo sie eine Stelle als Theaterkritikerin beim *Leslie's Illustrated Magazine* annahm. Sie veröffentlichte auch viele Artikel, die nichts mit dem Theater zu tun hatten, zum Beispiel über Frauenthemen oder Reiseberichte. Harriet Quimby liebte das Reisen und konnte dabei Vergnügen und Beruf verbinden. So war sie sogar ein ganzes Jahr auf einer Weltreise unterwegs, die sie nach Ägypten, Afrika, Europa und Südamerika führte.

Nachdem Harriet Quimby im August 1911 ihre Fluglizenz in Händen hatte, wurde Fliegen zu ihrem Beruf. Sie schloß sich den »Moisant International Aviators« an, einer Kunstfliegertruppe, zu der neben mehreren Männern auch Mathilde Moisant, die ihre Pilotenprüfung kurz nach Harriet Quimby abgelegt hatte, gehörte. Diese Gruppe trat 1911 bei verschiedenen Flugveranstaltungen auf. Einer der spektaktulärsten Auftritte der neuen Pilotin war ein Mondscheinflug über Staten Island, New York, vor 15 000 ZuschschauerInnen. Im Oktober nahm Harriet Quimby an einer Flugschau in Staten Island teil, der ersten, die auch Wettbewerbe für Frauen im Programm hatte. Obwohl dieses Ereignis als der größte Pilotinnenwettbewerb in der Geschichte des Flugwesens firmierte, nahmen nur 4 Frauen daran teil – neben den in der Moisant-Flugschule ausgebildeten Amerikanerinnen Harriet Quimby, Mathilde Moisant und Blanche Scott, nur noch die Belgierin Hélène Dutrieu, die beste Pilotin der damaligen Zeit. Harriet Quimby war beim ersten Wettbewerb die einzige Teilnehmerin und stellte einen neuen Frauenrekord im Dauerfliegen auf. Am nächsten Tag, einem Sonntag, weigerte sie sich aus religiösen Gründen zu fliegen, und so siegte ihre französische Konkurrentin kampflos in neuer Rekordzeit.

Harriet Quimby beim Einstieg in ihr Flugzeug

Im November und Dezember trat Harriet Quimby mit der Moisant-Truppe in Mexiko auf, was anscheinend ihrem Drang nach Höherem nicht genügte. Sie entschloß sich, etwas ganz Außergewöhnliches zu unternehmen, nämlich den Ärmelkanal zu überfliegen. Dies hatten bis dahin nur einige Männer, als erster der berühmte Franzose Louis Blériot, gewagt.

Im Frühjahr 1912 reiste Harriet Quimby nach London, um zunächst die Finanzierung ihres Unternehmens durch Spenden und durch den Verkauf der Story exklusiv an den *Daily Mirror* sicher zu stellen. Anschließend fuhr sie nach Paris, wo sie mit Blériot zusammentraf, der ihr ein Eindecker-Flugzeug überließ. Ihr ehrgeiziger Plan schien plötzlich gefährdet zu sein, als sich die Nachricht verbreitete, daß eine Engländerin den Kanal überflogen habe. Eleanor Trehawke Davies war diese erste Frau, die den Ärmelkanal im Flugzeug überquert hatte, allerdings — zur großen Erleichterung von Harriet Quimby — nur als Passagierin. Der Pilot dieser Maschine, Gustav Hamel, war entsetzt, als er hörte, daß eine Frau einen derart gefährlichen Flug unternehmen wollte. Er bot sich sogar an, als Frau verkleidet an ihre Stelle zu treten. Harriet Quimby sollte ihn dann irgendwo an der französischen Küste treffen und

ihren Platz wieder einnehmen. Selbstverständlich lehnte die junge Amerikanerin diesen Betrug ab.
Am 16. April 1912, nach einer Woche Verzögerung aufgrund des schlechten Wetters, startete Harriet Quimby von Dover in Richtung Calais. Auch jetzt waren die Bedingungen nicht optimal: Es war zwar windstill, aber kalt, und über dem Wasser lag eine Nebelbank.
Die Pilotin, die auf ihrem luftigen Sitz Wind und Wetter ausgesetzt war, hatte vorgesorgt: Sie trug zwei Garnituren seidener Unterwäsche, einen Fliegeranzug, darüber einen langen wollenen Mantel, einen Regenmantel und schließlich noch eine Stola aus Seehundfell. Ihre Begleiter hatten ihr überdies noch eine Wärmflasche mitgegeben. Trotzdem war der Flug recht ungemütlich und gefährlich. Der Nebel wurde dichter, und die Pilotin mußte sich auf ihre einzige Naviagationshilfe, den Kompaß, verlassen — was sie auch deswegen nicht gerne tat, weil sie noch nie vorher einen Kompaß benutzt hatte. Harriet Quimby wußte, daß sie schon bei einer kleinen Kursabweichung über die Nordsee und damit in den sicheren Tod fliegen würde. Wie sie ihren längsten und gefährlichsten Flug meisterte, erzählt sie selbst: »Vom Flugzeug aus erblickte ich sofort die Festung Dover. Sie war halb vom Nebel verdeckt. Ich fühlte, daß es Probleme geben würde, aber ich flog direkt zur Festung, wie ich den Fotographen des *Mirror* versprochen hatte. Dann war ich schnell jenseits der Klippen und über dem Kanal. Weit unter mir sah ich das Schiff, das der *Mirror* gechartert hatte, mit seiner schwarzen Rauchfahne. Es versuchte, vor mir zu bleiben, aber ich überholte es schnell. Dann nahm mir der immer dichter werdende Nebel die Sicht. Calais war im Nebel verschwunden. Vor mir war überhaupt nichts mehr zu sehen und auch das Wasser war nicht mehr zu erkennen. Es gab nur noch eine Möglichkeit für mich, und die war, unablässig den Kompaß im Auge zu behalten ...«[2]
»Ich hatte nie vorher einen Kompaß benutzt und zweifelte ein wenig an meiner Fähigkeit, mit diesem Gerät klar zu kommen. Kaum war ich aus der Sicht der Zuschauer, als ich schon in eine Nebelbank kam und merkte, daß die Kompaßnadel eine unbezahlbare Hilfe ist. Ich konnte nichts vor mir, unter mir oder über mir sehen. So stieg ich bis in eine Höhe von 600 Metern in der Hoffnung, dem mich umhüllenden Nebel zu entkommen. Es war bitter kalt — eine Art von Kälte, die einen bis in die Knochen erschauern läßt. Ich erinnerte mich etwas in Sorge an die

Bemerkung über die Nordsee. Aber ein Blick auf meinen Kompaß überzeugte mich, auf dem richtigen Kurs zu sein.«[3]
Beim Lesen dieser Schilderungen fällt die Entscheidung schwer: Ist Harriet Quimby wegen ihrer Kaltblütigkeit und ihres Wagemuts zu bewundern oder wegen ihres Leichtsinns zu kritisieren?
Trotz einiger Fehlzündungen ihres Motors, die die Pilotin schon zu Überlegungen veranlaßten, wie sie am besten auf dem Wasser landen könne, ging dann doch alles gut: »Ein Blick auf die Uhr an meinem Handgelenk erinnerte mich daran, daß ich schon ziemlich nahe an der französischen Küste sein müßte. Da erblickte ich plötzlich einen leuchtenden Streifen weißen Sandes, umgeben vom Grün des Grases, und ich wußte, daß ich am Ziel war.«[4]
Daß Harriet Quimby die französische Küste erreichte, grenzt bei der Unerfahrenheit der Pilotin und der schlechten Sicht an ein Wunder. Sie war 25 Meilen von Calais, der Stadt, in der sie eigentlich landen wollte, entfernt, aber das spielte keine Rolle. Sie hatte als erste Pilotin den Ärmelkanal überflogen. Ihre Landung in der Nähe von Hardelot war eine Sensation; die Leute liefen zusammen, und zwei Frauen trugen sie auf den Schultern in den Ort. »Sie unterhielten sich auf französisch«, schrieb Harriet Quimby später, »aber ich konnte verstehen, daß sie sich gratulierten, daß die erste Frau, die den Kanal im Flugzeug bezwungen hatte, an ihrer Küste gelandet war.«[5]
Trotz dieses begeisterten Empfangs blieb der große Triumph aus. Der Untergang der Titanic mit seinen über 1500 Toten hielt die Welt in Atem und verdrängte den Kanalflug einer Frau aus den Schlagzeilen der Presse.
Nach ihrer Rückkehr nach New York war Harriet Quimby eine Zugnummer auf Flugveranstaltungen. Am 30. Juni 1912 war eine riesige Zuschauermenge zum Harvard-Boston Flugmeeting gekommen, um Amerikas Flughelden und -heldinnen zu sehen: den Draufgänger Lincoln Beachy, den Mann ohne Nerven Charlie Hamilton und die Königin des Kanals Harriet Quimby. Diese war mit einem neuen zweisitzigen 70 PS starken »Blériot-Eindecker« gekommen, der als unstabil und schwer zu fliegen galt. Am zweiten Tag der Veranstaltung wurde Harriet Quimby, die in ihrem pflaumenfarbenen Flugkostüm bei ihrem leuchtend weißen Flugzeug stand, von Reportern umlagert. Auf die Frage, ob sie Angst vor einem Absturz habe, meinte sie, daß sie auch im Wasser

notlanden könne. »Aber ich bin eine Katze und mag kein kaltes Wasser«, fügte sie hinzu.[6] Am späten Nachmittag startete Harriet Quimby mit einem Passagier, dem Manager der Veranstaltung William Willard, zu einem Flug, der sie über den Hafen von Boston bis zum Leuchtfeuer und zurück führen sollte. 5000 Zuschauer, darunter ihre Eltern, warteten gespannt, bis die Maschine endlich nach 20 Minuten wieder am Horizont auftauchte und schnell näher kam. Plötzlich, in 500 m Höhe, geriet das Flugzeug in einen Sturzflug; ein Körper, der von Willard, flog in hohem Bogen aus der Maschine. Die Pilotin bemühte sich verzweifelt, das Flugzeug wieder in ihre Gewalt zu bekommen, vergeblich. Augenblicke später wurde auch Harriet Quimby in die Luft geschleudert, sie stürzte ebenso wie ihr Passagier ins seichte Wasser des Bostoner Hafens.

Die Menge war erstarrt; manche mußten die Augen abwenden, andere schauten wie gebannt auf die schreckliche Szene. Viele der Anwesenden, ihre Eltern, ihr Manager, ihre Freundinnen waren durch den Schock wie gelähmt. Dann begannen die ersten, ins Wasser zu rennen. Die Körper wurden geborgen. Der zu Hilfe eilende Arzt konnte aber nur noch den Tod der beiden Verunglückten feststellen.

Über die Ursache des Absturzes wurde intensiv und kontrovers diskutiert. Eines steht fest: Das Unglück wäre vermeidbar gewesen, wenn die Flugzeuginsassen angeschnallt gewesen wären. Damals waren aber Anschnallgurte nicht üblich, weil die Piloten befürchteten, bei einer Bruchlandung an den Sitz gefesselt vom Motor erschlagen zu werden. Der Tod Harriet Quimbys trug ganz sicher zur Akzeptanz von Anschnallgurten und zur Weiterentwicklung von Sicherheitssystemen bei.

Harriet Quimby, die »Porzellan-Puppe«, wie sie in der Presse immer wieder genannt wurde, war alles andere als zerbrechlich. Ihr Aussehen täuschte, in Wirklichkeit war sie eine clevere Geschäftsfrau, eine erfolgreiche Journalistin und eine außergewöhnlich begabte und kühne Pilotin. Darüber hinaus setzte sie sich für die Emanzipation ihrer Schwestern ein und forderte die Integration der Frauen in die Luftfahrt. Sie vertrat die Ansicht, daß es keinen Grund gebe, »weshalb das Flugzeug nicht Frauen eine einträgliche Berufskarriere eröffnen sollte. Ich sehe keinen Grund, weshalb sie sich nicht ansehnliche Einkünfte verschaffen sollten, indem sie Passagiere zwischen benachbarten Städten befördern, warum sie ihren Lebensunterhalt nicht mit Paketbeförderung, Luftaufnahmen oder der Leitung von Flugschulen bestreiten könnten.«[7]

Marie Marvingt

Marie Marvingt gehörte zu den Pilotinnen, die sich seit ihrer Jugend durch sportliche Leistungen auszeichneten, und das, obwohl der Frauensport erst in den Kinderschuhen steckte.
Sie wurde 1875 in Aurillac, Frankreich, geboren, war schon als Kind eine gute Schwimmerin, beteiligte sich mit 11 Jahren an Radrennen, gewann 1900 die französische Meisterschaft im Schießen und erwarb 1909 ihre Lizenz als Ballonführerin. Weitere sportliche Hobbies waren Bergsteigen, Skifahren, Eislaufen und Golf. 1910 entdeckte die ausgebildete Krankenschwester ihre Liebe für eine neue Sportart, das Fliegen. Auf einem schwer zu steuernden »Antoinette-Eindecker« legte sie im September 1910 die Pilotenprüfung ab.
Schon im November stellte sie mit einem Flug über 40 km einen neuen Rekord im »Damenflug« auf. Marie Marvingts Traum war es, das Flugzeug zur Rettung Verunglückter zu nutzen. Doch die französischen Behörden ignorierten diese Vorschläge, vielleicht deshalb, weil sie von einer Frau kamen. Trotz ihrer gefährlichen Aktivitäten erreichte Marie Marvingt ein hohes Alter, sie starb 1963 mit 88 Jahren.

Marie Marvingt bei der Notlandung auf einer Kegelbahn

Eine Sturmfahrt im Ballon über die Nordsee während der Nacht

Es ist 8 Uhr 15; kaum auf der Nordsee angekommen, fällt der Ballon und berührt für einen Augenblick mit dem Schleppseil die Wasserfläche. Die See geht ziemlich hoch. Ich gebe Ballast, wir steigen und sehen bald keine Lichter mehr; nur der elektrische Schein des »Etoile Filante« bleibt. Keine Spur von Mond erscheint, wie sehr auch erhofft und erwünscht.

Unser Flug geht nach Westen weiter; der Ballon ist wieder prall geworden, und so habe ich seit der Küste wenig Ballast gebraucht. Aber ach! Gegen 9 Uhr über der offenen See ändert sich alles. Die Temperatur sinkt plötzlich; ich stelle fest, dass sich das Glas des Barometers mit einem Male mit Eis bedeckt hat. Die Feuchtigkeit an den Korbleinen ist schon gefroren. Als ich nach den Füllansatzleinen sehe, bemerke ich, daß der Ballonstoff auch hart wird. Trotz unserer Pelze frieren wir sehr; ich zittere so stark, dass Herr Garnier glaubt, wir führen am Schleppseil, und wir sind doch 1600 m hoch. Da, ganz langsam, wie mitten im Winter, beginnt es zu schneien. In dem Scheine der elektrischen Lampe sehe ich selbst einige Eisnadeln in der Luft, bestimmte Vorzeichen des Sturmes. Bald sind unsere Pelze weiss geworden, und der Ballon fällt sehr schnell aus seiner Höhe von 1600 m. Ein Sack Ballast genügt nicht, um diesen Fall zu hemmen; mit Schnee überlastet, nähern wir uns dem Meere bis auf ungefähr 20 m und fahren am Schleppseil. Aber diesesmal dringen die ungeheuren Wellen in den Korb ein, und das Schleppseil verursacht ein starkes Schlingern. Werden wir schon mit den Fluten Fühlung nehmen? Ich werfe nochmals Ballast aus, und wir steigen wieder auf 1700 m. Es schneit fortgesetzt, und das Statoskop zeigt sofort wieder einen neuen Fall an, und bald fällt unser Schleppseil wieder mit einem rauhen Ton in das Meer.

Die weissen Flocken tanzen immerfort, und wir malen uns den nahen Augenblick aus, wo unser Ballast verbraucht sein wird. Der Sturm hält an, ich leere den letzten Sack, die Nadel des Statoskops dreht sich langsam nach rechts, diejenige des Barometers bleibt bei 2200 stehen, es ist 10 Uhr. Auf unserer höchsten Höhe, am Ende des Ballastes angelangt, denke ich daran, den Korb für das Treiben auf dem Wasser vorzubereiten. Ich nehme die Planen aus ihrem Netz, die, wenn sie nass wurden,

uns aus dem Gleichgewicht bringen würden. Ich kneble den Anker und das Ankertau los. Wir fallen von unseren 2400 m mit einer schwindelnden Geschwindigkeit herunter; ich werfe die Planen über Bord, aber wir steigen wieder nur wenig. Ein strömender Regen folgt auf den Schnee; wir sind ganz durchnässt. Noch immer kein Licht, nur einige entfernte Blitze, welche die Gefahr erhöhen, erleuchten den Horizont.
Plötzlich erschüttert ein sehr heftiger Stoss den Korb, wir fahren wieder am Schleppseil und sind sehr tief; nur einige Meter von uns braust und schäumt das Meer, und lauert uns auf. Der Sturm ist prachtvoll, das grossartige Schauspiel der entfesselten Elemente erfüllt uns mit Bewunderung und erschreckt uns nicht. Inzwischen sind alle unsere Gerätschaften vom Meer verschlungen, nur der Anker bleibt uns noch. Unsere 5 Sack Ballast, welche ausreichend gewesen wären, wenn es nicht geschneit hätte, haben nur 2 1/4 Stunden vorgehalten, und wir befinden uns noch immer in der Einsamkeit des Meeres. Der Beinahme »Braut der Gefahr«, den mir hübscherweise ein alter Freund beigelegt hat, kommt mir in Erinnerung. Welcher von uns beiden wird Sieger bleiben? Manchmal habe ich diesen Bräutigam ebenso nahe gesehen, und ich verliere das Vertrauen nicht.
Auf meine Weisung wirft Herr Garnier unseren letzten Ballast in das Meer: unsern Anker; so schlafe denn auf Nimmerwiedersehen unter den unergründlichen Wogen zwischen so vielen anderen Überresten! Das Schleppseil entreisst sich den Wellen, und wir beginnen unseren letzten Aufstieg; das Statoskop, welches ich inzwischen verwahrt habe, arbeitet nicht mehr, die Nadel des Barometers steigt ganz gerade und bleibt bei 2600 m stehen. Das schreckliche Rauschen der entfernten Wellen ist erloschen, und der langersehnte Mond erscheint uns durch den dichten Schleier. Ich schreibe einige Notizen in mein Bordbuch, aber unser hoher Flug, durch den wir uns von dem Sturme, den wir noch sehen, weit entfernt haben, ist nur von kurzer Dauer, und unser letzter Abstieg ist ebenso steil wie der Aufstieg. Das Ende der Luftfahrt ist da! Uns bleibt das Meer, uns bleibt der Kampf, denn wir sind fest entschlossen, uns mit Tatkraft zu verteidigen. Das Schleppseil berührt die immer höher gehende See. Es ist 11 Uhr 30. Wir befragen zum letzten Mal den Kompass, der immer die ausgezeichnete rein westliche Richtung anzeigt: Wenn der »Etoile Filante« mit uns zusammen kämpfen will, so werden wir sicher die englische Küste erreichen. Wir sind in der Hand

Gottes, wir können nur seine Entscheidung abwarten. Wir lassen der kalten Flut nicht die Freude, unsere Lampe auszulöschen. Wir nähern uns immer mehr der See, der nach uns gelüstet. Hinter uns zieht unser Schleppseil eine lange silberne Furche in die brausende Flut. Wie wird der Korb ihr trotzen? Wird der Ballon den riesigen Wogen Widerstand leisten?

In einigen Augenblicken werden wir die Umarmung der Wellen kennen lernen. Ich gebe Herrn Garnier einige unerlässliche Massregeln für die Landung, für den Fall, daß ich unserem Schifflein entrissen würde. Trotz der Schwere des Augenblicks warten wir kaltblütig, auf dem Boden des Korbes kauernd, uns an den Leinen festhaltend.

Achtung! Da kommt eine Welle, eine riesige Welle von mehr als 10 m Höhe, die wir gerade treffen, und die sich über uns ergiesst; die erste Liebkosung ist schon brutal. Heftig entreisst es uns Filzhut und Wettermantel; unter dem Wasser, welches sich verläuft, spritzt ein Funkenregen um den krachenden Korb herum. Wir werfen uns wieder rückwärts, um die Gondel wieder in die richtige Lage zu bringen, das Schleppseil stellt das Gleichgewicht wieder her, und der Ballon hebt sich einige Meter aus der salzigen Flut, allerdings nur für kurze Zeit. Zwei Minuten vergehen, und wir werden von neuem untergetaucht. Diesmal hat die Wucht des Meeres das Glas des Barometers zertrümmert, welches hinter uns ins Wasser fällt.

Plötzlich erscheint zu unserer Linken in der Ferne ein rotes Feuer. Es ist ein Fischerboot, welches vor dem Sturme flieht, aber in der Dunkelheit können sie uns nicht erkennen. Unermüdlich kämpfen wir mit aller Kraft, ohne indessen aufzuhören, die Pracht dieser beweglichen und schillernden Kämme zu bewundern. Nach halbstündigem Kampfe haben wir uns daran gewöhnt die Stösse zu parieren. Alle zwei Minuten verschwinden wir unter einer Welle, und bis zur nächsten heben wir uns wieder etwas. Aber die geringste Unachtsamkeit könnte uns verderben, wir müssen uns daher fest an den Seilen halten, um nicht weggeschwemmt zu werden.

Schon über eine Stunde peitschen, rädern und schütteln uns die ungeheuren Wellen, die immer wieder ankommen, und stossen unsere Köpfe heftig gegen den Korb. Aber wir geben acht. Mein Begleiter ist bewundernswert, nicht eine Sekunde verläßt ihn seine Kaltblütigkeit und seine Ruhe; trotz der Gefahr verliert er das Vertrauen nicht. Der Kampf ist

heftig und daher die Rückwirkung lebhaft, und trotzdem unsere Kleider ganz durchnässt sind, ist es uns nicht sehr kalt.
Gegen 12 Uhr 30 zieht 15 m vor uns in der Dunkelheit ein riesiger Schatten vorbei, wie ein Gespensterschiff mit ungeheuren Flügeln. Unsere Fahrt ist derartig rasend, dass das hintere Licht des Seglers bald nur als ein ganz kleiner sehr entfernter Stern erscheint. Dann wieder nichts mehr. Welchen Eindruck mögen diese Fischer bekommen haben, die schreckliche Rufe ausstiessen, als sie unsere Kugel vorbeifliegen sahen? Ob sie nicht einen Zusammenstoss gefürchtet haben, der schrecklich gewesen sein würde?
Drei grosse Lichter tauchen im Dunklen auf: Sollte das die Küste sein? Die immer grösser werdende Geschwindigkeit des Ballons ermöglicht uns, zwischen den Umarmungen zweier Wellen schnell zu erkennen, dass es Bojen sind, die ohne Zweifel eine Untiefe anzeigen. Dann, ganz weit, in der gleichen Richtung, fährt wie eine Feuerkugel der lange Lichtstreifen eines Dampfschiffes vorbei. Wie der Segler, so verschwindet auch dieses in der Dunkelheit.
Da plötzlich entzündet sich ein goldener Stern am Horizont! Diesmal ist es wirklich ein Leuchtturm, und wir fahren gerade darauf los. — Gerettet! — Sehr schnell vergrössert er sich, und wir unterscheiden schon die drehenden Strahlen des Scheinwerfers. Wohl 3/4 Stunden lang sehen wir ihn so von weitem. Wir verdoppeln unsere Tatkraft bei dem unermüdlichen Sturm. Gegen 1 Uhr 30 morgens rufe ich: »Land! England!« Herr Garnier zweifelt zunächst noch an dem, was ich behaupte, erkennt aber, dass wir diesmal im Begriff sind, zu siegen. Aber wir fliegen noch immer in rasender Eile dahin, mit wenigstens 80 km in der Stunde, und vor uns zeichnen sich steile Klippen ab. Werden wir, kaum den Fluten entronnen, an diesen zerschmettert werden? An der Küste angekommen, verlässt das Schleppseil das Wasser, und, durch einen Windstoss begünstigt, machen wir einen Sprung von 100 m und überwinden das Hindernis ohne Schwierigkeit. Ich hatte übrigens noch unsere nassen Pelze, die uns genügend entlastet haben würden. Da das Gelände jetzt günstig ist, so denke ich sofort an die Landung. Ich mache Herrn Garnier darauf aufmerksam, dass der Aufstoss heftig sein wird, und dass er sich am Ballonring anhängen soll. Ich ziehe Ventil, welches schwer geht. Unsere Geschwindigkeit ist schrecklich, aber da wir sehr nahe am Erdboden sind, so ziehe ich kräftig an der Reissleine. Unmöglich, sie zu

ziehen; sie muss wohl durch die Feuchtigkeit einen Knoten innerhalb der Holzführung gebildet haben. Ich ziehe noch immer vergeblich, als plötzlich der Korb, der mit seinem Boden auf einen Baum aufgesetzt hat, rückwärts umkippt, so dass ich einen richtigen Kopfsprung in ein Gebüsch mache. Bei meinem Sturz ist meine Erregung gross, da ich den Ballon wieder aufsteigen sehe und an das Schicksal meines Begleiters denken muss (den ich freiwillig verlassen haben soll, wie schlecht unterrichtete Zeitungen mir ungerechterweise später vorgeworfen haben). Glücklicherweise konnte der Ballon, der schon stark entleert war, nicht mehr weit fliegen.
Nicht ohne Schwierigkeiten befreie ich mich aus den Brombeersträuchern und Dornen. In meinem nassen und losen Haar verwickeln sich Ginster und Fichten, dann gehe ich vor Kälte erstarrend und zitternd in der Dunkelheit unter strömendem Regen in der Richtung, wohin der Ballon entflohen ist. Der Boden ist sumpfig, und ich komme nur schwer vorwärts. Nach etwa 200 m werde ich aufgehalten durch einen Wasserlauf, den das Unwetter in einen reissenden Strom verwandelt hat, und ihn zu durchschwimmen wäre angesichts der Strömung Torheit. Mit Bedauern kehre ich auf meinem Pfad zurück und komme wieder an die Stelle, wo der Korb umgekippt ist. Ich löse meine Krawatte und befestige sie als Wahrzeichen an dem Baume, der den Ballon angehalten hat.
Der Leuchtturm, den wir vom Meere aus zu unserer Linken sahen, war in der Nähe, und das Land kann nicht fern sein. Im Regen und einem Winde, der mich fast umwirft, folge ich einer Strasse, die wenigstens 10 cm hoch mit Wasser bedeckt und von Bäumen und Weideplätzen eingefasst ist. Die Landschaft ist öde. Aber nach etwa einem Kilometer bemerke ich Häuser; zahlreiche kleine einstöckige englische Landhäuser, die von Gärten umgeben sind, stehen in der Dunkelheit in einer Reihe nebeneinander.
An einem Fenster sehe ich Licht; im gleichen Augenblick kommt ein Radfahrer vorbei; sofort spreche ich ihn an; seine Bestürzung ist gross, als er beim Scheine seiner Laterne ein weibliches Schattenbild erkennt, und was für ein Bild! — Mit einigen englischen Worten unterrichte ich ihn von meiner Luft- und Meerfahrt, die ihm schnell den Zustand meiner Kleidung erklärt. Ganz verdutzt, beginnt er mir mitzuteilen, dass die Dampfschiffe 11 Stunden rechnen, um von Holland zu kommen, und wir hatten nur 5 Stunden gebraucht, um die Meerfahrt von 200 km zu

machen. Aber er sagte mir auch, dass er sich nicht erinnern könne, seit langer Zeit einen ähnlichen Sturm gesehen zu haben. Er liess mich in ein benachbartes Haus eintreten, wo drei reizende Engländerinnen sich um mich drängten, nachdem sie von meiner schnellen Fahrt gehört hatten.

Aber zuerst denke ich an Herrn Garnier. Noch immer zitternd und nicht fähig, die Suche nach ihm wieder aufzunehmen, gebe ich Anweisungen, damit man sofort den Versuch mache, ihn aufzufinden. Ich bezeichne die Krawatte als Anhaltspunkt.

Endlich, gegen 4 Uhr morgens, kommt ein biederer Schutzmann mit meiner Krawatte zurück, aber allein. Als er die Angst in meinem Gesicht sieht, beruhigt er mich sofort, indem er mir sagt, dass mein Begleiter gesund und munter ist. Welche Freude! Dann teilt er mir mit, dass der Ballon gut angebunden und in sicherer Bewachung ist.

Gegen 4 Uhr 45 trifft Herr Garnier wieder mit mir zusammen, ganz glücklich, da er seinerseits sich wegen meines so plötzlichen und ungewollten Absturzes aus dem Korbe sehr beunruhigt hatte. Er erzählte mir seine Landung nur wenig von der meinigen entfernt in einer Eiche. Da die Reissleine andauernd nicht ging, so war er von Zweig zu Zweig und auf den Boden gefallen, wo er sich nur leichte Quetschungen zugezogen hatte.

Unsere liebenswürdigen Gastgeber boten ihm ein Zimmer an, er zog sich um, und als wir früh am Morgen frühstückten, durchlebten wir mit einer wahren Freude nochmals diese gemeinsame Nacht, die mit heilsamen und tiefen Eindrücken erfüllt war, und die uns beiden als interessantestes Erlebnis in Erinnerung bleiben wird.

Marie Marvingt in: »Deutsche Zeitschrift für Luftschiffahrt«, Berlin 1910

Baronessen, Artistinnen, Künstlerinnen – Flugpionierinnen

Eine der faszinierendsten Frauen unter den Flugpionierinnen war die 1884 in Florenz geborene Französin Raymonde Delaroche, die sich, möglicherweise ohne ein Anrecht darauf zu haben, den Titel Baronesse zugelegt hatte. Nach ihren eigenen Angaben war sie Malerin, Bildhauerin, Schauspielerin, Rennfahrerin und Ballonführerin. Sie gehörte zur feinen oder vielleicht auch halbseidenen Gesellschaft von Paris und liebte es, Pelze und Hüte mit Straußenfedern zu tragen. Ihre Bekanntschaft mit der Familie Voisin brachte sie in Berührung mit einer neuen und aufregenden Beschäftigung, dem Fliegen. Charles Voisin, einer der bekanntesten französischen Flugpioniere, erklärte sich bereit, ihr das Fliegen beizubringen.

Im Oktober 1909 bestieg die 23jährige Baronesse zum ersten Mal einen einsitzigen Doppeldecker, der einem Kastendrachen ähnelte. Zum Schrekken ihres Lehrers, der ihr aus der Entfernung Befehle zubrüllte, erklärte sie nach kurzen Rollversuchen, daß sie jetzt starten würde. Sie brachte den Motor auf Touren und flog einige hundert Meter weit durch die Luft. Am 8. März 1910 erhielt sie als erste Frau der Welt nach 35 Männern eine Pilotenlizenz. Den Reportern erklärte sie, daß das Fliegen für Frauen ein idealer Sport sei:»Man benötigt dazu weniger physische Kraft als vielmehr körperliches und geistiges Reaktionsvermögen.«[1] Sofort beteiligte sich die junge Pilotin erfolgreich an zahlreichen Wettbewerben, unter anderem an einem Flugwettbewerb in Heliopolis, Ägypten, wo sie mit einem Flug über 20 km den 6. Preis gewann. Bei einem Meeting in St. Petersburg wurde sie Vierte. Im Juli 1910 kämpfte sie in Reims gegen die Fluggrößen der Zeit, unter ihnen Latham und Blériot. Sie hatte schon den ersten für Frauen ausgesetzten Preis gewonnen, als sie beim Flug um eine Wendemarke in die Luftströmung eines anderen Flugzeugs geriet und abstürzte. Sie war schwer verletzt, schwebte einige

Wochen zwischen Leben und Tod, und niemand glaubte, daß sie je wieder fliegen könnte. Als sie sich bald darauf erholt hatte, beschworen sie ihre Freunde zunächst mit Erfolg, diese gefährliche Sportart aufzugeben. Zwei Jahre später wurde sie in einen Autounfall verwickelt, bei dem ihr Lehrer Charles Voisin ums Leben kam. Dieser Unfall veranlaßte Raymonde Delaroche, ihre Flugabstinenz aufzugeben, weil Fliegen auch nicht gefährlicher sei als Autofahren.
1913 gewann sie mit einem Flug von 160 Meilen, den seit 1910 ausgeschriebenen *Coupe Fémina*, einen für Pilotinnen ausgesetzten Preis der Zeitschrift *Fémina*. Dieser Pokal im Werte von 1000 Mark fiel derjenigen Pilotin zu, die in diesem Jahr die längste Strecke im Flugzeug zurückgelegt hatte. Nach dem Ersten Weltkrieg brach sie mit 4000 m den Höhenweltrekord für Pilotinnen, den bis dahin Ruth Law gehalten hatte. 1919 fand sie beim Absturz eines Flugzeugs, in dem sie als Passagierin mitgeflogen war, den Tod.
Die schärfste Konkurrentin der Baronesse Delaroche war Hélène Dutrieu, die unbestreitbar beste Pilotin vor dem Ersten Weltkrieg. Bevor sie sich dem Fliegen zuwandte, war die Tochter eines Armeeoffiziers Artistin und Radrennfahrerin gewesen. Die deutsche Zeitschrift *Damen-Sport, Damen-Turnen* bezeichnet Hélène Dutrieu als »bekannte Gestalt auf den deutschen Radrennbahnen, als es noch Damen-Radrennen gab, von denen man lieber verschont geblieben wäre.«[2]
Einer ihrer wagemutigsten Tricks als Artistin war ein Salto auf dem Fahrrad. 1910 legte sie mit 33 Jahren als zweite Frau die Pilotenprüfung ab. Kurz darauf flog sie mit einem Passagier von Ostende nach Brügge und zurück, ein für die damalige Zeit unglaublich weiter Flug. Dies war der erste Überlandflug einer Pilotin und der erste Überstadtflug mit Passagier überhaupt. Am gleichen Tag stellte sie einen neuen Höhenweltrekord für Frauen auf. Einige Monate später erbrachte sie schon wieder eine fast unglaubliche Leistung: Sie flog 158 Meilen in 2 Stunden und 58 Minuten. 1911 nahm das »Falkenmädchen«, wie sie in der Presse genannt wurde, als einzige Pilotin an einem Flugwettbewerb in Florenz teil und verwies ihre 14 Konkurrenten auf die Plätze. 1911 reiste sie sogar nach Amerika, wo sie gegen Mathilde Moisant und Harriet Quimby antrat und einen der ausgesetzten Preise gewann. 1910 und 1911 war das »Vogelmädchen« Gewinnerin des *Coupe Fémina*, und 1913 wurde sie vom französischen Präsidenten mit dem Kreuz der Ehrenlegion ausgezeichnet.

Raymonde Delaroche

Wie Raymonde Delaroche, so wurde auch Hélène Dutrieu von der Presse mit einer Mischung aus Neugier und Entsetzen beobachtet. Von ganz besonderem Interesse scheint für die Reporter das Kleidungsproblem gewesen zu sein, und es wurde genüßlich beschrieben, daß das kühne »Falkenmädchen« das obligatorische Kleidungsstück der Zeit, das Korsett, ablehnte. Während des Ersten Weltkriegs soll Hélène Dutrieu als einzige französische Pilotin in der Pariser Luftwache, die die Stadt vor den deutschen Zeppelinen und Flugzeugen zu schützen suchte, eingesetzt gewesen sein. 1961 starb sie mit 84 Jahren.

Ruth Law, die als dritte Amerikanerin 1912 eine Fluglizenz erworben hatte, war eine ausgezeichnete Pilotin, die durchaus mit den Männern, die, wie Amelia Earhart später feststellte, in Bezug auf das Training und die Ausrüstung gegenüber Frauen bei weitem im Vorteil waren, konkurrieren konnte. Im Herbst 1916 beteiligte sie sich an Höhenwettbewerben und belegte jedesmal den zweiten Platz, obwohl sie so hoch gestiegen war, daß sie wegen der Kälte kaum noch das Steuer festhalten konnte. Diese Niederlage spornte sie zu ihrem erfolgreichsten Flug an. 1916 stellte sie einen neuen Streckenrekord ohne Zwischenlandung auf, obwohl sie mit einer kleinen einmotorigen Kunstflugmaschine fliegen mußte, weil ihr kein größeres Flugzeug zur Verfügung gestellt wurde. »Mr. Glenn H. Curtiss wollte mir«, berichtete sie in einem Interview, »kein zweimotoriges Jagdflugzeug überlassen. Ich versuchte alles, um ihn dazu zu bewegen, aber es gelang mir nicht, ihn zu überzeugen, daß ich gut mit den 200-PS-Motoren umgehen kann.«[3]

Ihr Vorgänger, Victor Carlström, hatte eine wesentlich größere und modernere Maschine geflogen. Ruth Law machte dies durch die Originalität ihrer Ausrüstung — sie benutzte unter anderem eine auf eine Rolle gezogene Landkarte — und ihre Entschlossenheit wett. Obwohl sie sich warm angezogen hatte, zwei Schichten aus Wolle und zwei Schichten aus Leder sowie eine wollene Mütze trug, war es in dem offenen Flugzeug bitter kalt. Trotzdem hielt sie durch und landete mit dem letzten Tropfen Treibstoff nach 5 Stunden und 45 Minuten. Sie hatte 950 km zurückgelegt und Carlström geschlagen. Bei ihrem Weiterflug nach New York bekam sie wieder die relativ geringe Tankkapazität und die altmodische Bauart ihres Flugzeugs zu spüren. Da die Tanks tiefer als der Motor lagen, mußte Ruth Law, als der Treibstoff zur Neige ging, immer wieder die Nase des Flugzeugs senken, um dem Motor Benzin zuzuführen. Als sie schon über der Stadt war, half auch das nicht mehr, und die Pilotin mußte sich nach einem Landeplatz umsehen. Sie machte sich schon bereit, auf einer Straße zu landen, kam aber doch noch auf einen freien Platz, wo sie von einer begeisterten Menge begrüßt wurde. Auf einer der vielen Einladungen, einem Bankett im Hotel Astor, sagte eine bekannte Romanautorin in ihrer Tischrede: »Als Mann bekommt man leicht ein Bankett ... Aber eine Frau, die im Hotel Astor gefeiert werden will, muß etwas Übermenschliches vollbringen.«[4]

Ruth Law hatte auch schon vor ihrem Rekordflug Außergewöhnliches geleistet. Ihren ersten Alleinflug unternahm sie einen Monat nach dem Absturz von Harriet Quimby, den sie miterlebt hatte. Unterstützt wurde sie von zwei Männern, ihrem Bruder, einem Stuntmann, und ihrem Ehemann, der sie managte. 1915 führte sie auf einer Flugschau zum ersten Mal einen Looping durch, motiviert durch die Besorgnis ihres Ehemannes. Daß er sie von diesem Wagnis abbringen wollte, weckte ihren Ehrgeiz, und sie nahm sich vor, es jetzt erst recht zu versuchen. »Ich zog den Steuerknüppel gleichmäßig zurück, bis die Maschine in die Rückenlage geriet und einen schönen Kreis beschrieb. Ich mußte lachen, so einfach war alles. Deshalb schloß ich gleich einen zweiten Looping an, um mich zu vergewissern, daß ich's konnte, und landete inmitten großer Aufregung am Strand.«[5]
In den Jahren nach ihrem Streckenrekord war Ruth Law sehr aktiv. Sie zog von Ort zu Ort und nahm Passagiere zu Rundflügen mit. Diejenigen Zuschauer, die sich nicht in die Flugmaschine wagten, unterhielt sie mit Kunstflügen. Noch einmal stand Ruth Law im Rampenlicht: Als 1916 eine Illumination der Freiheitsstatue installiert worden war, spielten Präsident Wilson und Ruth Law die Hauptrollen bei der feierlichen Einweihung. Der Präsident drückte den Lichtschalter, und die Pilotin kreiste mit ihrer Maschine, auf der das Wort »Liberty« aufleuchtete, um die Statue.
In den zwanziger Jahren wurde das Publikum immer verwöhnter und war mit einfachen Kunstflügen nicht mehr zu fesseln. Geld konnte nur noch verdienen, wer zirkusreife Vorstellungen, zum Beispiel Artistik auf den Flügeln, bot. Ruth Law gab, wohl weil sie im Flugwesen keine Perspektiven für sich sah, das Fliegen auf und zog mit ihrem Mann nach Kalifornien.

Katherine Stinson in Peking 1917

Die Stinsons waren in der Welt des Fliegens ein Begriff. Es gab vier von ihnen, zwei Schwestern und zwei Brüder, die alle im Flugwesen eine Rolle spielten. Katherine Stinson, die Ältere der beiden Schwestern, erwarb ihre Fluglizenz 1912 und galt bald als wagemutigste Kunstfliegerin der Zeit. Ihre Künste, Loopings und Flüge mit dem Kopf nach unten, führte sie in der ganzen Welt, unter anderem auch in China und Japan, vor. Sie war Mitglied in »William Pickens Fliegerzirkus« und wurde, weil sie sehr klein und zierlich war, als das »Schulmädchen, das die

Männer übertrifft« angekündigt. Katherine war auch eine gute Langstreckenfliegerin, der es 1917 gelang, den von Ruth Law gehaltenen Streckenrekord durch einen zehnstündigen Nonstopflug von Chicago nach Binghamton zu überbieten. Der Flug endete mit einem kleinen Mißgeschick: Beim Landen auf schlammigem Boden kippte das Flugzeug vornüber, und der Propeller wurde beschädigt. Dies konnte aber die Freude der Pilotin nicht trüben, die bemerkte: »Ich möchte wetten, daß Ruth Law froh darüber ist, daß eine Frau und kein Mann ihren Rekord überboten hat.«[6]

Um die Leistungen der Flugpionierinnen zu würdigen, muß man wissen, daß Flugzeuge damals nicht als Transportmittel benutzt wurden. Gewöhnlich verlud man das Flugzeug in die Eisenbahn, wenn größere Entfernungen zu überwinden waren.

Zwei Jahre nach Katherine beschloß ihre jüngere Schwester Majorie ebenfalls Pilotin zu werden. Mit knapp 18 Jahren meldete sie sich 1914 bei der »Wright-Brothers-Flugschule« an, wo sie erst einmal nach der Zustimmungserklärung ihrer Eltern gefragt wurde. Sie hatte ihren längsten Rock angezogen, um erwachsener zu wirken, und war sehr verärgert, daß sie wie ein Kind behandelt wurde. Mit der Lizenz in der Tasche wurde auch Majorie zu einer Attraktion von Flugvorführungen. Später arbeitete sie als Fluglehrerin an der »Stinson-Fliegerschule« in San Antonio, Texas. Ab 1917 bildete sie kanadische Militärpiloten aus. Dabei traf sie ein Übereinkommen mit ihren Schülern: Sie mußten ihr auf Verlangen sofort das Steuer überlassen, denn nur so konnte sie sicherstellen, daß sie eine gefährliche Situation in der Hand behalten konnte. Wenn einer ihrer Flugschüler das Steuer festgehalten hätte, hätte sich die zierliche Majorie Stinson nicht gegen seine überlegene Kraft durchsetzen können.

Frauen hatten, wie die Lebensgeschichten von Quimby bis Beese zeigen, schon in der Pionierzeit wichtige Bastionen der Männer im Flugwesen erobert, obwohl das Fliegen damals ganz »unweibliche« Eigenschaften und Verhaltensweisen wie Mut, Ausdauer und Selbstbewußtsein, voraussetzte. Viele der Pilotinnen, die in ihren fliegenden Kisten Erstaunliches leisteten, sind heute vergessen. Wer kennt heute noch die deutschen Pilotinnen Martha Behrbohm, die in Leipzig ein Flugunternehmen eröffnete, oder Charlotte Möhring, die ebenfalls als Fluglehrerin tätig war.

Kaum bekannt ist auch das Leben der russischen Pilotinnen, der geistvollen Fürstin Eugenie Schakowskoy und der schönen Ljuba Galanschikoff, die beide in Berlin/Johannisthal geflogen sind. Die Fürstin Schakowskoy stürzte 1913 auf einem Flug mit einem ihrer Verehrer, ihrem Landsmann Abramowitsch, ab. Sie selbst blieb unversehrt, ihr Passagier wurde tödlich verletzt. Während des Krieges soll sie Aufklärungsflüge durchgeführt haben. 1918 heiratete sie einen deutschen Offizier, den sie bald darauf wieder verließ. Nach dem Zweiten Weltkrieg starb sie in einem Armenhaus in Südfrankreich. Glücklicher verlief das Leben der zweiten russischen Pilotin, Ljuba Galanschikoff, die 1912 einen Höhenweltrekord für Pilotinnen aufstellte. 1913 verließ sie Deutschland mit dem Franzosen Letort, den sie als Passagierin auf einem Flug nach Paris begleitete. Ihre Motive für diesen Flug bewegten die Öffentlichkeit. War sie in den Piloten verliebt? War sie von dem abenteuerlichen Flug fasziniert? Oder war sie eine Spionin? Später soll Ljuba Galanschikoff in Amerika einen Schönheitssalon eröffnet und dort geheiratet haben.
Für manche Pilotin bedeutete das Fliegen nur einen weiteren Schritt in ihrer sportlichen oder artistischen Karriere, so für Blanche Scott, eine Autorennfahrerin, die als »Wildkatze der Lüfte« Furore machte. Andere kamen aus einem bürgerlichen Leben, in das sie, wie Melli Beese, nie mehr zurückkehrten. Allen Flugpionierinnen war gemeinsam, daß sie trotz ihrer unbestreitbaren Leistungen nicht ernst genommen wurden und, mit Ausnahme von Kunstflugschauen, kaum Möglichkeiten fanden, mit dem Fliegen ihren Lebensunterhalt zu bestreiten. Die militärische Verwendung der Flugzeuge im Ersten Weltkrieg trug dann entscheidend zum Ausschluß der Frauen aus dem Flugwesen bei: zum Teil gaben die Pilotinnen freiwillig die Fliegerei auf, zum Teil wollten sie sich aus Patriotismus für Aufklärungsflüge zur Verfügung stellen, wurden aber aufgrund ihres Geschlechts in der Regel abgewiesen. Vor allem in Deutschland dauerte es lange, bis in den zwanziger Jahren eine neue Generation von Pilotinnen heranwuchs.

Frauen in der Luftfahrt

Auf der letzten Tagung der C.I.N.A. (Commission Internationale de Navigation Aérienne) wurde unter anderem — trotz heftiger Einwände der französischen Delegierten — die Bestimmung bestätigt, daß ein Führerschein für Luftverkehrsflugzeuge nur männlichen Personen ausgestellt werden dürfe. Dieser Beschluß hat Veranlassung zu zahlreichen Erörterungen über die Stellung von *Mlle. Bolland, Frankreich*, geführt, der einzigen Frau, die einen solchen Führerschein besitzt, und die nach dieser Bestimmung gezwungen wäre, auf ihr Certifikat als Flugzeugführerin zu verzichten. Mlle. Bolland, die als Besitzerin von zwei eigenen Flugzeugen einen Personenluftverkehr betreibt, weigert sich entschieden, den von ihr erworbenen Schein aufzugeben. Man will sich nun dahin einigen, daß Extraführerscheine für kurze Rundflüge, Schauflüge usw. vergeben werden neben den jetzt bestehenden, die für lange Distanzflüge qualifizieren. Hierdurch würde man dem Einwand der Internationalen Commission, daß die Frau den Anstrengungen längerer Flüge nicht gewachsen ist, die Spitze abbrechen und Mlle. Bolland könnte ihre erfolgreiche Laufbahn fortsetzen.

»Dammerts Aero Korrespondenz«, 14.5.1925

Die französische Rekordfliegerin Maryse Bastié 1931

Mit dem Flugzeug über die Meere – Abenteuer in fernen Ländern

Die rasante technische Entwicklung erweiterte den Aktionsradius der Flugzeuge und eröffnete neue Dimensionen des Fliegens. Hindernisse, Berge und Meere, schienen jetzt endlich überwindbar, und in der ganzen Welt boten sich neue und faszinierende Flugziele an. Auch das Publikum gab sich nicht mehr mit Platzrunden auf Flugtagen zufrieden, es erwartete ständig neue Rekorde und Sensationen, die viele PilotInnen in den Tod trieben. So setzte zum Beispiel James Dole 50.000 Dollar für ein Luftrennen Kalifornien-Honolulu aus, an dem sich 1927 sieben, zum Teil ganz ungenügend ausgerüstete Flugzeuge beteiligten; nur zwei erreichten ihr Ziel, fünf Flieger, darunter auch eine Frau, bezahlten die Teilnahme an diesem Rennen mit dem Leben.
Auch Frauen ließen sich von der Devise »weiter, schneller, höher« faszinieren. Die berühmteste Pilotin der zwanziger Jahre war Amelia Earhart, die, nachdem sie 1928 als erste Frau den Atlantik als Passagierin überquert hatte, 1932 allein in fünfzehn Stunden von Neufundland nach Nordirland flog. Amelia Earhart wurde durch diesen und weitere erfolgreiche Langstreckenflüge zum Idol des Publikums und zum Vorbild für viele Frauen und Mädchen.

Die Atlantiküberquerung war für Pilotinnen eine Herausforderung, so zum Beispiel auch für Ruth Nichols, die 1931 sowohl den Höhen- als auch den Streckenweltrekord für Frauen hielt. Ihr erster Versuch, den Atlantik zu überfliegen, scheiterte schon in Neufundland, als sie bei der Landung auf einer sehr kurzen Landebahn gegen einen Hügel raste. Trotz erheblicher Verletzungen war sie einige Monate später erneut startbereit, mußte den Flug aber wegen der schlechten Wetterbedingungen verschieben. Erst die Zerstörung ihrer Maschine, die beim Starten aufgrund eines defekten Treibstoffventils in Brand geriet und explodierte,

wobei Ruth Nichols sich gerade noch in Sicherheit bringen konnte, setzte ihren Träumen von der Atlantiküberquerung ein Ende.
Nicht nur die Amerikanerinnen waren von der Sehnsucht nach Abenteuern und fernen Ländern erfaßt worden: Die vornehmen Engländerinnen Lady Bailey und Lady Heath gehörten zu den ersten Europäerinnen, die Langstreckenflüge wagten. Lady Bailey, Mutter von fünf Kindern, soll ihren spektakulären Flug nach Südafrika 1928 nur unternommen haben, um ihren Ehemann zu besuchen. Als sie während eines späteren Afrikafluges eine Bruchlandung machte, schickte ihr verständnisvoller Ehepartner einfach einen Piloten mit einem Ersatzflugzeug. Lady Heath, früher Weltrekordhalterin im Hochsprung, wurde 1928 ebenfalls durch einen Afrikaflug berühmt. Sie pflegte sich auf ihren Flügen mit Seidenstrümpfen, Cocktailkleidern und Tennisschlägern auszurüsten und galt als Feministin unter den Pilotinnen. Eine der unerfahrensten Langstreckenpilotinnen war die Engländerin Mrs. Bruce. Sie hatte ein Kleinflugzeug bei einer Ausstellung gesehen und beschlossen, es zu kaufen und damit um die Welt zu fliegen. Die bekannteste englische Pilotin war die »fliegende Sekretärin« Amy Johnson, die 1930 einen Alleinflug von England nach Australien durchführte; ihrem Beispiel folgte die Neuseeländerin Jean Batten 1934, die allerdings erst bei ihrem dritten Versuch an ihrem Ziel, Australien, ankam. Von den Journalisten wurde sie mit freundlichem Spott aufgefordert: Versuch's noch mal, Jean.
Nicht zu vergessen sind die Französinnen: Maryse Hilsz, eine Modistin, später Berufsfallschirmspringerin, benötigte 1930 für die Strecke Paris — Saigon drei Monate. Weitere Langstreckenflüge, zum Beispiel 1933 nach Japan, und Flugrekorde folgten. Zu den erfolgreichsten Pilotinnen gehörten auch Maryse Bastié und Hélène Boucher. Mayse Bastié hatte sich zunächst auf Dauerrekorde spezialisiert. 1930 blieb sie über einem Flughafen kreisend 37 Stunden und 55 Minuten in der Luft — Weltrekord. In den dreißiger Jahren führte sie viele Langstreckenflüge durch, zum Beispiel 1936 von Paris nach Tokio und zurück.
In Deutschland war die Erfüllung des Traums vom Fliegen besonders schwierig, weil nach dem Ersten Weltkrieg die Bestimmungen des Versailler Vertrags den Bau von Flugzeugen, die sich militärisch verwenden ließen, verboten. Hinzu kam, daß die beschäftigungslosen Militärflieger auf dem engen Arbeitsmarkt im Flugwesen konkurrierten und Frauen dort wenig Chancen ließen. Trotzdem drangen auch deutsche Pilotinnen

Elly Beinhorn nach ihrem Afrikaflug in Berlin

in den Kreis der weltbesten Fliegerinnen vor. Marga von Etzdorf legte zum Beispiel 1931 in einem kleinen Sportflugzeug die Strecke Berlin-Tokio in 11 Tagen zurück. Von den deutschen Pilotinnen führte Elly Beinhorn, das »deutsche Mädchen, das in die Welt flog«, die meisten Langstreckenflüge durch. 1931, bei ihrem ersten Afrikaflug in einem winzigen Eindeckerflugzeug, einer »Klemm« mit einem 80 PS Motor, mußte sie in der Sahara wegen eines Ölrohrbruches notlanden und 50 km bis Timbuktu in einem viertägigen Fußmarsch zurücklegen. Von Dezember 1931 bis Juli 1932 flog sie um die Welt, 1933 unternahm sie einen Afrikaflug, 1934 war sie in Südamerika, 1935 flog sie an einem Tag nach Istanbul und zurück. Fast ebenso bekannt wie durch ihre Leistungen im Flugzeug, wurde sie durch ihre Heirat mit dem Autorennfahrer Bernd Rosemeyer 1936, dem Idol auf den deutschen und internationalen Rennstrecken. Er verunglückte 1938 bei einem Rekordversuch tödlich. Für Elly Beinhorn war das Fliegen die einzige Möglichkeit, über diesen Verlust hinwegzukommen. Der Zweite Weltkrieg unterbrach ihre Karriere als Pilotin; nach dem Krieg knüpfte Elly Beinhorn wieder an ihre fliegerischen Leistungen der dreißiger Jahre an. Sie lebt heute in München und ist als die »große alte Dame des Flugsports« bekannt. Ihr Leben und ihre Flugabenteuer sind in ihrer Autobiographie spannend dargestellt.[1]

Thea Rasche, eine weitere berühmte deutsche Pilotin, war sogar Anwärterin auf den ersten Transatlantikflug gewesen. Ihr Vorhaben scheiterte jedoch an den betrügerischen Machenschaften ihrer Agenten und an finanziellen Problemen. Trotzdem machte sie als eine der bekanntesten Kunstfliegerinnen, als das »fliegende Fräulein« oder der »weibliche Lindbergh«, in Amerika Karriere. Sie nahm als einzige Deutsche an dem berühmten Powder-Puff-Derby teil, bei dem sie mit den bekanntesten Pilotinnen Amerikas, u.a. auch mit Amelia Earhart, zusammentraf. Thea Rasche war von diesem Rennen begeistert, sie berichtet nicht nur von ihren Anstrengungen und Schwierigkeiten — sie war krank, hatte eine Motorpanne aufgrund von Sabotage und wurde überdies durch das schlechte Wetter behindert —, sondern auch von den herzlichen Beziehungen der Fliegerinnen untereinander. Im Anschluß an dieses Rennen gründeten die Pilotinnen eine Vereinigung, die es sich zum Ziel setzte, die Chancen der Frauen in der Luftfahrt zu verbessern.

Ende der zwanziger Jahre bekamen Marga von Etzdorf und Thea Rasche mehrere Konkurrentinnen, unter ihnen Liesl Bach, die deutsche Kunstflugmeisterin von 1930, und Vera von Bissing, die 1931 als einzige Frau den Looping nach vorne beherrschte.

Eine der besten deutschen Pilotinnen der dreißiger Jahre war sicherlich Hanna Reitsch, die sich zunächst im Segelfliegen profilierte und ab 1937 als Einfliegerin an der Flugerprobungsstelle der Luftwaffe arbeitete. Sie führte im Dienst des Nationalsozialismus die schwierigsten und gefährlichsten Aufträge aus. Berühmt und berüchtigt wurde die »Fliegerheldin« nicht zuletzt durch ihren Flug zur Reichskanzlei und ihr Treffen mit Hitler im Führerbunker am 26. April 1945, als die Rote Armee Berlin bereits teilweise befreit hatte. Ihr Weg, wie der vergleichbarer weiblicher Idole im Faschismus — etwa der Filmemacherin und Fotografin Leni Riefenstahl —, wirft die bisher kaum untersuchte Frage nach weiblichen faschistischen Karrieren wieder auf.

Die Aufmerksamkeit, die waghalsige Pilotinnen auf sich zogen, darf nicht darüber hinwegtäuschen, daß Frauen in der Luftfahrt nach wie vor diskriminiert wurden. 1925 beschloß die »Internationale Komission für Luftfahrt« sogar den Ausschluß der Frauen aus der Verkehrsfliegerei.

Viele Pilotinnen, unter ihnen Lady Heath und Adrienne Bolland, reagierten mit Empörung. Stella Wolfe Murray, eine englische Journalistin, schrieb sogar: »Eine Frau hat von Natur aus einige große Vorteile beim Fliegen aufzuweisen ... diese sind: geringeres Gewicht, leichtere Hand — was sehr wichtig ist beim Fliegen — und größere Kälteunempfindlichkeit ... Frauen sind auch weniger unglücklich, wenn sie nicht rauchen können, und weniger abhängig vom Alkohol als manche männliche Piloten.«[2] Lady Heath, damals noch Sophie Elliot Lynn, bot sich sogar als »Material für jede Art von Experimenten« an, um die Eignung der Frauen für die Luftfahrt zu beweisen. Sie wurde auch wirklich von der Britischen Luftfahrtbehörde zu Tests gebeten, bei denen sie so gute Leistungen zeigte, daß der Ausschluß der Frauen von der Berufsfliegerei nicht aufrecht erhalten werden konnte.

Nach wie vor weckten aber die Persönlichkeitsmerkmale und Verhaltensmuster, die beim Lenken eines Flugzeugs gefordert waren, Zweifel an der Weiblichkeit der Pilotinnen. Deshalb wies die Presse immer wieder darauf hin, daß die wagemutigen Flugzeugführerinnen in allen anderen Bereichen »ganz Frau« waren, oder sie stellten die Pilotinnen als Ausnahmewesen vor, die nur wenig mit den »normalen« Frauen gemeinsam hatten. Den Pilotinnen selbst standen drei Strategien zur Verfügung: Manche versuchten, die Diskriminierungen zu leugnen und sich durch hohe Leistungen Anerkennung zu sichern. Andere lösten die Rollenkonflikte durch ein besonders »weibliches« Verhalten; sie legten Wert darauf, »eine Frau geblieben« zu sein, »mit allen Schwächen«. Schließlich setzten sich viele Pilotinnen auch, wie Amelia Earhart, für die Emanzipation der Frauen ein. Amelia Earhart flog nicht zuletzt, um das Vorurteil der weiblichen Schwäche zu widerlegen und als Vorbild viele Frauen zur Nachahmung zu ermuntern. Nicht nur die Erziehung zur Weiblichkeit, die Widerstände der Eltern und der Umwelt sowie die Schwierigkeit, das Fliegen zum Beruf zu machen, sondern auch die Ausgrenzung der Pilotinnen durch ihre männlichen Kollegen, behinderten die Integration von Frauen in die Luftfahrt entscheidend. Dabei spielte die Angst vor der weiblichen Konkurrenz und die Abwertung des Fliegens durch die Feminisierung eine große Rolle. Ein Kollege von Hanna Reitsch antwortete, nach der Eignung der Frauen für das Fliegen befragt, daß die Frauen gemeinhin den Anforderungen an einen Forschungsflieger aufgrund ihrer körperlichen und seelischen Beschaffen-

Mary Riddle, die erste *native american* Pilotin

heit nicht gewachsen seien. Wenn sich Frauen aber schnelle Entschlossenheit, kalte Überlegung und Konsequenz aneigneten, verlören sie »immer mehr Weichheit und Anpassungsfähigkeit, ich möchte sagen Anschmiegsamkeit, die uns als typisch für die Frau erscheint.« Schließlich berichtet er auch von dem Unbehagen der Männer, mit Frauen zu konkurrieren. Soll der Mann gegenüber ehrgeizigen Frauen zurücktreten? Am liebsten wäre es vielen Männern sicher gewesen, wenn die Frauen sich auf ihre »eigentlichen Aufgaben« als Ehefrauen und Mütter beschränkt hätten.[3]

In den zwanziger und dreißiger Jahren war es nicht mehr nur das Fliegen an sich, das eine große Faszination ausübte, sondern die Kombination von Fliegen, Rekorden und Abenteuern in fremden Ländern. Es war schon ein besonderes Gefühl, Gegenden zu überfliegen, die noch nicht erforscht waren, Menschen zu treffen, die noch nie eine weiße Frau gesehen hatten, und Strecken in wenigen Tagen zu bewältigen, für die 50 Jahre früher noch Jahre erforderlich gewesen wären. Abenteuerlust, Mut und Kaltblütigkeit zeigten die meisten Pilotinnen schon in ihrer Kindheit und Jugend bei wildem Spiel und beim Sport. Dazu kam bei vielen die Sehnsucht, die Normalität zu überwinden, Ungewöhnliches zu erleben, in einem neuen Sinn frei und ungebunden zu sein. Eine deutsche Fliegerin, Erika Naumann, versuchte ihr »unbeschreiblich erhebendes Gefühl« wiederzugeben: »Alles Kleinliche, aller Erdenschmutz versinken im Nichts; nur Jubeln und Frohlocken beseelen die Brust. Wer einmal der Fliegerei verfallen ist, kann nicht wieder von ihr lassen. Das schönste dabei ist, daß kein Flug dem anderen gleicht; jeder bietet neuen, unerwarteten Genuß!«[4]

Diese Dimension des Fliegens war vor allem für Frauen attraktiv, die einen Hang zum Künstlerischen hatten, wie die Schauspielerinnen Antonie Straßmann und Georgia Lind, die als Tänzerin das Gefühl hatte, immer noch viel zu sehr an der Erde zu kleben.

Zu den eindrucksvollsten Schilderungen von Fliegererlebnissen gehören die Bücher von Anne Morrow Lindbergh, die ihren Mann auf Expeditionsflügen als Copilotin und Funkerin begleitete. Den Aufbruch zu einem Langstreckenflug von Washington nordwärts nach China beschreibt sie folgendermaßen: »Es war ein herber, klarer und heller Tag, wie das Licht, das von einem weißgetünchten Farmhaus zurückstrahlt. Die Insel, die unter uns hinabsank, während wir in die Luft stiegen, lag ruhig und vollkommen da, in starrer Klarheit gegen das dunkle Meer abgegrenzt. Während ich das alles mit meinem Blick umfaßte, genoß ich tiefste Befriedigung. Es war mein, als hielte ich es wie einen Apfel in meiner Hand. Alle seine verschiedensten Teile gehörten mir zugleich. Die Menge auf dem Landungsplatz, das kleine schaukelnde Schiff im Hafen, aus dem meine Familie uns zuwinkte, das weiße Haus an der Landspitze, wo mein Kind schlief. Welches Entzücken, das alles zugleich zu sehen!«[5]

Amy Johnson, Mrs. Bruce und Winifred Spooner bei Mrs. Bruces Rückkehr von ihrem Weltflug in London

Ein Rekord der Aktualität: Fliegende Reporterin diktiert ihren Absturz

Bombay, 29. Mai 34
Fräulein *Bruce* ist nicht nur eine ehrgeizige Schriftstellerin, sondern auch eine begeisterte Fliegerin. Da das Fliegen an und für sich keine Sensation mehr darstellt, beschloß Miß Bruce eine völlig neue Variante in die Sache zu bringen. Sie ließ sich in ihr Privatflugzeug ein Diktaphon einbauen und unternahm nun einen Distanzflug, dessen einzelne Phasen sie gleich einer packenden Reportage festhielt.

Es wurde auch wirklich ein Bericht, der seinesgleichen suchen dürfte. Vierundzwanzig Stunden ihres Fluges hat Miß Bruce in ihrer Schilderung festgehalten. Sie flog über weite, einsame Strecken des wildesten Dschungels. Sie sah weltverlorene Ansiedlungen von Menschen, sah wilde Tiere, die einzeln oder in Herden durch die Wildnis jagten, sie störte mit ihrem Motorengeräusch einen Tiger, der sich gerade auf seine Beute stürzen wollte.

Viele, viele Meilen weit flog sie ganz niedrig über den Busch, um den Herzschlag des Dschungels erlauschen zu können. Dann kletterte die Maschine immer höher und höher, denn sie mußte die Berge von Birma überfliegen. Während sie am Steuer saß, sprach Miß Bruce unentwegt ins Diktaphon. Sie berichtete getreulich über alles, was sie sah, und es wurde eine lebendige, packende Schilderung, die an Unmittelbarkeit jede Literatur übertraf.

Plötzlich — die Maschine flog gerade über einer Bergszenerie von wildphantastischer Schönheit — versagte der Motor. Miß Bruces Herz begann wie rasend zu klopfen. Nur noch Sekunden und das Flugzeug würde abstürzen und an den Felsen zerschellen … Und Miß Bruce diktierte mit einer Stimme, die vor innerer Erregung zitterte: »Gut, lieber hier sterben, als in meinem Bett.«

Aber es sollte nicht zum Schlimmsten kommen. Es gelang der Fliegerin, ihre Maschine abzufangen und heil über die Berge zu kommen. Als Andenken an ihr größtes Erlebnis ist ihr die Wachsplatte verblieben, die ihre Flugreportage für alle Zeiten festgehalten hat.

»Berliner Lokalanzeiger«

Als erste Frau erwarb Thea Rasche die Deutsche Meisterschaft im Kunstfliegen

Thea Rasche, die »Königin der Luft«

Die dominierende Person im Leben Thea Rasches war ihr Vater, Direktor der Essener Aktienbrauerei, der das Leben seiner Tochter nach seinen Vorstellungen gestalten wollte. Im Gegensatz zu ihm verwöhnte die Mutter die 1899 geborene Thea und unterstützte sie bei ihren sportlichen und beruflichen Aktivitäten. Obwohl Thea die landwirtschaftliche Frauenschule in Miesbach besucht und auf einem Gut gearbeitet hatte, entschloß sie sich plötzlich, Sängerin zu werden. Als ihr Vater sich diesem Wunsch energisch widersetzte, wechselte sie zur Malerei über und war, um ihren Lebensunterhalt zu verdienen, zeitweise auch als Sekretärin tätig. Da ihr Vater der Ansicht war, der wahre Beruf eines jungen Mädchens sei die Ehe, versuchte er seine Tochter mit allen Mitteln zu verheiraten. In einer schwachen Stunde gab sie zwar ihr Jawort, eine halbe Stunde vor der standesamtlichen Trauung sagte sie dann endgültig »Nein«.

Für Thea Rasche begann mit einem zufälligen Besuch einer Flugschule, die Bekannten gehörte, ein neues Leben: Sie lernte fliegen. 1925 erhielt sie ihren Flugzeugführerschein, und kurz darauf beteiligte sie sich als erste deutsche Kunstfliegerin an Flugtagen und Wettbewerben. Jetzt war ihr Vater plötzlich stolz auf seine Tochter; er schenkte ihr sogar ein Flugzeug, einen »Flamingo«. 1927 fuhr Thea Rasche in die USA, wo sie als »Flying Fräulein« und als »Air-Devil« Triumphe feierte. Ihr Plan, einen Transatlantikflug durchzuführen, scheiterte allerdings an den Querelen mit den Geldgebern. Wieder zurück in Deutschland mußte Thea Rasche Schulden machen, um ihr Flugzeug unterhalten zu können. Als die Wechsel zu platzen drohten, sprang ihr Vater ein. Er stellte nur eine Bedingung: Thea Rasche mußte ihre Karriere als Pilotin aufgeben. In der Folgezeit war sie Redakteurin einer Flugillustrierten und später als freie Journalistin tätig. Nach dem Zweiten Weltkrieg lebte sie längere Zeit in den USA, wo sie die Kontakte mit befreundeten Pilotinnen wieder auffrischte. 1971 starb sie in Essen.

Das »Powder Puff Derby« 1929

1929 war das Jahr des ersten Internationalen Luftderbys in Amerika, und die Frauen sollten ebenfalls daran teilnehmen. Die amerikanischen Flugzeugfirmen rissen sich um die bekanntesten Fliegerinnen.
Da mein Südamerikaflug erst im Oktober starten sollte, entschied ich mich ebenfalls für die Teilnahme an diesem Luftderby für Frauen.
Ein guter Kamerad hatte mir das Angebot der amerikanischen »Moth Aircraft Corporation«, Boston, vermittelt, die mir ein Flugzeug für das Luftderby zur Verfügung stellte und die gesamten Unkosten tragen wollte. Nach dem abgeschlossenen Vertrag sollten die Preise, die ich vielleicht auf der Veranstaltung holen würde, je zur Hälfte an die Firma und mich fallen.
Auf dem Fabrikflugplatz Lowell bei Boston (Mass.) besichtigte ich die Fabrik, flog mich auf einer ihrer Maschinen ein, und der Vertrag wurde unterzeichnet.
Etwa eine Woche vor dem Derby erkrankte ich plötzlich an einem schweren Ruhranfall, konnte weder essen noch trinken, durfte höchstens Milch und Wasser zu mir nehmen und bekam einen Magenkrampf nach dem anderen. Aber ich wollte auf keinen Fall das Derby aufgeben! Also hieß es die Zähne zusammenbeißen. Manchmal mehr tot als lebendig, so bin ich geflogen — volle vier Wochen lang. Das Schlimmste aber war, daß keine Menschenseele merken durfte, wie krank ich war, denn sonst hätte man mir ohne viel Federlesens Startverbot erteilt und mich ins Krankenhaus gesteckt.
Zu meiner Krankheit kam noch eine weitere böse Enttäuschung: Wie wohl immer bei Wettbewerben, wurde die mir von der Moth Aircraft Corporation zugesagte und fürs Rennen »frisierte« Maschine natürlich nicht rechtzeitig fertig, so daß die Firma mir am Ausgangspunkt des Rennens in Los Angeles eine schon längst verkaufte gewöhnliche Serienmaschine als Ersatz zur Verfügung stellen mußte. Statt auf dem Luftwege lernte ich nun den Kontinent vom Pullman-Wagen aus kennen. Ich konnte dadurch die Strecke nicht abfliegen wie die meisten meiner »Konkurrentinnen«.
In Los Angeles war der Teufel los. Für ganz Amerika war dieses erste Frauen-Luftderby — »Powder Puff Derby« — wie es zärtlich-spöttisch in Amerika genannt wurde, eine Sensation ersten Ranges. Zwanzig

Girls sollten von hier aus, allein in der Kiste, ein Rennen über 5200 km durch den ganzen amerikanischen Kontinent durchführen, über die himmelanragenden Rocky Mountains hinweg, über unendliche Wüsten, in denen Hunderte von Meilen lang keine Menschenseele anzutreffen ist, über die unwegsamen Steppen New Mexikos und unendlichen Ebenen Texas' und Arizonas. Auf Flugplätzen sollten sie landen, die tags zuvor manchmal noch nicht bestanden hatten und deren Lage nur ungefähr angegeben wurde. Jede Unterstützung während des Rennens durch Monteure war untersagt, außer bei Notlandungen.
Nach der Ausschreibung mußten wir einen Notproviant für mindestens fünf Tage mitführen. Es war ein Rennen ohne Handicap, es gab nur zwei Klassen, eine mit starken Motoren von 200 PS und eine mit schwächeren Motoren. Wer zuerst das Zielband in Cleveland überflog, hatte gewonnen.
Schon am Treffpunkt in Los Angeles mußte ich erkennen, daß die Siegesaussichten mit meiner Maschine gleich Null waren. Meiner »Motte« mit einer Geschwindigkeit von 90 bis 95 Meilen pro Stunde standen Konkurrentinnen mit dem »Monocoupe« mit 150 Meilen, »Eagle Rock« und »Bullet« mit 135, »Golden Eagle« mit 125 und »Fleet« mit 115 Meilen gegenüber. Meine einzige Chance bestand in der Ausschreibung einer besonderen Trophäe für das Flugzeug mit dem schwächsten Motor und der besten Zeit. »Be good sport« sagte ich mir, auf alle Fälle ist das Derby interessant, ich kann aus dem Flug nur lernen.
Beim ersten Flug mit der »Motte« leckte der Benzintank so fürchterlich, daß er die Nacht durch repariert werden mußte, so daß keine Zeit blieb, die Maschine überhaupt noch vor dem Rennen weiter auszuprobieren, und ohne Probestart mußte ich ins Rennen gehen!
Meine »Konkurrentinnen« waren ganz famose Mädels, und unter uns allen herrschte gleich eine herrliche Kameradschaft. Amalie Earhart und Ruth Elders, die beiden Ozeanfliegerinnen, waren auch zum Start erschienen. Beide hatten seinerzeit für ihre Ozeanflüge große Ehrungen eingeheimst, obwohl sie nur »Passagiere« waren. Um so höher war es anzuerkennen, daß sie sich inzwischen heimlich und gründlich geschult hatten und nun als wirkliche Fliegerinnen ihr Können auf diesem ersten Rennen unter Beweis stellen wollten, Amalie sogar auf der am schwersten zu fliegenden Maschine, einer »Lockheed Vega«. Überhaupt habe ich Respekt bekommen vor den amerikanischen Mädels. Ohne große

fliegerische Erfahrungen, einige nur nach wenigen Alleinflügen, standen zwanzig startbereit. Die Australierin Keith Miller und ich waren die einzigen Ausländerinnen.

Startbereit. Strahlend schien Kaliforniens Sonne über uns, riesige Menschenmassen stauten sich um den Flugplatz. Jedes Mädel mußte noch ein paar Abschiedsworte sprechen. Filmoperateure und Photographen arbeiteten im Schweiße ihres Angesichts, bis sich schließlich unter dem Jubel von Hunderttausenden pünktlich auf die Minute eine Maschine nach der anderen vom Boden abhob.

Erste Station: San Bernardino. Hier mußten wir auf einem Flugplatz zwischenlanden, von dem vor drei Tagen noch keine Spur vorhanden war. Herrlich war dieser Flug über Kalifornien. Trotz des »Rennens« konnte ich mich an dem Wunderland nicht satt sehen, und wenn die vielen Bohrtürme nicht immer wieder an Industrie, Spekulation und Business gemahnt hätten, hätte man denken können, es sein ein Flug über das Paradies.

Bald entschwand hinter uns das Meer, und vor uns tauchten die zerrissenen Silhouetten der Rocky Mountains auf.

In San Bernardino großer Empfang, abends ein Bankett. Von allen Seiten wurden wir ein bißchen mißtrauisch betrachtet: so viele Frauen — wenn das nur gut geht! Die Leute hatten keine Ahnung von unserer Fliegerkameradschaft, wußten nicht, daß wir wie ein Mann zusammenhielten.

Die Augen ganz Amerikas, der ganzen Welt waren auf uns gerichtet. Gerade weil wir Frauen waren, wollten und mußten wir beweisen, daß es ernst war mit unserer Fliegerei. Wir wollten mit unserem Fluge zeigen, daß das Fliegen kein Spiel mit dem Tode, sondern durchaus sicher ist. Es sollte ein Werbeflug sein. Schon aus diesem Grunde galt es sportlich zu fliegen, aber völlig überflüssige Abenteuer zu vermeiden.

Von San Bernardino aus führte unser Weg durch den Engpaß, der von mächtigen Gebirgszügen der Rocky Mountains umgeben war. Unter uns die trostloseste Einsamkeit, und gerade hier — zwanzig Minuten nach dem Start — begann plötzlich mein Motor zu spucken und zu streiken. Der Motor lief zwar einwandfrei, aber immer wieder war die Benzinzufuhr unterbrochen und das gerade in der denkbar ungünstigsten Gegend für eine Notlandung. Eine Maschine nach der anderen überholte mich. Ich mußte nach Möglichkeit versuchen, Höhe zu gewinnen, um mir im äußersten Notfall wenigstens einen einigermaßen brauchbaren Notlandeplatz aussuchen zu können. Ein paar hundert Meter im Gleitflug konnten verdammt viel ausmachen!

Ich wollte nach Möglichkeit noch Calexico erreichen, aber zehn Meilen vor dem Ziel »kotzte« mein Motor derart, daß ich zur Notlandung ansetzen mußte. Eine winzige grüne Wiese, neben einem kleinen Farmhaus, bot weit und breit die einzige Landemöglichkeit. Beim Ausschweben entdeckte ich plötzlich, daß die Wiese von zahlreichen Wassergräben durchzogen ist, will noch einmal Gas geben, um mir nach Möglichkeit doch noch einen günstigeren Platz zu suchen, da setzt in der Kurve der Motor völlig aus, und mir bleibt keine andere Wahl mehr, als aus Baumhöhe mit Rückenwind in dieses Grabengewirr hineinzulanden. Und richtig, beim Ausrollen erwische ich solch einen Graben, das arme Fahrgestell — das erste, das ich in sechs Jahren »rasiere«. Gott sei Dank ist wenigstens der Propeller heil.

Von der Farm her rennen Leute herbei, bestaunen mich wie ein Weltwunder und betasten mich, ob ich wirklich nicht verletzt bin.

Nur einen Meter von einer Felswand entfernt ist meine »Gipsy Moth« zum Stehen gekommen.

Kurze Zeit nach der Landung rast ein kleiner Ford-Wagen heran — ein Newspaperman hier mitten in der Wildnis! Dies einfache kleine Farmhaus besaß ein Telephon!

In Gegenwart der Leute untersuchte ich den Brennstoffilter, Vergaser und die Benzinleitungen — alles war voller Wasser, Sand, Gummi und Metallstückchen! Welch liebenswürdiger Zeitgenosse so freundlich gewesen ist, mir den Betriebsstoff und damit den Motor unbrauchbar zu machen, habe ich niemals herausbekommen und war auch offen gestanden nicht neugierig darauf. Aber daß keines der Mädels seine Hand dabei im Spiele hatte, das ist für mich selbstverständlich. Wir wurden alle von einer einzigen Ölgesellschaft versorgt, vielleicht hatte eine der Flugzeugfirmen ein besonderes Interesse daran, eine unbequeme Konkurrenz auszuschalten. Das siegreiche Flugzeugmuster hätte sich damit gleichzeitig den Absatzmarkt erobert!

Nach telephonischer Rücksprache mit meiner Fabrik in Lowell (Mass.) über 5000 Meilen und einem weiteren Telephongespräch mit Los Angeles landete acht Stunden später ein Flugzeug mit einem neuen Fahrgestell. Die ganze Nacht über wurde gearbeitet, und am nächsten Morgen

um 6 Uhr startete ich bereits wieder nach einem herzlichen Abschied von meinen so hilfsbereiten und gastlichen Farmersleuten auf dem sogenannten Flugplatz von Holtville.
Es galt viel aufzuholen. Ueber Calexico — Juma — Phönix — Tucson — Douglas mußte ich El Paso erreichen. Diesmal führte der Flug über endlose Wüsten mit hohen Gebirgszügen. Die Hitze stieg auf 110 bis 128 Fahrenheit. Nun erst verstand ich, warum wir einen Notproviant für fünf Tage mitnehmen mußten, denn hier gab es auf Hunderte von Meilen im Umkreis keine menschliche Siedlung.
Stunde um Stunde flog ich über trostlose, wildschöne Einsamkeit dahin, mannshohe Kakteen bildeten das einzige Grün, das sich dem Auge hier bot, selbst die großen Flußbetten waren fast alle ausgetrocknet. Endlich Juma. Vergeblich suchte ich nach dem Flugplatz. Man hatte mir gesagt: »Wo die beiden Flüsse sich vereinigen, müssen Sie in Richtung auf die Brücke zu fliegen, dann ist es der erste größere Platz, an dessen Rande ein Haus mit der Aufschrift 'Juma' steht.« So fand ich endlich einen kleinen, dreieckigen Platz im tiefsten Sande rings umgeben von Hochspannungen und Telephonleitungen. Das sollte der Flugplatz sein? Nach allem, was ich bisher an Flugplätzen in Amerika gewohnt war, wunderte mich jetzt gar nichts mehr. Also setzte ich zur Landung an, Zündung raus, und unten stand ich. Ich war ganz erstaunt, daß keine Menschenseele zu erblicken war; endlich erschienen Menschen, alles schrie und gestikulierte wild durcheinander, und da mußte ich zu meinem Schreck erfahren, daß dies gar kein Flugplatz, sondern nur eine kleine Shell-Niederlage war. Der »richtige« Flugplatz lag fünf Meilen entfernt, bei zwei verlorenen kleinen Häuschen mitten in der Wüste. Mich packte eine fürchterliche Wut. In diesem Derby wurde jede Minute angerechnet. Starten, nicht einmal rollen konnte man in dem hohen Sand! Aber was sollte ich tun? Die Maschine abmontieren und zum richtigen Flugplatz bringen? Dann wäre ich aus dem Derby gewesen.
Mit dem Mute der Verzweiflung tat ich etwas, was ich wohl kaum ein zweites Mal wiederholen würde.
Ein schmaler Weg, gerade so breit wie das Fahrgestell meiner Maschine, führte an dem Platz vorbei. Erst ging er ein wenig hinunter, dann eine kleine Anhöhe hinauf, ich mußte unter Drähten hindurch, dann in nur zehn Meter Abstand über andere Drähte hinweg. Dahinter ein Bahndamm und Häuser. Alle Anwesenden halfen mir, die Maschine aus dem

dicken Sande überhaupt heraus und auf den Weg zu bekommen. Allein mußte ich den Propeller andrehen — dann startete ich. Mit offenen Mäulern standen die Leute da — hätte die Maschine nur etwas weniger Fahrt gehabt, so wäre es bei dem Sprung unter und über den Drähten einfach aus gewesen. Fünf Minuten später landete ich glücklich auf dem richtigen Flugplatz. Die mir nachgesandten Zeitungen waren voll von diesem Start, an den ich heute noch mit leichtem Entsetzen zurückdenke. »Air devil« nannte man mich einmal wieder mit dem Spitznamen, den ich nach meinen ersten Kunstflügen in New York bekommen hatte. Hier auf dem Flugplatz in Juma erfuhr ich, was der »schwarze Tag« des Derbys noch alles angerichtet hatte; Marvel Crosson, wohl die schönste unter den Teilnehmerinnen, war abgestürzt — tot! Mrs. Fahy hatte eine Notlandung in Calexico machen müssen, zwei Kabel waren durch Säure angeätzt gewesen, sie hatte damit das Vertrauen zum Weiterflug verloren und schied freiwillig aus dem Derby aus. Bobby Trout, der erklärte Liebling aller, hatte sich infolge des schlechten Kartenmaterials verflogen. Bei ihrer Notlandung in Mexiko ging das Flugzeug durch Überschlag restlos zu Bruch, sie selbst blieb zwar unverletzt, schied aber aus. Auch Amalie hatte Pech gehabt, das Fahrgestell war zum Teufel, und ein neues mußte erst beschafft werden.
Das waren wirklich keine sehr erfreulichen Nachrichten. Während ich auf dem Platz bin, landet zu meinem Erstaunen plötzlich eine Maschine. Die Teilnehmerin, Mrs. Haizlipp, war einen Tag zu spät in Los Angeles angekommen, aber mit einmütiger Zustimmung aller Mädels noch zugelassen worden. In den Zeitungen wurde sie nur der »fliegende Engel« genannt. So schön war sie, klein und zierlich, aber ein ganzer Kerl!
Wir starteten gleichzeitig, doch mit ihren 200 PS war sie bald meinen Blicken entschwunden.
Grenzenlose Einsamkeit umfing mich bis Phönix, aber wenigstens war das Wetter schön, so daß ich Muße hatte, mich in meiner kleinen Kiste philosophischen Betrachtungen hinzugeben und die Gegend zu bewundern.
Die Wettermeldungen in Phönix kündeten aufsteigende Gewitter und Sandsturm an, durch die ich hindurch mußte, wenn ich nach Tucson und Douglas gelangen wollte. Ich mußte es riskieren, trotz Startverbot, auf eigene Verantwortung! Auf der Strecke nach Tucson wurde meine Kiste plötzlich von gewaltigen Böen erfaßt. Zum Glück war ich angeschnallt,

sonst hätte ich bestimmt daneben gesessen. Meine Streckenkarte hatte sich schon selbständig gemacht, aber ich hatte ja meinen Kompaßkurs. Da taucht in der Ferne eine Riesenwand auf, kohlschwarz, die sich von der Erde bis zum Himmel erstreckt. Schwefelgelbe Blitze zucken von allen Seiten — ein Durchfliegen bedeutet Selbstmord. Da heißt es wohl oder übel kehrt machen, und den Sturm im Rücken geht es mit Affenfahrt zurück nach Phönix. Kaum bin ich wieder gelandet und ist die Maschine in der Halle untergebracht, da bricht das Unwetter auch schon los und tobt sich stundenlang über Stadt und Flugplatz aus.
Am nächsten Morgen trat ich den Weiterflug nach Douglas an. Die Stadt liegt hart an der mexikanischen Grenze, zum Teil führte der Weg direkt über mexikanisches Gebiet, weil wir aus Zeitersparnis die direkte Strecke nach El Paso fliegen mußten. Da sich auf diesem Abschnitt die Mehrzahl der Teilnehmerinnen verflogen hatte, standen meine Chancen im Rennen, trotz des Zeitverlustes von fast 20 Stunden, gar nicht einmal so schlecht.
Hier in Douglas wurde ich wieder einmal vor dem Weiterflug gewarnt, da die Wetterfrösche eine tagelange Sturmperiode erwarteten.
Start. Kurz hinter Douglas brach das angekündigte Unwetter wirklich los. Gewitter und wahre Wolkenbrüche, so daß ich mir oft nur in zehn Meter Höhe über dem Boden meinen Weg suchen muß und »Eisenbahn fliege«, d.h. mich an die Bahnlinie halte, um mein Ziel El Paso ja nicht zu verfehlen. Durch hohe Gebirgszüge wand sich die Bahnlinie, der Kompaß tanzte wie wild, Berge und Täler waren in dicken Nebel gehüllt; es war ein recht ungemütlicher Flug, und ich war selig, als El Paso auftauchte und ich von Fliegerinnen mit großem Hallo begrüßt wurde, denn sie freuten sich ehrlich, mich heil wiederzusehen.
Hier herrschte Startverbot, über das ich diesmal hocherfreut war, denn nun waren wir alle wieder beisammen. Meine kleine »Motte« hatte bei diesem Pfundssturm 650 km zurückgelegt. Meine Hände waren schon voller Schwielen, und obendrein plagte mich wieder ein Ruhranfall, daß ich die ganze Nacht vor Schmerzen und Magenkrämpfen nicht schlafen konnte. Dabei lebte ich nur noch von Wasser, selbst Milch konnte ich nicht mehr vertragen und weiß heute noch nicht, wie ich es damals überhaupt geschafft habe.
»Queen of the Air«, »Königinnen der Lüfte«, nannten die Zeitungen uns nur noch. Auf jedem Platz wurden wir unerhört gefeiert, und kein

Mensch konnte es verstehen, daß wir in diesen wenigen Stunden nichts mehr nötig hatten als ein wenig — Ruhe. In El Paso bekamen wir sogar eine großartige Einladung aus Mexiko. In Autos fuhren wir über die berühmte Brücke, über den Rio Grande nach Juarez. Was Theovannah in der Zeit der Prohibition für San Diego bedeutete, war Juarez für die Amerikaner in El Paso. Auch hier eine Bar, ein Varieté, eine Spielhölle, ein Restaurant am anderen. Mit Alkohol glaubte man uns hier im freien Mexiko die größte Freude zu machen — und diesmal haben wir nicht gestreikt! Man sah verwegene Wildwest-Erscheinungen hier, und die uns begleitenden Veranstalter des Derbys ließen aus Angst vor »Entführungen« ihre Fliegerinnen scharf bewachen und waren heilfroh, als sie uns wieder wohlbehalten auf amerikanischem Boden hatten.
Trotz des üblen Wetters, das nun schon tagelang anhielt, ging das Rennen weiter. Tag für Tag mußten wir zwei bis drei Städte anfliegen und jedesmal Riesenempfänge, Ehrenlunchs und Banketts über uns ergehen lassen.
Bis Fort Worth führte unser Flug durch völlige Einöde und unter uns nichts als Sand und Berge. Hinter Arizona ging es dann über endlose Ebenen und Steppen von Oklahoma und Kansas. Die Stürme in Texas sind berüchtigt, auch wir hatten mit ihnen zu kämpfen. In Pecos schied wieder eine Fliegerin aus. Beim Startzeichen kreuzte ein Auto die Bahn. Flugzeug und Auto bildeten ein wirres Durcheinander, Gottlob kamen die Insassen mit dem Schrecken davon.
Von Pecos bis Midland mußte ich meinen Knüppel mit beiden Armen und beiden Beinen umklammern und ihn ganz links ans Flugzeug pressen, nur so konnte ich die kleine »Motte« überhaupt im Sturm horizontal halten. Bei der Landung stellten wir fest, daß die Feder in der Steuerung gebrochen war, und wir konnten sie nur provisorisch reparieren. Aber weiter ging's!
In Midland blieb Mrs. Perry zurück. Diesmal ein Typhusanfall!
Weiter, weiter ... Lustige und auch traurige Abenteuer begleiteten uns, es gab viele Notlandungen, häufiges Verfliegen mit mehr oder weniger gutem Ausgang.
In Wichita bekomme ich plötzlich Startverbot! Die Lizenz meines Flugzeuges sei abgelaufen. Das hätte man in Washington auch acht Tage früher merken müssen, als ich mein Startgeld zahlte, wie kann da die Lizenz abgelaufen sein?

Entrüstung bei allen Fliegerinnen, Fliegern und der Stadt. Telegramme fliegen hin und her, und plötzlich entdeckt man, daß das Ganze ein »Irrtum« ist!

Auf der Strecke Kansas City — St. Louis — Terra Haute — Cincinnati — Columbus scheiden zwei weitere Fliegerinnen aus. Mrs. Folz wird disqualifiziert, weil sie Cincinnati nicht finden konnte und einfach weiter nach Columbus geflogen war. Von dort aus nochmals Cincinnati anzufliegen, hatte sie um so weniger Lust, als ein derartiger Zeitverlust nicht mehr aufzuholen war.

Ruth Nichols, eine der ersten und tüchtigsten Fliegerinnen Amerikas, hatte noch in Columbus, also ausgerechnet kurz vor dem Ziel, beim Start das Pech, in einen Bodenlooping zu kommen. Ihre Maschine wurde dabei restlos zertrümmert, die zweite in diesem Derby, denn die erste war ihr bei ihrem Hinflug nach Los Angeles bereits in der Wüste zu Bruch gegangen.

In Columbus schien die ganze Stadt für uns auf den Kopf gestellt zu sein. Man hatte an alles gedacht — wir wurden mit Blumen und Geschenken überschüttet, Autos standen zu unserer Verfügung, alle unsere Wünsche wurden erfüllt, nur — die Zeitnehmer fehlten, die unsere Ankunft zu beurkunden hatten! Kurz, es war wie fast überall bei diesem Derby: die Begeisterung war größer als die Organisation.

Endlich am Ziel! 13 Mädels von den gestarteten 20 hatten den Flug über 5200 km vollendet. Ein guter Prozentsatz! Eigentlich waren sie wohl alle »Siegerinnen«. Das erste »Powder-Puff« (Puderquasten)-Rennen war beendet. Allerdings entbehrte die Bezeichnung nicht ganz der Begründung. Während des Fluges selbst stand die Fliegerin ganz ihren »Mann«, kaum gelandet, war sie aber nichts anderes mehr als völlig »Frau«, Puderquaste und Lippenstift wurden als erstes in Bewegung gesetzt, um für Photographen und Zuschauer möglichst schön zu sein! Es wurde in den seltsamsten Kostümen geflogen. Einige Fliegerinnen, die in Kabinenflugzeugen saßen, sahen aus, als ob sie gerade vom 5-Uhr-Tee kämen, selbst das kokette Hütchen und die weißen Handschuhe fehlten nicht. Andere waren im Reitdreß oder in Golfanzügen, und ein Teil steckte schließlich in echten dreckigen und speckigen Fliegerkombinationen. Aber ganz gleich, welches Kostüm sie auch trugen, alle waren tapfer, lustig und hilfsbereit gewesen. Das letzte Stückchen Eis und Proviant wurde geteilt, und der Kompaßkurs mit seinen Mißweisungen wurde denen verraten, die ihn nicht selbst errechnen konnten. Zu spaßig hatte es oft ausgesehen, wenn die großen und schnellen Maschinen mit ihren 200 PS sich an meine kleine Kiste anhängten, wenn sie den Weg verloren hatten und nun im Zickzackflug und großen »Bögen« um meine Maschine herumkurvten, um mit mir »Schritt halten« zu können. Es war wirklich eine ganz famose Kameradschaft, zu der uns der gemeinsame Kampf, die Unbill der Witterung und die Schwierigkeiten dieser 5200 km langen Rennstrecke zusammengeschweißt hatten.

Thea Rasche, »Und über uns die Fliegerei«

Mein abenteuerlichster Flug Von Amy Johnson, der ersten Frau, die allein von London nach Australien flog:

Zum ersten Male ist es einer Frau, der Fliegerin Amy Johnson, gelungen, die Flugstrecke London – Australien — noch dazu in Rekordzeit — zurückzulegen. Wir bringen ihre Schilderung der letzten Strecke dieses Fluges.

Die Strecke von Singapur nach Australien war das Schlimmste, was ich während meines Fluges erlebt habe. Als ich über das Javanische Meer flog, geriet ich in einen fürchterlichen Sturm. Es war unmöglich, zwischen Meer und Regen zu unterscheiden. Ich flog oft so niedrig, daß die Maschine die Wellen beinahe berührte. Es war unmöglich, aus dem Sturm herauszukommen. Mir blieb nichts übrig, als in kleinen Kreisen herumzufliegen. Zuletzt war ich von einem doppelten Regenbogen umgeben. Endlich wurde es heller, und ich sah ein Stück klaren Himmels vor mir. Sechs Stunden hatte es gedauert, bis ich aus der unheimlichen Situation heraus war. Nun gab ich Vollgas und hielt den Kurs direkt nach Java.

Zwei Erlebnisse sind mir besonders in Erinnerung geblieben. Jedesmal, wenn ich daran denke, ist mir, als ob ich die Berührung weicher Seide an meinem Körper fühle. Das erste Erlebnis hatte ich, als ich in Samarang landete — elend und todmüde. Da erschienen plötzlich Leute und überreichten mir große Körbe voll wunderlich duftender Blumen. Sie zu sehen und zu berühren, schien ganz unwirklich. Ich war durch Regen

und Sturm geflogen, hatte Wasserdampf und Benzinausdünstungen eingeatmet, und jetzt hatte ich Blumen vor mir. Ich flog dann weiter nach Surabaya und nahm die Blumen mit. Als ich in Surabaya landete, war ich so müde, daß ich sofort zu Bett ging und auf der Stelle einschlief.
Dieser Schlaf ohne Träume ist das zweite Erlebnis, an das ich immer denken werde. Am nächsten Tage war die ganze Stadt auf den Beinen, um mich starten zu sehen. Ich hatte ein Gefühl der Wonne in mir und sang vor Freude. Später am Tage wurde mein Gesang weniger freudig. Es war eine lange Strecke, und ich hatte drei Stunden über Wasser zu fliegen. Es war beinahe dunkel, ehe ich landete. Es war keine Rede davon, eine Karte benutzen zu können. Es wurde dunkler und dunkler. Ich hatte aber noch immer keinen Landungsplatz in Sicht. Da dachte ich, alles ist vorbei. Ich flog über hohe Berge und sah endlich einen kleinen offenen Platz. Ich landete verzweifelt zwischen Büschen und Bäumen auf weicher Erde. Ich war selbstverständlich dem Schicksal dankbar, wieder auf festem Boden zu sein, aber ein furchtbarer Schreck ergriff mich, als plötzlich ein Trupp schwarzer Männer mit Keulen und Speeren heulend und schreiend aus den Sträuchern heraussprangen. In einem Augenblick hatten sie das Flugzeug umringt. Blitzartig flogen meine Gedanken zu meinem Heim in England. Ich war überzeugt, daß meine letzte Stunde geschlagen habe. Da sah ich, daß der Anführer mir mit der Hand winkte und sich lächelnd näherte. Ich empfand eine große Erleichterung. Er sprach zu mir. Ich konnte ihn nicht verstehen. Ich hörte nur, daß er immer wieder das Wort Pastor sagte.
Der schwarze Mann nahm meine Hand, streichelte sie und führte mich über die Berge durch kohlschwarze Finsternis. Nachdem wir einige Meilen zurückgelegt hatten, standen wir vor einer kleinen Kirche. Ich lehnte meinen Kopf an die Kirchentür und blieb einen Augenblick bewußtlos. Als ich erwachte, sah ich die Schwarzen um mich stehen und hörte sie schreien. Ich selbst schrie laut auf. Ein würdigter alter Priester bückte sich über mich. Das alles war so wunderlich, da mußte ich laut auflachen. Sobald die Schwarzen mich lachen hörten, lachten sie mit. Nach einer lukullischen Mahlzeit erzählte mir der Priester auf Französisch, daß ich höchst willkommen sei und daß ich in der Kirche schlafen könne.
Am nächsten Tage halfen mir die Eingeborenen, das Flugzeug klarzumachen. Schwarze Kinder halfen mit. Die Schule gab diesen Tag frei.

Als meine Maschine sich in die Luft hob, fielen die Schwarzen mit dem Gesicht zur Erde. Als das Flugzeug hoch war, hörte ich ihre Freudenschreie. Es war auch nicht leicht, in Utambua zu landen. Ich landete in einer Wolke von Staub und ging gleich zu Bett, um am nächsten Morgen wieder zu starten.
Alle Erfahrungen und Enttäuschungen der letzten Tage waren vergessen. Meine alte Maschine summte munter, das Wetter war herrlich, alles ging gut. Ueber das Meer flog ich wie ein Vogel. Als Australien auftauchte, war ich über alle Maßen glücklich. Ich warf mein Luftkissen hoch und schrie laut. Zuletzt warf ich das Kissen über Bord. Als ich über dem Flugplatz von Port Darwin kreiste, hämmerte mein Herz. Das Wunder war zur Wirklichkeit geworden. Ich schäme mich nicht, zu sagen, daß ich vor Freude weinte. Als ich landete, wischte ich mir schnell die Tränen ab. Der erste Australier, der mich begrüßte, war ein Arzt. Ich liebte ihn beinahe in diesem Augenblick. Alles war vorbei, alle waren so freundlich; die Welt war schön, und ich hörte den Polizisten rufen: »Zurück! Zurück!«

Zeitungsbericht vom Mai 1930,
Pressearchiv des Luftsportverbandes Schleswig-Holstein

Die »fliegende Sekretärin« – Amy Johnson

»Amy, wonderful Amy« — der Song über die wundervolle Amy und ihre wagemutigen Taten war 1930 in England ein Hit. Er enthielt eine Liebeserklärung an Amy Johnson, die Frau, die gerade ganz allein in einem winzigen Second-Hand-Flugzeug von England nach Australien geflogen war. Das Können und der Mut der unbekannten Sekretärin faszinierten die Massen, die sich zudem mit Amy, dem Mädchen von nebenan, identifizieren konnten.
Der plötzliche Schritt aus der Dunkelheit ins Rampenlicht machte Amy Johnson allerdings nicht glücklich; der Ruhm erwies sich als goldener Käfig, aus dem sie sich nie mehr ganz befreien konnte. Alle Welt schien sie zu lieben, aber für sie war es eine fordernde, bedrückende Liebe, eine Liebe, die auch schnell in Hohn oder Haß umschlagen konnte, wenn

Amy Johnson

das Liebesobjekt nicht mehr zu unzähligen Auftritten, Vorträgen und Interviews, nicht mehr zu ständigem Lächeln bereit war.
Nach der Rückkehr nach England nahm der Streß für die junge Pilotin zu. Ihr Vater, der als ihr geschäftlicher Berater fungierte, hatte während ihres Fluges einen Vertrag mit einer Zeitung, der *Daily Mail*, abgeschlossen, der sie zu einer anstrengenden Tournee durch England verpflichtete. Sie sollte zahlreiche Städte anfliegen und dort jeweils ein umfangreiches Programm absolvieren: Begrüßungsreden am Flughafen und Umzüge, Bankette und Tanzabende, Konzerte und Feuerwerke.
Schon nach einer Woche kam es zu einem Eklat. Als Amy Johnson dem Beauftragten der *Daily Mail* erklärte, daß sie die Tournee aus gesund-

heitlichen Gründen abbrechen müßte, wies sie dieser darauf hin, daß ihr Flugzeug Eigentum der Zeitung sei. Zornig erwiderte Amy Johnson, daß sie ihre Maschine lieber verbrennen als der *Daily Mail* überlassen würde. Schließlich ließ sich der Konflikt beilegen. Die *Daily Mail*, die sich kein negatives Image leisten konnte, entließ Amy Johnson aus dem Vertrag und erklärte sich bereit, die vereinbarte Summe von 10000 Pfund ohne weitere Gegenleistungen zu spenden. Trotzdem wurde nichts aus den »wirklich langen Ferien«, die sich die zu dieser Zeit berühmteste Frau Englands so sehnlich wünschte. Bevor sie zehn Tage an die See fuhr, um sich von den Anstrengungen der vorhergehenden Wochen zu erholen, schrieb sie ihrem Vater: »Ich fühlte, daß ich keine einzige Nacht mehr in London ausgehalten hätte. Ich fürchtete sogar einen Augenblick lang, daß ich einen Nervenzusammenbruch erleiden würde, aber glücklicherweise kam ich gerade noch rechtzeitig aus der Stadt.«[1]
Der Nervenzusammenbruch ließ sich zwar aufschieben, aber nicht völlig vermeiden. Nach ihrer Rückkehr nach London lag Amy Johnson vierzehn Tage im Krankenhaus, und auch anschließend mußte sie sich schonen. Um der Bürde der öffentlichen Aufmerksamkeit zu entgehen, lebte sie für kurze Zeit unter Pseudonym bei einem befreundeten Ehepaar. Als ihr Vater den Fehler beging, sie dort anzurufen und nach Amy Johnson zu fragen, ging sie fast in die Luft. Ihr Brief, den sie ihm am nächsten Tag schrieb, zeigt deutlich ihre Situation und ihre Verfassung: »Was mich so ägerlich machte, ist die Tatsache, daß du nicht einmal verstehen konntest, welche enormen Schwierigkeiten du mir durch deinen Anruf bereitet hast. Etwas anderes, was du nicht vestehen willst, ist, daß ich die Publicity und das Leben in der Öffentlichkeit, das mir aufgezwungen wurde, verachte ... daß ich hart daran arbeite, meine Identität als 'Amy Johnson' zu verlieren, weil diese Person ein Alptraum und ein Greuel ist. Meine großen Ideen für eine Karriere in der Luftfahrt wurden zunichte gemacht, jedenfalls für eine lange Zeit, durch die falsche Art der Werbung und der Verwertung meines Ruhms nach meiner Rückkehr nach England ... Ich hatte einen völligen Zusammenbruch nach meinem Vortrag vor der Gesellschaft der Ingenieure, und ich bin auch jetzt nicht gesund ...«[2]
Amy Johnson blieb, auch nachdem sie sich erholt hatte, ruhe- und rastlos. Ende 1930 schrieb sie ihrem Vater über ihre Pläne: »Ich bin noch nicht völlig sicher, wohin ich gehen werde, aber wahrscheinlich nach

China, in ein Land, das ich unheimlich gerne besuchen würde. Bitte lasse kein Wort über meine Pläne verlauten, denn es wäre schrecklich, wenn die Presse Wind davon bekäme ... Ich werde keinen Frieden haben, bis ich aus England weg bin — immer noch werde ich von Briefen überschwemmt und verbringe mein halbes Leben damit, auch nur die allerwichtigsten zu beantworten. Ich bin fest entschlossen, im neuen Jahr ein neues Leben zu beginnen ...«[3]

Es sollte auch weiterhin ein Leben voller glamouröser Auftritte, Reisen und Abenteuer, aber auch ein Leben voll von Hektik und Enttäuschungen sein, auf jeden Fall ein Leben, das Amy Johnson nicht an der Wiege gesungen worden war.

Amy Johnson wurde als Tochter eines Fischhändlers 1903 in der englischen Hafenstadt Hull geboren. Ihre Eltern waren relativ wohlhabend, und Amy scheint eine geborgene und glückliche Kindheit verlebt zu haben. Sie war eine gute Schülerin, stand aber ständig mit der Schuldisziplin auf Kriegsfuß. Da war zum Beispiel die Sache mit dem Schwimmwettkampf. Amy liebte Schwimmen und wollte an ihrer Schule einen Mädchenschwimmclub ins Leben rufen. Als der Schulleiter, der Schwimmen für undamenhaft hielt, dies verbot, organisierte sie einen Schwimmwettkampf für Schülerinnen in einem öffentlichen Bad. Ein anderes Beispiel für ihren Kampf gegen die schulischen Autoritäten ist die »Revolte der Strohhut-Brigade«. Amy plante einen Boykott der bei Kindern und Lehrkräften gleichermaßen verhaßten Strohhüte, die als Teil der Schuluniform getragen werden mußten. Eines Morgens erschien sie mit einem Panamahut auf dem Kopf in der Klasse — als einzige, obwohl alle Mitschülerinnen ihr hoch und heilig versprochen hatten, dies ebenfalls zu tun.

Ihre Position als Anführerin von Streichen wurde durch ihre sportlichen Fertigkeiten gestärkt. Sie spielte Kricket und Hockey, weil es Jungenspiele waren, verbrachte viel Zeit in der Turnhalle und beteiligte sich mit großer Begeisterung an den Mutproben der Jungen.

Mit vierzehn verwandelte sich Amy von einer Rebellin in eine Einsiedlerin. Ein Kricketball hatte sie voll ins Gesicht getroffen und ihr die Schneidezähne ausgeschlagen. Sie schreibt in ihren Erinnerungen: »Die Zahnmedizin war damals nicht das, was sie heute ist. Unzweifelhaft war mein Aussehen stark beeinträchtigt.«[4] Die vorher so selbstsichere Amy wurde scheu und zog sich immer mehr in ihre eigene Welt zurück. Ihre

Lieblingsbeschäftigungen zu dieser Zeit waren lange einsame Radfahrten und Kinobesuche, die ihr Bedürfnis nach Abenteuern und Romantik stillten.

1922 verließ Amy Johnson Hull, um in Sheffield zu studieren — ein ungewöhnliches Vorhaben für eine Frau in der damaligen Zeit. Ihr Studium war, wie so vieles, was Amy anfing, zunächst aufregend und begeisternd. Da war das Tanzen — Foxtrott war der letzte Schrei —, die Debatten im Studentenclub und der Sport. Amy spielte in der Universitätsmannschaft Hockey und nahm an vielen Wettspielen teil. Außerdem war sie zum ersten Mal verliebt, in einen jungen Schweizer, der sich geschäftlich in Hull aufhielt. Sie hatte ihn auf einer Party ihrer Tante getroffen und war entschlossen, ihn trotz seines deutlichen Zögerns an sich zu binden. Auch die räumliche Trennung änderte nichts an ihren Gefühlen, wie sie dem jungen Mann in ihren zahlreichen Briefen versicherte.

Trotz ihrer vielen Aktivitäten gewann Amy in Sheffield wenig Freunde und Freundinnen, weil sie ihre Verletzlichkeit hinter Zurückhaltung oder sogar Aggressivität verbarg. Sie schloß nur eine einzige Freundschaft fürs Leben, und zwar mit Winifred Irving, die aufgrund ihres politischen und sozialen Engagements zu den bekanntesten Studentinnen der Universität zählte. Niemand, so erklärten Unversitätsangehörige später, hätte sich gewundert, wenn Winifred und nicht die scheue Amy als Pilotin Weltruhm errungen hätte. Winifred hatte ein für die damalige Zeit sehr ungewöhnliches Hobby, sie liebte es, zu campen. Bald verbrachte auch Amy viele schöne Wochenenden beim Camping in der Umgebung.

Trotz der angenehmen Seiten des Studentinnenlebens war Amy froh, als sie 1925 mit dem Examen in der Tasche Sheffield verlassen konnte. Optimistisch und naiv, wie sie war, glaubte sie, daß ihr nun alle Türen offen stünden. Das Erwachen aus ihren Tagträumen war bitter. Der einzige Job, den sie finden konnte, war der einer schlecht bezahlten Stenotypistin. »Ich haßte den Job«, erinnerte sie sich später, »ich war schrecklich unglücklich. Mein Steno war nicht gut genug, und ich wagte es nicht, dies zuzugeben ... Mit zitternder Hand kritzelte ich den Text in einer Geschwindigkeit, die weit über das hinaus ging, was ich vom College her kannte. Die Folge war, daß ich meine Schrift nicht lesen konnte und zu meinem Vorgesetzten gehen mußte, um nach den Wörtern zu fragen, die in die zahlreichen leeren Stellen auf meinem Papier gehörten ...«[5]

Nach zwei Monaten bekam sie einen Nervenzusammenbruch und gab die Stelle auf, um für kurze Zeit als »Mädchen für alles« in einer Werbeagentur zu arbeiten. Wegen der schlechten Berufsaussichten in Hull, aber auch wegen der zunehmenden Konflikte mit ihren Eltern entschloß sich Amy, ihr Glück in London zu probieren, obwohl auch dort Arbeitslosigkeit herrschte. Nach längerem Suchen wurde ihr im Mai 1927 eine Stelle in einem Anwaltbüro angeboten, die sie trotz des niedrigen Anfangsgehaltes akzeptierte. In diesem Büro machte Amy eine, wenn auch bescheidene, Karriere als Sekretärin.
Inzwischen war ihre Beziehung zu ihrem Freund, dem Schweizer Kaufmann, in eine Sackgasse geraten. Je mehr Amy, wie ihre erhaltenen Briefe dokumentieren, auf Heirat drängte, desto mehr schien er sich von ihr zurückzuziehen. Seine Besuche in London wurden immer seltener, seine Briefe kühler. 1928 schrieb Amy einen Abschiedsbrief an den Mann, der fast sieben Jahre lang »der wichtigste Faktor« in ihrem Leben gewesen war.
Amy Johnson war 1928 an einem Wendepunkt ihres Lebens angelangt: Sie hatte eine berufliche Position erreicht, die ihr ein sicheres Einkommen, aber wenig Abwechslung und Aufstiegsmöglichkeiten bot. Im privaten Bereich hatte sie eine Enttäuschung erlebt, die aber Kräfte für neue Interessen freisetzte. Amy ließ sich vom Flugfieber, das damals in der Welt grassierte, anstecken. Fliegen schien eine Möglichkeit zu sein, dem Alltag zu entkommen, Individualität zu gewinnen und vielleicht sogar berühmt zu werden.
Zwischen dem Entschluß, Fliegen zu lernen und der ersten Flugstunde lag ein langer Weg. Die erste Flugschule, bei der Amy Erkundigungen einzog, verlangte 5 Pfund für eine Flugstunde, gerade so viel, wie Amy in der Woche verdiente. Viel billiger war die Ausbildung im »Aeroplane Club London«, dem Amy ohne Zögern beitrat. Hier gab es aber für die angehenden Piloten und Pilotinnen eine lange Warteliste, und es dauerte fast ein halbes Jahr, viel zu lange für die ungeduldige Amy, bis sich ihr Traum erfüllte. Am 15. September 1928 erhielt sie ihre erste Lektion — ein Fiasko. Schuld war ihr Helm, der geliehen und viel zu groß war, so daß die eingebauten Kopfhörer an der falschen Stelle saßen. »Als ich in der Luft war«, schrieb sie später, »konnte ich anstelle der Erklärungen nur ein undeutliches Geräusch an meinem Nacken hören. Bei meiner nächsten Lektion hatte ich zwar für einen gut passenden Helm gesorgt,

aber ich hatte unheimliche Angst vor meinem Fluglehrer, der seinen ersten Eindruck, daß ich eine ausgemachte Idiotin war, nie mehr zu revidieren schien.«[6]

Obwohl sich Amy auch in der Folgezeit nicht als begnadete Pilotin erwies und obwohl sich die Ausbildung aufgrund des schlechten Wetters immer wieder verzögerte, gab sie nicht auf: Nach 8 Monaten und rund 15 Flugstunden startete sie am 9.Juni 1929 zu ihrem ersten Alleinflug. Am 6. Juli erwarb sie die Lizenz für Privatpiloten. Als schwierigste Hürde erwiesen sich die Landungen, die Amy nie perfekt beherrschen sollte. Ihre Pilotenkollegen bemerkten später, als Amy längst berühmt war, mit freundlichem Spott: Amy landet nicht, sie kommt an.

Die lange Zeit der Ausbildung nutzte Amy, um die Geheimnisse der Flugtechnik kennenzulernen. Es gelang ihr trotz vieler skeptischer Blikke und einiger offener Zurückweisungen mit den Flugzeugmechanikern Freundschaft zu schließen. Ihr Leiter, »Jack« Humphreys, bewunderte die Neugierde, die Hartnäckigkeit und das Engagement Amys, die auch vor langwierigen, schweren und schmutzigen Tätigkeiten nicht zurückschreckte. In einem Artikel in der Zeitschrift *Air* beschreibt sie »einen Tag als Flugzeugmechaniker«: »Mein nächster Job war es, einen Zylinderkopf zu reinigen. Zwei davon sollten an einem Nachmittag zu schaffen sein, wurde mir gesagt. Meiner sieht allerdings so aus, als müßte man eine Woche daran arbeiten. Es ist Mittag, und ich habe noch keine sichtbare Veränderung auf seiner schwarzen Oberfläche erreicht ... Am Nachmittag kommt ein Journalist, der den weiblichen Mechaniker sehen will. Alle sind erstaunt. Hier ist keine Frau. Ich tauche auf, putze meine schmutzigen Hände an meinem Hosenboden ab und beteilige mich an der Suche. Erst als ich Hände und Gesicht vor dem Nachmittagstee wasche, ist mein Geheimnis gelüftet.«[7]

In ihren Ferien arbeitete sie — natürlich ohne Bezahlung — als »Lehrling« unter Humphreys Anleitung, und spätestens seit diesem Zeitpunkt wurde sie von den Mechanikern, die sie »Johnnie« nannten, geliebt und respektiert.

Im Sommer 1929 fällte Amy Johnson die wichtigste Entscheidung ihres Lebens: Sie wollte Berufspilotin werden. Da die Vorbereitungen auf die dazu notwendige B-Lizenz ihre ganze Kraft und Zeit erforderten, beschloß Amy, ihre Stelle in dem Anwaltsbüro aufzugeben. Ihr Vater war nach längerem Zögern bereit, sie ein halbes Jahr lang finanziell zu

unterstützen. Amy verbrachte nun den ganzen Tag auf dem Flugplatz, sie wartete zusammen mit dem Bodenpersonal die Flugzeuge und büffelte in der übrigen Zeit für ihre Prüfungen. In dem schon erwähnten Artikel bemerkte sie: »Wenn ich das alles nicht freiwillig und umsonst täte, würde ich mich als total überarbeitet, schlecht behandelt, unterernährt und unterbezahlt betrachten.«[8] Amy wollte, wie sie in einem Brief bemerkte, die erste Frau mit der Qualifikation eines Flugzeugmechanikers werden, und sie verwirklichte ihr Vorhaben im Dezember 1929 trotz einiger Hindernisse, die ihr wegen ihres Geschlechts in den Weg gelegt worden waren.
Inzwischen wurde die Frage, wie Amy sich eine Position im Flugwesen erobern könnte, immer drängender. Als ihr Plan, einen neuen Flugzeugtyp zu testen, scheiterte, kam sie auf die Idee, einen aufsehenerregenden Langstreckenflug durchzuführen. Als Ziel kam eigentlich nur Australien in Frage. Afrika war zwar »exotisch«, aber bereits mehrfach von Pilotinnen überflogen worden. Für einen Flug über den Atlantik waren nicht nur überdurchschnittliche Navigationskenntnisse, sondern auch eine aufwendige Flugausrüstung erforderlich. Blieb nur Australien, obwohl auch ein Flug England-Australien keine Pionierleistung mehr darstellte. Immerhin hatte noch keine Frau diese Route gewählt, und es galt überdies, einen Rekord — fünfzehneinhalb Tage — zu überbieten.
In ihrem naiven Optimismus war Amy Johnson von der Durchführbarkeit ihrer Idee überzeugt, obwohl sie sehr bald merkte, daß sich die Finanzierung des Fluges alles andere als einfach gestaltete. Ihr Versuch, die Presse für ihr Vorhaben zu interessieren, war nicht sehr erfolgreich; zu viele unbekannte Piloten hatten schon versucht, durch spektakuläre, aber undurchführbare Projekte berühmt zu werden. Amys Hartnäckigkeit und ihrem Stolz war es zu verdanken, daß sie nicht aufgab. Sie schrieb Bettelbriefe an alle möglichen hochgestellten Persönlichkeiten und geriet an Sefton Brancker, den Direktor der Zivilluftfahrt, der sie wiederum an Lord Wakefield, einen Ölmagnaten, empfahl. Dieser erklärte sich bereit, einen Teil der Kosten zu übernehmen. Nachdem ihr Vater ebenfalls eine größere Summe zur Verfügung gestellt hatte, konnte Amy drei Wochen vor dem geplanten Start endlich mit den konkreten Vorbereitungen beginnen. Als erstes kaufte sie eine gebrauchte »Gipsy Moth«, ein kleines Sportflugzeug mit einem offenen Cockpit, das sie grün — in ihrer damaligen Lieblingsfarbe — anstreichen ließ. Sie taufte

Am Start zum England – Australien Flug

ihre Maschine »Jason«. Jason war ein griechischer Held, der auszog, das Goldene Vlies zu suchen. Mit dieser Namensgebung bewies Amy nicht nur einen Hang zur Politik, sondern auch Dankbarkeit ihrem Vater gegenüber, denn »Jason« war das Warenzeichen seiner Firma. Die Zeit vor ihrem Abflug war hektisch: Ausrüstung und Kartenmaterial mußten besorgt, Landegenehmigungen eingeholt und die Treibstoffversorgung organisiert werden. Amy hatte sich nach dem Studium der Landkarte für eine ganz neue Route entschieden; sie wollte in fast gerader Linie von London bis zum Persischen Golf fliegen. Ihre Vorgänger hatten dagegen einen Umweg in Kauf genommen, um die Balkanländer mit ihrem ineffektiven Bürokratismus zu vermeiden.
Am frühen Morgen des 5. Mai 1930 begann auf dem Londoner Flughafen Croydon für Amy das große Abenteuer. Fast unbeachtet von der Presse startete sie mit dem randvoll getankten Flugzeug, das zunächst am Boden zu kleben schien und sich nur unwillig in die Luft erhob, zu ihrer ersten Etappe auf ihrem Flug zu dem 11 000 Meilen entfernten Australien. Amy war bodenlos leichtsinnig und vorsichtig zugleich. Außer

ihren Fertigkeiten als Mechanikerin verfügte sie nur über wenige Voraussetzungen für einen derartig gefährlichen Flug. Sie war zum Beispiel noch nie weiter als von London nach Hull, das sind 150 Meilen, geflogen. Ihre Vorstellungen von den Völkern und Ländern, mit denen sie in Berührung kommen sollte, waren von Märchen und Abenteuerfilmen geprägt. Sie selbst bekannte in der Retrospektive: »Mir waren haarsträubende Geschichten über die grausamen Banditen in den Gebirgsregionen der Türkei und des Irak, über die wilden Tiere in den Wüsten und Urwäldern, über die Kannibalen auf den abgelegenen Inseln Ost-Indiens und die Haie im Indischen Ozean erzählt worden.«[9]
Amy, die seit je her eine lebhafte Phantasie besaß, war trotz ihrer Angst fasziniert. Sie besaß neben Phantasie und Naivität aber durchaus auch eine praktische Veranlagung und hatte für eine gute Ausrüstung und eine völlige Überholung ihrer Maschine gesorgt. Für Notfälle führte sie zahlreiche Ersatzteile und Werkzeuge, eine Notapotheke und einen Revolver, ein Moskitonetz und einen Tropenhelm sowie einen Fallschirm mit.
Die ersten beiden Tage verliefen ohne Zwischenfälle, und Amy Johnson landete planmäßig am 6. Mai in Istanbul, wo sie ihre ersten Erfahrungen mit der Umständlichkeit der türkischen Behörden machte. Auf der nächsten Etappe von Istanbul nach Aleppo war das Taurusgebirge, dessen Gipfel bis 3600 Meter hoch sind, zu überwinden. Amy hatte Pech mit dem Wetter, entschied sich aber trotz der Wolken, weiter zu fliegen. Sie versuchte, an Höhe zu gewinnen, doch es gelang ihr nicht, mit dem vollbeladenen Flugzeug die Wolkendecke zu durchbrechen. Sie beschloß daher, den Tälern und der Eisenbahnlinie zu folgen. Auch das war, wie sie später erzählte, nicht einfach: »Die Eisenbahnlinie führt weite Strecken durch Tunnels und es ist sehr schwierig, sie nicht zu verlieren ... Ich hatte ein schreckliches Erlebnis, als ich meinen Weg durch eine außergewöhnlich enge Schlucht suchte. Auf beiden Seiten waren die fast senkrecht hochragenden Felsen nur wenige Meter von meinen Flügeln entfernt. Ich flog um eine Bergflanke und geriet plötzlich in eine dichte tiefliegende Wolkenbank. Eine schreckliche Minute lang konnte ich überhaupt nichts mehr sehen. Verzweifelt drückte ich die Nase meiner Maschine nach unten, um aus den Wolken heraus zu kommen. Nach einer halben Minute, die mir wie eine Ewigkeit vorkam, flog ich in Schräglage und mit hoher Geschwindigkeit aus der Wolke heraus. Ich

raste geradewegs auf eine Felswand zu.«[10] Es gelang Amy im letzten Augenblick ihr Flugzeug gerade zu richten und an dem Hindernis vorbei zu steuern. Nach ihrer Ankunft in Aleppo kümmerte sich Amy wie nach allen Landungen zuerst um ihre Maschine, die täglich in etwa dreistündiger Arbeit gewartet werden mußte. Erst dann hatte sie Zeit, die für sie völlig unbekannte Umgebung zu genießen. Zum ersten Mal hatte sie das Gefühl, auf dem Weg zu großen Abenteuern zu sein; zum ersten Mal begegnete sie »echten Scheichs aus der Wüste«, die aber ihren romantischen Vorstellungen nicht im geringsten entsprachen.
Auch der nächste Tag brachte eine gefährliche Überraschung. In der Nähe von Bagdad, dem Tagesziel, geriet Amy in einen Sandsturm, der das winzige Flugzeug wie einen Spielball durch die Luft wirbelte. Der Sand drohte den Motor abzuwürgen, Sand bedeckte ihre Brille und nahm ihr die Sicht. Niemals in ihrem ganzen Leben hatte sie so viel Angst gehabt. Amy nahm die einzige Chance, die sie noch hatte, wahr, sie landete in der Wüste. Zunächst hatte sie alle Hände voll zu tun, um ihr Flugzeug, das der Sturm immer wieder umzuwerfen drohte, zu sichern und den Motor vor dem Staub und Sand zu schützen. Nachdem es ihr nach einer halben Stunde harter Arbeit gelungen war, die Abdeckplane zu befestigen, setzte sie sich auf ihre Maschine und wartete, den Revolver in der Hand, auf das Abflauen des Sturmes. Sie hatte Hundegebell gehört und befürchtete, daß Wüstenhunde sie angreifen und in Stücke reißen könnten. Amy hatte Glück, der Sturm ließ nach, ihr Motor sprang sofort an, und sie fand ihren Weg nach Bagdad, wo sie nur wenig später landete. Dort wurde sie vom Manager der englischen Fluggesellschaft Imperial Airways empfangen, der ihr alle Sorgen, die Wartung und Reparatur des bei der Notlandung leicht beschädigten Flugzeugs, abnahm. Am sechsten Tag erreichte Amy Johnson Karachi; sie hatte damit die bisher beste Flugzeit von England nach Indien um 2 Tage unterboten. Das war eine Sensation, die die Presse in der ganzen Welt begierig aufgriff. Alle Welt verfolgte von jetzt an mit großer Spannung die Abenteuer der »fliegenden Sekretärin«, die noch die zweite und gefährlichere Hälfte ihrer Reise zu bewältigen hatte.
Das Pech begann am 7. Tag. In Jhansi brach bei der Landung ein Flügel, der aber repariert werden konnte. Der Monsun setzte mit heftigen Regenschauern ein, gerade als die Strecke über endlose Dschungelgebiete ohne Orientierungspunkte und Notlandemöglichkeiten führte. In Rangun

landete Amy bei strömendem Regen aus Versehen auf dem Sportplatz eines polytechnischen Instituts, und »Jason«, der wie die meisten Leichtflugzeuge keine Bremsen hatte, wurde gewaltsam durch einen Graben gestoppt und stark beschädigt. Dies war zu viel, Amy war verzweifelt; ihr ehrgeiziges Vorhaben schien gescheitert zu sein.
Aber am nächsten Morgen sah alles schon wieder ganz anders aus. Die Lehrer und Schüler des Instituts halfen Amy bei der Reparatur. Sie schweißten die gebrochenen Metallteile, fertigten neue Flügelrippen an und nähten aus Männerhemden eine neue Bespannung für den Flügel. Amy ersetzte den beschädigten Propeller — sie hatte glücklicherweise einen Reservepropeller mitgenommen — und reinigte den stark verschmutzten Motor.
Am Freitag, den 16. Mai, konnte die »einsame Pilotin« ihren Flug fortsetzen. Trotz einiger Orientierungsschwierigkeiten erreichte sie am selben Tag Bangkok. Auch am folgenden Tag regnete es in Strömen, und Amy verlor die Orientierung. Erst am Nachmittag erreichte sie die Küste, der sie auf der Strecke nach Singapur folgen wollte. Wegen der fortgeschrittenen Zeit entschloß sie sich, in Singora zu landen, obwohl sie dort auf keine Unterstützung bei den Wartungsarbeiten rechnen konnte. Sie beschrieb ihre Erfahrungen in Singora später folgendermaßen:
»Es war dies das erste Mal, daß überhaupt niemand da war, der mir Werkzeug zureichen oder Schrauben lockern konnte. Ich merkte, daß ich nicht genug Kraft hatte, um die Schrauben, die aufgemacht werden mußten, aufzudrehen. Es gab einen Siamesen, der Englisch sprach ... und ich bat ihn, einen starken Mann zu holen. Ein Siamese wurde von der Menge, die das Flugzeug umlagerte, nach vorne geschoben. Sobald er eine Schraube gelockert hatte, rannte er verschämt schnell wieder weg, so daß ich, wenn ich ihn wieder brauchte, suchend umher blickte und nach dem starken Mann fragte. Dies passierte so oft, daß die Menge diese beiden Worte lernte und, immer wenn ich aufsah, zum großen Vergnügen aller gemeinsam rief: 'Starker Mann, starker Mann' ... Obwohl ich schwitzte und müde war, konnte ich nicht anders, ich mußte mit ihnen lachen.«[11]
Am Sonntag, den 18. Mai, wurde Amy Johnson von einer großen Menge von begeisterten Menschen, darunter vielen Europäern, in Singapur empfangen. Die Damen hatten sich fein gemacht, um die englische Pilotin zu sehen, die in Männershorts, ölverdreckten derben Schuhen und

einer Drillichjacke so gar nicht damenhaft wirkte. Obwohl Amy Johnson völlig erschöpft war und nur noch davon träumte, möglichst lange schlafen zu können, brach sie schon am nächsten Morgen nach Surabaya auf. Wieder machte ihr das Wetter einen Strich durch die Rechnung. Über dem Meer geriet sie in eine Wolkenwand; plötzlich war es gleich dunkel in jeder Richtung. »Ich konnte nicht weiterfliegen, aber auch nicht umkehren oder stehenbleiben, ich kreiste und kreiste. Ich hatte furchtbare Angst, denn ich wußte, daß Tausende hungriger Haie auf mich warteten ...«[12] Als sie endlich wieder über Festland flog, war es viel zu spät, um Surabaya noch zu erreichen. Nach langem Suchen fand die junge Pilotin schließlich einen ebenen Platz, auf dem sie die Maschine aufsetzte. Wieder raste sie auf einen Graben zu, und die Katastrophe schien unvermeidbar, da stoppte das Flugzeug in erstaunlich kurzer Zeit. Im Boden steckten spitze Bambusstangen, die die Flügelbespannung aufgeschlitzt und dabei wie eine Bremse gewirkt hatten. Amy flickte die Flügelbespannung mit Heftpflaster.

In Surabaya konnte sich Amy einen Tag ausruhen, weil der Motor ihres Flugzeugs repariert werden mußte. Sie schrieb an ihre Eltern: »Ich bin sehr müde und ein bißchen entmutigt, weil alles schief zu gehen scheint. Trotzdem, in vieler Hinsicht hatte ich unheimliches Glück und, obwohl ich nicht religiös bin, glaube ich doch, daß ich einen Schutzengel hatte ...«[13]

Auch die nächste Etappe endete nicht wie geplant. Die Pilotin konnte den Flugplatz von Atamboea nicht finden und mußte mit dem letzten Tropfen Benzin auf einer von riesigen Ameisenhaufen übersäten Wiese landen. Es war ein Wunder, daß das Flugzeug beim Aufsetzen und Ausrollen nicht beschädigt wurde. Kaum hatte sich Amy von ihrem Schrekken erholt, da sah sie schon neues Unheil: Eine Gruppe laut schreiender Eingeborener mit fliegenden Haaren und Messern in den Händen oder zwischen ihren rotgefärbten Zähnen rannte auf die Maschine zu. Amy zog den Revolver, doch ihre Angst war unberechtigt. Die Leute erwiesen sich als sehr freundlich und führten sie durch die Dunkelheit zu einer Missionsstation.

Am nächsten Tag war das ganze Dorf damit beschäftigt, die Ameisenhaufen einzuebnen. Trotzdem war die Startbahn ungeeignet; sie war sehr kurz, und sah die Pilotin hatte Mühe, ihre Maschine in die Luft zu bringen. In Atamboea überholte sie den Motor gründlich, um für die gefährlich-

ste Etappe gerüstet zu sein, die 800 km lange Strecke über das Meer von Timor nach Darwin, ihrem Ziel.
Am 24. Mai startete Amy Johnson zu dem anstrengenden siebenstündigen Flug über einen Ozean voller Haie. Nicht nur die Haifische, sondern auch das Wetter und das Stottern des Motors machten ihr Sorgen. Minuten dehnten sich zu Stunden, die Zeit schien nicht vergehen zu wollen, als sie endlich in der Ferne eine dunkle Wolke erblickte, die sich als Melville Island entpuppte. Eine halbe Stunde später landete Amy Johnson in Australien. Sie war als erste Frau von England nach Australien geflogen, hatte allerdings Bert Hinklers Rekord um vier Tage verfehlt.
Dieser Flug brachte der »fliegenden Sekretärin« die Bewunderung der Massen, nicht aber eine Anerkennung als ernsthafte Pilotin ein. Immerhin hatte sie nun genügend Geld und ein eigenes Flugzeug für einen weiteren Langstreckenflug, der eher eine Flucht aus einem für Amy unerträglichen Alltag darstellte. Die Idee, mitten im Winter in einem offenen Flugzeug allein über Sibirien nach China zu fliegen, war von vornherein zum Scheitern verurteilt. Sie kam nur bis nach Warschau, wo sie bei einer Bruchlandung ihre neue Gipsy Moth, »Jason III«, ernsthaft beschädigte. Im Sommer 1931 unternahm sie einen Langstreckenflug von London nach Tokio, auf dem sie Jack Humphreys, ihr ehemaliger Ausbilder, begleitete. Obwohl sie für die 16 000 km lange Strecke nur 10 Tage brauchten und damit einen neuen Rekord für Leichtflugzeuge aufstellten, nahm die Presse relativ wenig Notiz von dieser Flugleistung. Die Schlagzeilen waren reserviert für einen unbekannten Piloten, Jim Mollison, der den Flug von Australien nach England in 9 Tagen geschafft hatte.
Ein Jahr später waren Amy Johnson und Jim Mollison verheiratet. Sie hatten sich zufällig in Südafrika getroffen, als Amy sich auf einer Kreuzfahrt nach einer Operation erholte, und Jim Kapstadt im Flugzeug in einer Rekordzeit von 4 Tagen und 17 Stunden erreicht hatte. Nach Amys Rückkehr nach England lud Jim Mollison sie zum Mittagessen in ein elegantes Restaurant ein und machte ihr einen Heiratsantrag. Amy willigte ein, obwohl sie ihren künftigen Ehemann so gut wie überhaupt nicht kannte. Presse und Öffentlichkeit waren begeistert, die romantische Affäre des »fliegenden Liebespaares« war in aller Munde. Für Amy war die Ehe ein Desaster. Jim war extravagant und verschwenderisch, liebte den Alkohol und die Frauen und war nicht bereit, sein Leben seiner

Frau zuliebe zu ändern. Amy versuchte zunächst, sich dem Lebensstil ihres Partners anzupassen; sie verwandelte sich von einer burschikosen, natürlichen jungen Frau in eine elegante Dame. Im Bereich des Fliegens entwickelte sich ihre Ehe schon bald zu einem Konkurrenzkampf. Jim gelang schon einen Monat nach der Heirat ein Transatlantikflug, der erste Alleinflug in Ost-Westrichtung, der gleichzeitig ein Dauerrekord für Leichtflugzeuge war. Amy brach Ende 1932 den Rekord England-Kapstadt, den ihr Ehemann einige Monate früher aufgestellt hatte. Im Februar 1933 flog Jim ebenfalls in Rekordzeit, in 3 Tagen und 10 Stunden, von England über Westafrika nach Südamerika.

Das nächste Projekt war der gemeinsame Versuch des »fliegenden Liebespaares«, in einer zweimotorigen »De-Havilland-Dragon« den Streckenweltrekord zu brechen. Sie planten im Juni 1933, zunächst von London nach New York und von dort nach Bangkok zu fliegen, ein ehrgeiziges Vorhaben, das unter keinem guten Stern stand. Schon beim ersten Startversuch wurde das Flugzeug beschädigt, und der Flug mußte verschoben werden. Beim zweiten Versuch kamen Amy und ihr Partner zwar nach Amerika, aber nicht nach New York, das Jim unbedingt Non-Stop erreichen wollte. Als ihr Benzin zur Neige ging, mußten sie auf einem kleinen Flugplatz in Bridgeport notlanden. Das schwere Flugzeug schoß über die Landebahn hinaus und überschlug sich in einem Sumpf. Jim und Amy kamen mit leichten Verletzungen davon; das Flugzeug wurde völlig zerstört.

Auch der letzte gemeinsame Flug der Mollisons wurde ein Fiasko. Das Paar beteiligte sich an dem England-Australien-Wettflug, verlor die Orientierung und mußte mit einem Motorschaden in Allhabad aufgeben. Gerüchte besagten, daß die Alkoholsucht Jims, der auch während seiner Flüge kräftig dem Brandy zusprach, nicht unerheblich zu den Fehlschlägen der Mollisons beigetragen habe.

1935 begannen sich die Wege des »fliegenden Liebespaares« zu trennen. Amy kehrte nach London zurück und versuchte, ihr Leben neu zu ordnen. Sie wünschte sich sehnsüchtig einen Job im Flugwesen, hatte tausend Pläne, die sich aber alle trotz ihrer Berühmtheit als undurchführbar erwiesen. Nach einem letzten großen Erfolg, einem Flug von London nach Kapstadt und zurück 1936, wurde es ruhiger um Amy Johnson. Sie zog sich aufs Land zurück, wo sie Artikel schrieb und sich einem neuen Sport, dem Segelfliegen, verschrieb. Obwohl sie immer noch

verzweifelt Arbeit als Fliegerin suchte, schien sie entspannt und glücklich zu sein.
Ihr Wunsch nach einer Tätigkeit als Berufspilotin ging schließlich doch noch in Erfüllung. Sie trat 1939 der Frauensektion der ATA, einer Abteilung des britischen Luftfahrttransportkommandos, bei. Dort hatte sie wie die rund 100 anderen Pilotinnen die Aufgabe, Flugzeuge zu ihren Einsatzflughäfen zu überführen. Zunächst hatte es die stolze Amy Johnson große Überwindung gekostet, nur ein kleines Rädchen im Getriebe zu sein. Bald gewöhnte sie sich an die Situation, die es ihr immerhin ermöglichte, zu fliegen. Bei ihren Kolleginnen war sie beliebt, weil sie ihre Aufgaben ohne großes Aufsehen und sehr zuverlässig erledigte.

Am 7. Januar 1941 war Amy Johnson überfällig. Am gleichen Tag — es war bitter kalt und stürmisch — sah die Besatzung eines britischen Fischdampfers, wie ein Flugzeug in die Themse stürzte. Gleichzeitig glitt ein Fallschirmspringer aus den Wolken und landete im Wasser. Die Seeleute versuchten vergeblich, die im Wasser treibende Gestalt, eine Frau, zu retten. Angeblich schwamm dort noch eine zweite Person in der Themse; auch sie ging unter, bevor sie der Kapitän des Schiffes, der bei diesem Rettungsversuch sein Leben verlor, erreichen konnte. Da die an der Absturzstelle schwimmenden Taschen Amy Johnson gehörten, war man ziemlich sicher, daß sie am Fallschirm hängend ertrunken war. Viele andere Fragen blieben ungeklärt: Gab es einen Passagier? Was hatte Amy Johnson 150 km von ihrem Kurs entfernt zu suchen? Hatte sie im dichten Nebel die Orientierung verloren? Legenden entstanden, die den Namen Amy Johnson zum letzten Mal in die Schlagzeilen der Weltpresse brachten.
Alison King, eine Kollegin aus der ATA, meinte zu Amy Johnson: »Der Ruhm brachte ihr kein Glück, der Reichtum keinen Frieden.«[14] Ihre Erfolge hatte sie teuer erkauft. Trotz ihrer Hartnäckigkeit und ihres Optimismus erreichte sie das, was sie sich im privaten und im beruflichen Bereich am meisten gewünscht hatte, nicht. Die treibende Kraft für ihre Karriere als Pilotin war sicherlich persönlicher Ehrgeiz, das Streben, etwas ganz Besonderes und Spektakuläres zu leisten. Die Tatsache, daß sie mit vielfältigen Widerständen konfrontiert wurde, weil sie als Frau in eine Domäne der Männer eingedrungen war, spornte sie an, sich für die Gleichstellung von Pilotinnen und Piloten einzusetzen. 1940 schrieb

sie an ihren Vater: »Was für eine Absurdität, dieses schreckliche Vorurteil, daß Frauen keine Kampfflugzeuge von einem zum anderen Flughafen überführen könnten. Ich versuche hier eine Kampagne zu starten, damit Frauen den gleichen Lohn wie Männer für die gleiche Arbeit bekommen ...«[15]

Ich flog über Afrika

Lassen Sie sich von mir in Ihrem bequemen Sessel auf der Kairo-Route fliegen. Schließen Sie die Augen und starten Sie in Gedanken mit mir zu einem Flug von Kapstadt nach Croydon/London. Es ist Sonntagabend, der 10. Mai 1936, 22 Uhr 30. Auf dem schönen, technisch vorzüglich ausgestatteten Flugplatz von Kapstadt drängen sich die Menschen, die gekommen sind, um unseren Abflug nach England zu beobachten. Das kleine Flugzeug ist der Mittelpunkt einer Lichterflut. Rote Grenzlichtbaken flimmern entlang der Rollbahnen, die sich von dem Kreis in der Mitte ausbreiten wie die Speichen eines Rades. Eine Kapstadter Zeitung beschrieb die Szenerie: »Aufregender und dramatischer als alles, was Filmleute bislang in Szene gesetzt haben, war Amy Johnsons Abflug in den Norden am Sonntagabend. Das einzelne Flugzeug, der Hangar mit seinem starken, ein rotierendes Lichtband werfenden Scheinwerfer, die schwarz sich wölbende Nacht, das weite schwarze Buschland und die schweigende Menge.« Ein Flugplatz bei Nacht gehörte für mich immer zu den romantischsten, dramatischsten Anblicken der Welt, und Kapstadt besitzt einen der schönsten, die ich je gesehen habe.
Johannesburg ist unser erster Halt. Leider sehen wir außer Tausenden von blinkenden Lichtern nichts davon, als wir Montagmorgen um 4 Uhr landen. Wir haben das Hex-River-Gebirge und wogendes Buschland bei nahezu vollkommenem Wetter überflogen, mit dem rotierenden Leuchtfeuer am Flugplatz von Kimberley als Wegweiser, das aus 130 Meilen Entfernung sichtbar war. Der Flughafen von Johannesburg ist riesig, so gigantisch, daß unser Start mit voller Fracht nicht zu der haarsträubenden Angelegenheit wurde, die er in 6000 Fuß Höhe hätte sein können, wo die Luft dünner ist als auf Meereshöhe, so daß der Propeller nicht so gut »greift«. Unser Aufenthalt auf dem Flughafen war sehr kurz, nur

um aufzutanken, eine Tasse schwarzen Kaffee zu trinken und die Karten für unseren Flug über Afrika mitzunehmen.
Wir befinden uns nun im zweiten Abschnitt, auf dem Weg nach Salisbury, 625 Meilen entfernt. Es ist noch dunkel, und dichter Nebel verdeckt den Mond. Wir steigen höher und höher, und der Nebel unter uns verdichtet sich immer mehr, bis das Land unter uns eingehüllt ist. Der Wetterbericht verkündet Südostwind, den ich einkalkuliere, denn wie es aussieht, werde ich mehrere Stunden fliegen, ohne Orientierungspunkte ausmachen zu können. Wir haben keinen Funk. Auf diesen Luxus muß man in einem kleinen, schwer beladenen Leichtflugzeug häufig verzichten. Nach fünfstündigem Flug, dieweil der heraufdämmernde Morgen das ununterbrochene Wolkenmeer unter uns erhellt hat, werde ich etwas unruhig, da Salisbury nicht mehr weit sein dürfte. Wir haben nichts von dem überflogenen Gebiet gesehen, erfahren jedoch später, daß es sehr reizvoll, aber einsam ist – Buschland mit zahlreichen Flüssen, niedrigen Hügelkämmen und vielfältigem Gesträuch.
Als die Sonne am strahlendblauen afrikanischen Himmel höher steigt, brechen schließlich unter uns die Wolken — in Wirklichkeit dichter Nebel — auf, und wir sichten eine malerische Stadt mit einem Flugplatz an der Peripherie. Als wir landen, um uns zu erkundigen, wo wir sind, stellen wir fest, daß wir durch einen starken Westwind vom Kurs abgetrieben wurden und in Umtali gelandet sind, einem Ort, den ich gerne einmal besichtigen möchte; denn seit ich dort landete, bekam ich so viele Bilder von seinen Schönheiten geschickt, daß ich den Wunsch verspürte, zurückzukehren, auch wenn ich mich auf einem Rekordflug befand.
Wir stellen fest, daß uns nur wenige Meilen von Salisbury trennen, und binnen kurzem sind wir dort und genießen die Gastlichkeit des berühmten Rhodesien.
Von Salisbury nach M'pika geht es über eine schöne Landschaft, aber wie so oft in diesem Erdteil wird das Wetter seiner Umgebung nicht gerecht. Stürme kommen auf, und M'pika, »ein Punkt mit Position, doch ohne Größe«, ist fast unmöglich zu finden, da es in einem Hunderte von Meilen umfassenden Wildreservat versteckt liegt — Dschungelgebiet, wo es von wilden Tieren wimmelt. Wir bekommen jedoch keine zu sehen, da wir zu sehr damit beschäftigt sind, M'pika im Herzen des Löwenlandes zu finden, bevor es dunkel wird. Als wir es endlich gefunden haben, heißt uns das halbe Dutzend Menschen, die das einsame Rast-

haus bewohnen, willkommen, und wir werden behaglich untergebracht. Wir genießen einige Stunden erquickenden Schlaf, bevor wir am nächsten Tag kurz vor der Morgendämmerung aufbrechen.
Wir sind jetzt unterwegs nach Juba, das berühmt wurde mit den Geschichten von Löwen, die nachts durch die Hauptstraßen streifen sollen, aber heute mit einem erstklassigen modernen Hotel zur Bequemlichkeit der Flugpassagiere aufwartet. Unser eintägiger Nonstopflug besteht darin, daß wir uns durch unangenehme magnetische Stürme hindurchwinden, wobei uns gigantische Wolken gleichsam verspotten, wenn wir versuchen, ihren zupackenden Klauen zu entkommen. Das Land unter uns ist so interessant, daß wir versucht sind zu landen, um es zu erkunden. Hunderte von Meilen flache, wogende Ebene, hier und da durchsetzt mit malerischen Eingeborenenkrals, wo gewundene Fußpfade von einem zum anderen führen. Wir sichten zahllose Herden wilder Tiere, die schleunigst davonrennen, als unsere lärmende Maschine in ihren Frieden und ihre Abgeschiedenheit eindringt.
Als nächstes sehen wir verschwommen in der Ferne den 19.710 Fuß hohen Kilimandscharo, der über Nairobi wacht, einer Stadt, die ich sehr gerne besichtigen würde. Aber wir können auf diesem Flug die Zeit nicht erübrigen. Wir fliegen zögernd vorüber und setzen unseren Weg über dichtes, mit riesigen vulkanischen Kratern gesprenkeltes Waldgebiet fort, über das Große Rifttal, wo es von Millionen wilder Tiere wimmelt, quer über den Äquator, über die weite Fläche des Viktoriasees, an Kisumu vorbei, dem Zwischenhalt von Imperial Airways. Hier durcheilen wir Gewitter, welche das abgelegene Dschungel- und Sumpfgebiet heimsuchen, das uns noch von Juba trennt — nichts, wo man landen könnte, sollte unser einziger Motor versagen und uns zu einer unangenehm nahen Berührung mit den Rhinozerossen verdammen, die ungestört unter uns umherziehen, und mit den Krokodilen, die man zu Hunderten zählen kann. Glücklicherweise bleibt uns dieses Schicksal erspart, und wir erreichen Juba, um uns des wohlverdienten Schlafes zu erfreuen, bevor wir am nächsten Tag die Reise nach Khartum antreten.
Bei Juba ist der wunderbare Nil zu sehen, der unser Führer nach Kairo sein wird. Obwohl wir diesem Silberband folgen können, ist der Weg nicht leicht zu finden, da wir den Fluß aufgrund seiner zahlreichen Windungen so oft im Flug kreuzen, bis wir ganz verwirrt sind.

Es gilt den tückischen Sudd zu überqueren, sodann das Grasland von Giraffe und Elefant. Wir fliegen so tief, wie wir es wagen, und verkürzen uns die Monotonie der langen Stunden in der Luft, indem wir versuchen, die Tiere ausfindig zu machen, stellen jedoch fest, daß sie dank ihrer Tarnung in ihrer natürlichen Umgebung unmöglich zu erkennen sind. Allmählich geht der Dschungel in schwarze, mit Baumwolle bestandene Erde über, wird dann zu spärlichem Buschwerk, bis schließlich nur noch Sand und nackte Felsen bleiben. Dann folgen 2000 Meilen dürre braune Wüste, durch die sich der Nil schlängelt. Die Hitze ist so schrecklich, daß das Fliegen tagsüber sehr beschwerlich wird, es sei denn, wir steigen hoch, und bei Nacht ist der Mond von einem dichten, sandigen Dunst verhüllt.

In Khartum, wo wir um die Tagesmitte zum Auftanken landen, ist es sengend heiß, und wir sind froh, wieder in die Luft zu gehen, wo wir in eine erträgliche kühle Atmosphäre steigen können. Das ist einer der großen Vorzüge des Flugzeugs, und ich nutze ihn immer weidlich aus. Von Khartum nach Kairo geht es über dasselbe konturlose Wüstengebiet, aber als wir uns Kairo nähern, passieren wir bebaute Felder am Unternil und historische Stätten wie Luxor und die Pyramiden. Im Sudan geraten wir in einen grimmigen Sandsturm, aber ich habe gelernt, darüber hinweg zu fliegen, und wir kommen sicher heraus. Wir erreichen Kairo nach dem Dunkelwerden, noch bevor der Mond aufgeht, aber der Flugplatz bei Almaza ist in helles Flutlicht getaucht, und wir landen ohne Schwierigkeiten.

Vor uns liegen noch 2200 Meilen bis Croydon, und ich plane optimistisch, die Strecke an einem Tag zurückzulegen, mit einem Halt in Athen zum Auftanken. Wir verlassen Kairo vor Tagesanbruch, überqueren das Mittelmeer und trudeln in einen 40 mph starken Gegenwind. Unsere große Besorgnis wegen unserer verspäteten Ankunft in Athen läßt uns keine Zeit, die legendäre Schönheit dieser Stadt zu bewundern, und nach einer mit Auftanken verbrachten halben Stunde kämpfen wir uns voran. Es ist buchstäblich ein Schieben im Gegenwind, der mit jeder Meile, die wir ihm abtrotzen, an Stärke zuzunehmen scheint. Wir überqueren eine Bergkette nach der anderen, werden am wolkenverhangenen Himmel hin- und hergeworfen und nehmen den kürzesten Weg durch Europa, um London möglichst noch am Abend zu erreichen. Schließlich müssen wir den ungleichen Kampf aufgeben. Wolkenmassen verhüllen die Gipfel der österreichischen Alpen, erstrecken sich entlang unserer Route und machen unsere Hoffnung, an diesem Tag heimzukommen, gründlich zunichte. Wir halten es für zu gefährlich, durch die Wolken zu steigen und das Risiko einzugehen, *en route* einen Berghang zu streifen, deshalb versuche ich, mir einen Weg unten durch die Täler zu bahnen, den mir jedoch strömender Regen und verirrte Wolkenfetzen versperren. Geschlagen landen wir in Graz und genießen die österreichische Gastfreundschaft, deren Herzlichkeit uns in nicht geringem Maße für unsere bittere Enttäuschung entschädigt. Am nächsten Tag setzen wir unseren Weg durch die »Luftroute« Europas fort, bis zu unserer letzten Landung in Croydon.

*

Wie viele Menschen stellen sich unter der Sahara nur eine ebene Sandfläche vor wie einen riesigen, ausgedehnten Meeresstrand. Lassen Sie mich versuchen, ein Bild von diesem trockenen, unermeßlich weiten Landstrich zu zeichnen, der eine überaus unterschiedliche, ungleichmäßige Oberflächenstruktur aufweist, bestehend aus Sand und Steinen, Bergen und ausgetrockneten Flußbetten, auf welche die unbarmherzige Sonne von einem Himmel scheint, der zuweilen strahlendblau, meistens jedoch von wirbelnden Sand- und Staubwolken getrübt ist.
Stellen Sie sich vor, Sie starten bei Tagesanbruch von Colomb Béchar, dem französischen Militärflugplatz am Fuße des Atlasgebirges, um 1155 Meilen nach Gao am Niger zu fliegen — vom Norden bis zum Süden der Sahara.
Wenn der Morgen heraufdämmert, bietet sich Ihnen ein Anblick von solcher Schönheit, daß es Ihnen schwerfällt, sich auf so prosaische Tätigkeiten wie das Auftanken Ihres Flugzeugs und die Startvorbereitungen zu konzentrieren. Die strahlenden Sterne am schwarzen Samthimmel sind sachte verblaßt und haben den ersten Platz ehrerbietig dem Glanz der aufgehenden Sonne überlassen. Wohl wissend, daß unsere armen Augen den plötzlichen Anblick der afrikanischen Sonne in ihrer ganzen Pracht nicht ertragen könnten, sendet sie zunächst matte perlgraue Warnstrahlen aus, die sie alsbald zitronengelb tönt, dann hellrosa und blaßgold, das immer kräftiger und intensiver wird, bis sie plötzlich, als verlöre sie die Geduld, mit blendendem Glanz über die unachtsame Welt hereinbricht.

Sie atmen die trockene, belebende Luft und springen an Bord Ihrer Maschine. Es drängt Sie, in den hellblauen Himmel aufzusteigen; schon hat Sie die Faszination der Wüste gepackt.
Zuerst überfliegen Sie den Oasengürtel. Winzige Gruppen von Lehmhütten, die weißlich in der glühenden Sonne schimmern, schmiegen sich zwischen hoch aufragende grüne Palmenhaine. Der Grund dazwischen ist teils steinig und felsig, vielfach mit einem dünnen Sandfilm bedeckt. Südlich der Oase Tarhit, meiner Meinung nach die schönste von allen, erstrecken sich Sanddünen über dreihundert Meilen, eine riesige Woge nach der anderen, als hätte ein Gott seinen Arm über ein unruhiges Meer gebreitet und seine Wellen zu Stein erstarren lassen.
Diese Sanddünen sind nicht in ständiger Bewegung, wie die Leute manchmal annehmen. Nur der Sand an der Oberfläche ist unter dem Einfluß des Windes unentwegt im Wechsel begriffen. Ihre topographische Lage ist so dauerhaft, daß einige von den höchsten Dünen sogar Namen haben, und die bekannten Geschichten von Karawanen und Armeen, die von Sandwehen verschluckt wurden, müssen, ausgenommen vielleicht wenige Einzelfälle in der lybischen Wüste, als reine Phantasie betrachtet werden.
Aus der Luft sehen die Dünen genauso aus wie eine kabbelige gelbe See, und die Monotonie der Szenerie wird bald unerträglich. Hinzu kommt noch die ständige Angst vor einem Versagen des Motors, einer erzwungenen Landung in den weitläufigen Hügeln, welche den sicheren Tod bedeuten würde. Man stelle sich vor! Der blaßblaue Himmel, dunstig von Staub, die heiße Sonne, welche die Luft unglaublich flirrend macht, und in allen Richtungen, so weit das Auge sehen kann, ein Meer von Sand!
Viel schöner ist das »Sandmeer« der Sahara von der Erde aus. Nie werde ich den Tag vergessen, als ich zur Tarhit-Oase flog, während meine Maschine nach dem Unfall, den ich auf meinem zweiten Kapflug im April 1936 hatte, in Colomb Béchar repariert wurde. Mit einer Gruppe von Freunden landete ich auf dem Militärgelände unmittelbar außerhalb der Oase. Auf einen dieser Armeelastwagen gezwängt, die weit in die Wüste vordringen, um sie zu erkunden und zu erforschen, fuhren wir die steinige Straße entlang, auf deren beiden Seiten sich felsige Hügel erhoben, Schauplatz zahlreicher heftiger Attacken während der Tuareg-Aufstände vor wenigen Jahren.

Plötzlich, als wir um eine Ecke bogen, bot sich unseren Augen ein unglaublicher Anblick. Vor uns schimmerte im Sonnenschein das weiße Fort von Tarhit, dessen Zinnendach der weißen Zierglasur eines Weihnachtskuchens glich. Daneben lag das malerische Eingeborenendorf, dessen Lehmhütten durch schmale gewundene Furchen voneinander getrennt waren, im Schutz dunkelgrüner Dattelpalmenwälder. Zur Rechten, zur Linken und dahinter erstreckten sich reihenweise mächtige goldene Sanddünen. Darüber schien die Sonne, glühend wie flüssiger Stahl, am unglaublich blauen Himmel. Die Farben waren so lebhaft, daß wir sie ohne getönte Brillengläser nicht richtig sehen konnten. Der Sonnenglast ließ ihre natürlichen Töne verblassen.

Wir erklommen eine Sanddüne, begleitet von Scharen zerlumpter Kinder, die behilflich waren, uns den steilen Hang hinauf zu ziehen oder zu schieben. Oben wehte der Wind sachte auf dem Sand, so daß alle Hügel aussahen, als hätten sie eine rote Rauchfahne. Aber kehren wir zu unserem imaginären Flug zurück. [1]

Nachdem Sie das Sandmeer sicher hinter sich haben, müssen Sie eine Hochebene aus vollkommen flacher harter Erde überqueren, die Tanezrouft-Ebene, in deren Zentrum der einsamste Landeplatz der Welt liegt, »Bidon Cinq«, was die französische Bezeichnung für »Büchse Nr. 5« ist. Quer durch die Sahara geht eine durch Autoräder ausgefahrene Spur, die in Abständen von großen Blechbehältern markiert wird. Diese Fahrspur wurde vom Trans-Sahara-Autodienst angelegt, der Reisende während der »Saison« von Oktober bis Ende April einmal in der Woche durch die Sahara befördert. »Bidon Cinq« ist also der fünfte dieser Blechbehälter. Es gibt dort nichts außer einer Benzinpumpe, einem Leuchtfeuer für Flugzeuge und einer Hütte für den arabischen Wächter. Hinsichtlich seiner Lebensmittel- und Wasservorräte vollkommen auf den Autodienst angewiesen, führt er ein Leben, das an Einsamkeit und Monotonie kaum zu übertreffen ist. Einmal ist ein Mann dort verrückt geworden, und ein anderer verkaufte seinen Wasservorrat an durchreisende Araber und ist verdurstet, ehe die nächste Lieferung bei ihm eintraf.

In Abständen stoßen Sie in dieser unendlich weiten Ebene plötzlich auf felsige, zackige Bergketten, die sich stellenweise bis zu 8000 Fuß über

1 Bitte beachten Sie, daß es sich um Begebenheiten von meinen Flügen 1932 und 1936 handelt. Die Westküstenroute hat seit damals wesentliche Verbesserungen erfahren.

dem Meeresspiegel erheben. Zwischen den Ketten zeugen ausgetrocknete Flußläufe davon, daß die Sahara vor Zeiten einmal reichlich bewässert war. …
Jenseits der Tanezrouft-Hochebene läßt der felsige Boden allmählich Anzeichen von spärlicher Vegetation erkennen. Strohige Grashalme und kümmerliche Büsche erscheinen. Nach und nach wächst das Gras dichter, und die Büsche werden groß genug, um Gruppen von Kamelen oder Pferden und Gazellenherden Schutz zu bieten.
Dann erscheint so plötzlich, daß man ihn im dunkelnden Licht des raschen Sonnenuntergangs leicht verpassen könnte, der breite Niger, und vermutlich jubeln Sie vor Freude, weil ein gefährlicher Abschnitt Ihres Fluges hinter Ihnen liegt. Von Krokodilen gesäumte Ufer, die schlammiges Wasser umschließen, worin sich der karmesinrote Schimmer eines prachtvollen Sonnenuntergangs spiegelt, führen uns nach Gao, einem weiteren französichen Militärflugplatz, wo Sie landen, um aufzutanken. Sollten Sie beschließen, nach Kapstadt weiterzufliegen, so wird es Sie vermutlich überraschen, daß Sie auf Ihrer Route noch eine Wüste überqueren. Es gilt jedoch, Hunderte Meilen tropischen Dschungels mit heftigen Stürmen, Donner, Hagel und Blitz zu passieren, bevor Sie zu der weitgehend unerforschten Kalahariwüste gelangen, die Sie überqueren müssen, ehe Sie das vergleichsweise sichere südafrikanische Territorium erreichen.

Amy Johnson, »Sky Roads of the World«

Versuchs noch einmal, Jean –
Jean Batten

Mitte der dreißiger Jahre war es schon relativ schwierig geworden, durch Langstreckenflüge Aufmerksamkeit zu erregen. Es gab allerdings noch einige weiße Flecken auf den Flugkarten, und wenn es dann noch eine Frau war, die sich ganz allein in einer winzigen Maschine in ferne Länder wagte, dann waren ihr Ruhm und Verehrung immer noch sicher. Eine der Pilotinnen, die sich durch spektakuläre Pionierflüge ihren Platz in der Luftfahrtgeschichte sicherte, war die Neuseeländerin Jean Batten.

Jean Batten wurde 1909 in Rotorua, Neuseeland geboren — in einer Gegend, die nach ihrer Beschreibung ein Paradies auf Erden war. Jean liebte die Schönheit der Natur, die vielfarbigen Blumen und den Gesang der Vögel. Sie war fasziniert von den heißen Quellen, den Geysiren und den Tümpeln mit kochendem Schlamm, die es in der Umgegend gab. Ihr Vater, ein Zahnarzt, besaß eine Yacht und nahm die ganze Familie zum Segeln, Fischen oder Zelten mit. Als Jean vier Jahre alt war, zogen ihre Eltern nach Auckland. Kurz darauf wurde ihr Vater Soldat, und seine Briefe aus dem fernen Europa weckten in dem kleinen Mädchen zunächst Neugierde und dann Fernweh. Jean hatte als Kind viele, vor allem sportliche und künstlerische Interessen. Sie schwamm wie ein Fisch, spielte Basketball und Tennis und entwickelte eine tiefe Liebe zur Musik. In ihrer Freizeit war sie eine begeisterte Bücherleserin, die Abenteuergeschichten und Reiseberichte den Mädchenbüchern vorzog. Bei ihrer Vorliebe für Abenteuer und Reisen verwundert es nicht, daß Jean von den Pionierleistungen im Fliegen fasziniert war. Beeindruckt war sie vor allem vom Flug Hinklers, der 1928 die Strecke London — Australien in 15 Tagen geschafft hatte, oder von Charles Kingsford Smith und seiner Mannschaft, die von Amerika nach Australien geflogen waren. Für Jean stand fest, daß sie Pilotin werden wollte.

Ihr Entschluß wurde unverrückbar, nachdem sie ihren Helden Kingsford Smith getroffen und auf einem Flug begleitet hatte. »Hoch über den blauen Bergen schwebend, fühlte ich mich in der Luft völlig zu Hause, und ich war überzeugt, daß dies mein Element sei.«[1]

Jeans Vater hielt nichts von den Zukunftsplänen seiner Tochter. Mit dem Argument, daß Fliegen zu gefährlich und zu teuer sei, lehnte er das Ansinnen, ihr Geld für Flugstunden zu geben, ab. Er kannte aber seine Tochter schlecht. Durch derartige Widerstände ließ sie sich nicht aufhalten, im Gegenteil. »Opposition machte mich nur noch entschlossener,« schreibt sie in ihrer Autobiographie, »das offensichtlich Unterreichbare zu erreichen. Wenn ich einmal etwas beschlossen hatte, war es sinnlos, mich von meinem Entschluß abbringen oder meinen Enthusiasmus dämpfen zu wollen.«[2]

Jeans Entschluß stand fest: Sie verkaufte ihr Piano und begleitete ihre Mutter auf einer Reise nach England, wo sie bessere Chancen für die Verwirklichung ihres Vorhabens zu finden hoffte. Nachdem sie sich vom Staunen über das aufregende Großstadtleben erholt hatte, trat sie

dem »London Aeroplane Club«, dem auch Amy Johnson angehörte, bei und erwarb in kurzer Zeit die Privatpilotenlizenz. Ihr Traum war es seit je her, von England nach Australien zu fliegen. Als es ihr nicht gelang, in England Sponsoren zu finden, reiste sie zurück nach Auckland in der vergeblichen Hoffnung, in ihrem Heimatland Interesse für das wagemutige Unternehmen wecken zu können.
Im Juni 1931 ging Jean Batten erneut nach England, um die Prüfung für Verkehrspiloten abzulegen. Sie hoffte, daß dann die Finanzierung ihres England-Australien-Fluges leichter sein würde. Die Vorbereitung auf die Prüfung für die B-Lizenz war äußerst langwierig. Voraussetzungen waren unter anderem Kenntnisse in der Navigation, im Luftrecht, der Meteorologie oder auch im Bau und der Wartung von Flugzeugmotoren. Eine große Hürde stellten die erforderlichen 100 Flugstunden dar, die Jean, angewiesen auf die finanzielle Unterstützung durch ihren Vater, nur mit großer Mühe und unter Zuhilfenahme der Verpfändung einiger Wertgegenstände, bezahlen konnte. Dann kam die Weltwirtschaftskrise, gerade als Jean mitten in ihren Prüfungen steckte. Sie wußte genau, daß sie in keiner der vielen Teilprüfungen durchfallen durfte, weil sie für eine Wiederholungsprüfung kein Geld mehr hatte. Trotz einiger Schwierigkeiten – so fiel zum Beispiel bei dem geforderten Nachtflug die Instrumentenbeleuchtung aus – schaffte Jean zum Bedauern ihrer Verwandten und Bekannten die Prüfung. Jetzt konnte sie nichts mehr zurückhalten. Zusammen mit einem anderen Piloten kaufte sie ein gebrauchtes Kleinflugzeug. Sie mußte sich vertraglich verpflichten, nach einem erfolgreichen Flug eine einjährige Tournee durch Australien und Neuseeland durchzuführen und 50 % der Einnahmen ihrem Teilhaber zu überlassen.
Im April 1933 startete sie zum ersten Mal zu ihrem Flug nach Australien, der sie aber nur bis nach Indien führte. Dort machte der Motor des gebrauchten Flugzeugs nicht mehr mit, sie mußte notlanden und hatte noch Glück, daß ihr selbst nichts passierte. Allerdings hatte sie ihren letzten Pfennig in das Projekt investiert und wußte nicht, wie sie nach England zurückkommen sollte. Zu ihrem Rettungsengel wurde der in Fliegerkreisen bekannte Ölmagnat Lord Wakefield, der auch Amy Johnsons Australienflug unterstützt hatte. Er bezahlte die Rückreise Jeans und half ihr, den Australienflug, den sie nicht aufgeben wollte, weiter zu finanzieren.

Im April 1934 startete die junge Neuseeländerin zu ihrem zweiten Versuch. Dieses Mal kam sie nur bis Rom, wo ihr gegen Mitternacht direkt über der Stadt das Benzin ausging. Mit stehendem Motor setzte sie auf einem kleinen freien Platz auf. Als sie am nächsten Tag ihren Landeplatz genauer betrachtete, war sie sehr erstaunt, daß ihr und ihrem Flugzeug nichts Ernsthaftes passiert war. Sie war genau zwischen mehreren Strommasten gelandet.

Erst der dritte Versuch Jean Battens im Mai 1934 war erfolgreich. Ihre Flugbeschreibung liest sich fast wie ein Bericht über eine Vergnügungsreise. In Kalkutta übernachtete sie im prächtigen Heim eines Fabrikdirektors. Nach einer erfrischenden Dusche schlüpfte sie in ein weißes Seidenkleid und trank ihren Tee auf einer Terasse mit malerischem Ausblick. Den nächsten Abend verbrachte sie in Rangun. Im Britischen Club saß sie auf der kühlen Terasse bei einem eisgekühlten Drink, auf dem Rasen spielte eine Militärkapelle. Später besichtigte sie die Stadt und bewunderte die magische Schönheit der goldenen Shwe Dagon Pagode. Der nächste Tag begann allerdings etwas ungemütlicher, denn der Monsunregen hatte früher als gewöhnlich eingesetzt. In Kürze spuckte der Motor, das offene Cockpit war überflutet, die Pilotin naß bis auf die Haut und, was wegen der niedrigen Flughöhe sehr unangenehm war, fast blind vom Regen. Wie durch ein Wunder fand sie in Viktoria Point den winzig kleinen Flugplatz, der von oben wie ein See wirkte. Der Weiterflug über Singapur, Surabaya, Rambang zur Insel Timor war unproblematisch. Von dort startete sie zur letzten Etappe nach Darwin, die ihr endlos vorkam: »Ich wußte vorher nicht, wie unendlich einsam ich sein würde, als ich mein zerbrechliches Flugzeug in die Krallen eines starken Südostwinds über der Timor-See steuerte. Stunde um Stunde verging, und ich begann mich nach dem Anblick von Land zu sehnen. Ich schien ganz allein auf der Welt zu sein. So weit ich sehen konnte, erstreckte sich die blaue Weite der Timor-See, über mir brannte die Sonne von einem klaren Himmel herab.«[3]

Jean Batten erreichte Darwin in 14 Tagen und 22 Stunden und hatte, wie sie stolz bemerkt, Amy Johnson um vier Tage geschlagen. Den herzlichen Empfang und die vielen Feierlichkeiten vergaß Jean Batten nie. Als das wichtigste Ereignis in Sydney, einen »Meilenstein« in ihrer Karriere, bezeichnete Jean nicht etwa die Ehrungen und Empfänge, sondern ihre erste öffentliche Rede, die sie vor Tausenden von Zuhörern auf dem

Nach einer Notlandung in Brasilien wartet Jean Batten im Schatten ihres Flugzeugs auf Hilfe

Flughafen halten mußte. Nach ihren eigenen Angaben verlebte die junge Pilotin eine schöne Zeit in Sydney; anschließend fuhr sie mit dem Schiff nach Neuseeland, wo sie sechs Wochen lang durch das Land flog, etwa 150 Reden hielt und Fliegerclubs, Frauenvereine, Sportorganisationen, Schulen und Krankenhäuser besuchte.

Fast ein Jahr lang blieb Jean Batten in Neuseeland und Australien, bevor sie im April 1935 zu ihrem Rückflug nach England startete. Ihr Glück und ihre Nerven wurden schon am zweiten Tag beim Flug von Darwin zur Insel Timor über den Ozean auf eine harte Probe gestellt. Sie schreibt in ihrer Autobiographie:

»Nach etwa 150 Meilen fing der Motor plötzlich an zu husten. Täuschten mich meine Ohren? Ich lauschte angespannt. Der Motor gab ein letztes Husten von sich, dann war tödliche Stille. Ein schreckliches Gefühl der Hilflosigkeit überkam mich, als die Maschine langsam und ruhig auf die tiefer liegende Wolkendecke zuglitt. 'Vielleicht ist es nur eine kurze Störung der Benzinzufuhr', dachte ich, und mein Gehirn arbeitete fieberhaft, um einen Ausweg zu finden. Ich gab Vollgas, keine Antwort. Kein Ton störte das schreckliche Schweigen, nur ein leises Schwirren wie ein

Seufzer war zu hören, als das Flugzeug leblos nach unten schwebte.'Das kann doch nicht das Ende sein!' dachte ich. 'Nein, das ist unmöglich. Es muß einen Ausweg geben.' Fasziniert starrte ich auf den Höhenmesser — 5000, 4500, 4000 Fuß. Ich tauchte jetzt in die Wolkenschicht, die nicht sehr dick war, und kam auf 3000 Fuß Höhe wieder heraus, um unter mir die blaue Weite der See zu sehen, die sich in die Unendlichkeit erstreckte. Es war qualvoll — ich mußte versuchen, das Flugzeug so gut ich konnte auf das Wasser aufzusetzen. Ich löste meine Schnürsenkel, öffnete meine Fliegerkombination, griff nach dem kleinen Beil, das ich für den Notfall mitführte, und steckte es in die Ledertasche an meiner Seite. Wenn es mir gelang, die Maschine richtig zu landen, schien es eine winzige Überlebenschance zu geben. Ich könnte versuchen, einen Flügel abzutrennen und darauf zu schwimmen. Die letzten Minuten waren eine Qual; das Wasser kam immer näher. In einem letzten verzweifelten Versuch öffnete und schloß ich den Gashebel — ohne Erfolg. Plötzlich, mit einer Lautstärke, die mich fast betäubte, mit einem Geräusch, das wie ein Schluchzen klang, sprang der Motor an. Ich sank zurück, wagte kaum zu atmen, um den Zauber nicht zu zerstören.«[4]
Jean erreichte nach drei Stunden qualvoller Spannung glücklich die Insel Timor, überholte den Motor des sechs Jahre alten Flugzeugs gründlich und flog trotz der ständig nagenden Zweifel weiter auf der vorgesehenen Route nach England. Am 29. April landete sie auf dem Flughafen Croydon als die erste Pilotin, die den Flug England-Australien und zurück geschafft hatte.
Jean Batten verkaufte ihre gelbe »Gipsy Moth« und erstand ein neues 200 PS starkes Kabinenflugzeug, eine »Percival Gull«, mit der sie Ende 1935 den Rekord auf der Strecke von London nach Natal in Südamerika brach. Mit erstaunlicher Sicherheit überquerte sie ohne Funkausrüstung in 13 Stunden den Atlantik zwischen Afrika und Brasilien, wobei sie fast viereinhalb Stunden schneller als der Rekordhalter Jim Mollison war. Ihre Navigation war so gut, daß sie die südamerikanische Küste genau an ihrem Bestimmungsort erreichte. Der Empfang in Südamerika war, entsprechend der Mentalität der Bevölkerung, überwältigend. Jean geriet mehrmals in Gefahr, von der Menge erdrückt oder von den vielen auf sie herabregnenden Blumensträußen erstickt zu werden.
1937 führte Jean Batten ihr ehrgeizigstes Vorhaben, einen Flug von London nach Neuseeland und zurück, durch. Im Gegensatz zu ihrem ersten

Flug bewältigte sie jetzt auch die über 1300 Meilen lange Strecke über die tückische Tasmanische See im Flugzeug. Die Begeisterung ihrer Landsleute kannte keine Grenzen. England war zum ersten Mal durch einen Flug mit Neuseeland verbunden, der Himmel hatte sich als Brücke, nicht als Schranke erwiesen. Nach ihrem Rückflug nach London hielt Jean Batten eine ganze Reihe von Rekorden; sie war zum Beispiel die erste unter allen Piloten und Pilotinnen, die gleichzeitig die schnellste Zeit im Alleinflug von England nach Australien und von Australien nach England erzielt hatte. Jean Battens Rekord für einen Soloflug in einem Leichtflugzeug auf der Strecke England-Neuseeland wurde erst 1980 von einer Engländerin unterboten. Bei deren Landung in Auckland stand Jean Batten auf dem Flughafen, um ihrer Rivalin zu gratulieren.
Jean Batten war wegen ihrer Offenheit und Freundlichkeit sicherlich eine der beliebtesten Pilotinnen. Obwohl sie ehrgeizig und eigensinnig war, obwohl sie auf ein traditionelles Frauenleben zugunsten des Fliegens verzichtet hatte, hielten sie viele für »unbeschreiblich weiblich«. Jean pflegte ihr feminines Image; sie vergaß zum Beispiel niemals, auf ihre Langstreckenflüge Abendkleider mitzunehmen, und sie sah auch in ihrem Fliegerdress sehr fotogen aus. Aber sie war alles andere als ein »Weibchen«. Ihre Erfolge sind vor allem der Perfektion ihrer Vorbereitungen zu verdanken. Sie absolvierte zum Beispiel täglich ein Trainingsprogramm, um sich körperlich fit zu halten.
Fliegen war ihr Schicksal, wie sie selbst schreibt.»Beim Fliegen fand ich die beiden Dinge, die alles für mich bedeuten: die berauschende Droge Geschwindigkeit und die Freiheit, die Welt zu durchstreifen.«[5]

Mary, Herzogin von Bedford – Eine alte Dame fliegt um die Welt

Am 22. März 1937 um 3 Uhr 30 stieg die einundsiebzigjährige Herzogin von Bedford in ihre »Gipsy Moth« und startete von ihrem eigenen Flugplatz in Woburn Abbey zu einem Flug, der etwa eine Stunde dauern sollte. Die Herzogin, die bereits 199 Stunden und 5 Minuten an Alleinflügen aufzuweisen hatte, wollte damit ihre Bilanz an Soloflügen auf 200 Stunden verbessern. Sie hatte eine ihr gut bekannte Route gewählt, die etwa 90 Meilen über Land führte.

Als sie um 4 Uhr 30, zur vereinbarten Zeit, nicht zurück war, begann ihre Familie, sich Sorgen zu machen, da sich das Wetter allmählich verschlechterte. Die Polizei wurde verständigt und eine Suchaktion, an der die Royal Airforce und über 100 Privatflugzeuge beteiligt waren, eingeleitet. Ohne Erfolg — die Herzogin blieb verschwunden. Am 2. April wurde in der Nähe von Yarmouth eine Holzstrebe angeschwemmt, die eindeutig als zum Flugzeug der Herzogin gehörend identifiziert werden konnte. Anscheinend hatte die Herzogin unterwegs ihre Pläne geändert; sie war nach Süden ans Meer geflogen und unter Umständen, die nicht geklärt werden konnten und deshalb zu vielerlei Gerüchten Anlaß gaben, in die Nordsee gestürzt. War es wirklich ein Unfall? Oder hatte die Herzogin freiwillig den Tod gesucht? Auf jeden Fall war es ein Tod, wie sie ihn sich gewünscht hatte.
Drei Jahre vorher hatte sie nach einem Flug von den Kanarischen Inseln nach Marrakesch, auf dem der Motor ihres Flugzeugs zu streiken drohte, in ihr Tagebuch geschrieben: »Eine Zeitlang machten wir eine interessante Erfahrung. Wir hatten das sichere Gefühl, daß unsere fliegerische Karriere drauf und dran war, in der rauhen See zu enden ... Ich dachte, daß dies eine akzeptable Art des Sterbens wäre im Vergleich zum Tod der meisten anderen Menschen und sicherlich die Art, die ich mir am meisten wünschte; denn, da kein Boot in der Nähe und die See sehr unruhig war, hätte das Ganze nicht lange gedauert.«[1]
Es könnte sein, daß die Herzogin den Tod, den sie nicht fürchtete, den Beschwerlichkeiten des Alterns vorgezogen hatte. Sie, die Zeit ihres Lebens Unabhängigkeit und Selbständigkeit über alles geschätzt hatte, haßte es, untätig zu sein oder gar anderen zur Last zu fallen. Die Furcht vor den Leiden des Alters war nicht grundlos: Ihre Schwerhörigkeit, an der sie seit ihrer Jugend litt, verschlimmerte sich zunehmend, und auch ihre Sehschärfe begann nachzulassen. Außerdem war ein wichtiges Kapitel ihres Lebens zu Ende gegangen. Sie mußte die Arbeit in ihrem Krankenhaus, dem 34 Jahre lang ihr zentrales Interesse gegolten hatte, aufgeben. Der Herzog hatte ihr nämlich mitgeteilt, daß er sich die Finanzierung dieses Hospitals nicht mehr leisten könne. Schließlich hatte die Herzogin von Bedford auch erfahren, daß ihre Fluglizenz aufgrund ihres Alters nicht mehr verlängert werde. All dies könnte ein Grund dafür gewesen sein, daß Mary Herzogin von Bedford nach einem erfüllten Leben den Tod gelassen akzeptierte.

Die Herzogin von Bedford war wie alle, die sie kannten, bestätigten, eine bemerkenswerte Persönlichkeit. Ihr Sohn, der seine Beziehungen zu seiner Mutter als »nicht so einfach« empfand, schreibt in seiner Autobiographie: »Meine Mutter war unzweifelhaft eine wundervolle und sehr talentierte Frau, die sich auf allen Gebieten auszeichnete, auf denen sie sich versuchte. Ob das nun Sport war oder die Wissenschaften oder ein Stück harter Arbeit, die Konzentration und eiserne Selbstdisziplin erforderte. Als junge Frau war sei eine ausgezeichnete Reiterin, und bis an ihr Lebensende konnte sie sehr gut schießen und fischen. Überdies war sie eine brilliante Eisläuferin.«[2]

Wenn es um einen guten Zweck ging, verhielt sie sich großzügig und engagiert. Ihre eigene Stärke machte sie allerdings auch relativ intolerant gegenüber den Schwächen anderer, und sie ging mit jeder Form von Inkompetenz streng ins Gericht. Ihr hervorstechendster Charakterzug war aber ihre Unkonventionalität, die sich bis zur Exzentrik steigern konnte. Sie kümmerte sich nicht um das, was andere von ihr sagten oder dachten, und ihr Reichtum befreite sie davon, sich den herrschenden Normen und den Zwängen des Alltags anpassen zu müssen.

Unkonventionell verlief schon die Jugend von Mary du Caurroy Tribe, die 1865 als Tochter eines Geistlichen in Stockbridge, England, geboren wurde. Da ihr Vater schon bald eine Stelle in Indien antrat, wuchs Mary mit ihrer Schweter Zoe bei Verwandten in Sussex auf. Sie genoß die für Mädchen aus besseren Kreisen übliche Erziehung, die mit einem Internatsaufenthalt in Zürich abschloß. 1881 fuhr sie nach Indien zu ihren Eltern, wo sie ein für die damalige Zeit sehr freies und abwechslungsreiches Leben führte, an das sie sich später immer wieder gern erinnerte. Sie genoß so viel Freiheit, daß sie in einem Rückblick die modernen jungen Mädchen nur um die praktische Kleidung und um die kurzen Haare beneidete. Mary besaß ihr eigenes Pony, begleitete ihren Vater auf seinen Reisen zu Pferd und ritt — zumindest wenn keine Europäer in der Nähe waren — im Herrensitz. Während eines Dinners beim Vizekönig lernte sie 1886 den 27jährigen Lord Russel, einen Leutnant im Stab des Vizekönigs, kennen, den sie 1888 heiratete.

Nachdem ihr Mann 1893 Herzog von Bedford geworden war, zogen sie in das Schloß Woburn in Südengland, wo zahlreiche Aufgaben auf die junge Herzogin warteten. Kirchen, Krankenhäuser, Schulen — alle möglichen Organisationen und Instiutionen erwarteten von ihr Sympathie und tatkräftige Unterstützung. Trotzdem fand sie Zeit für ihre naturwissenschaftlichen und sportlichen Hobbies wie Reiten, Jagen, Schlittschuhlaufen, Kanufahren und Fischen. Sie interessierte sich zudem für die Naturgeschichte, entwickelte sich zu einer bemerkenswerten Ornithologin und wurde eines der ersten Ehrenmitglieder der Britischen Ornithologischen Gesellschaft.

Einen großen Teil ihrer Zeit widmete sie ab 1898 ihrem Krankenhaus, das 1903 nach ihren eigenen Plänen umgebaut wurde. Sie hatte einen Krankenpflegekurs in London besucht und im Laufe der Jahre spezifische Fertigkeiten in der Röntgendiagnose und -therapie erworben. Nach Kriegsausbruch 1914 stellte sie Teile von Woburn Abbey als Kriegshospital den Verwundeten zur Verfügung. Sie selbst qualifizierte sich zur Operationsschwester und assistierte bis zu ihrem Tod bei zahllosen Operationen.

Die Reiselust, die sie schon als junges Mädchen gepackt hatte, konnte sie nach ihrer Heirat voll ausleben. Vor dem Ersten Weltkrieg fuhr sie fast jedes Jahr aufs Festland, häufig zum Bergsteigen in die Schweiz. 1896 entdeckte sie auf einer Seereise nach Norwegen ihre Liebe zum Norden, und in einem der folgenden Jahre reiste sie auf einer Yacht in die Arktis. Während des Krieges und der Nachkriegszeit konzentrierte sie sich auf ihre Aufgaben in der Krankenpflege, und erst in den zwanziger Jahren erwachte die Sehnsucht nach der Ferne und die Lust auf Abenteuer von neuem. Mitte der zwanziger Jahre fiel es ihr wegen ihrer Taubheit immer schwerer, andere zu verstehen, und sie hatte Angst, ihre Aufgaben nicht mehr erfüllen zu können. Ihr Entschluß zu fliegen, ist angeblich auf die Information, daß sich in der Höhe das Rauschen in ihren Ohren verringern könnte, zurückzuführen.

1926 stieg sie, bekleidet mit einem langen Ledermantel und einem Lederhelm auf dem Kopf, in eine zweisitzige offene »Gipsy Moth« und startete zu ihrem ersten Flug von London nach Woburn. In ihrem Tagebuch vermerkte die 61jährige Herzogin: »Ich war begeistert über meine neue Erfahrung. Ich fühlte mich nicht ein bißchen besorgt, krank oder kalt, alles war wunderschön, mit Ausnahme des Lärms.«[3] Mit diesem Flug begann ein neuer Abschnitt in ihrem Leben. Sie liebte das Fliegen um des Fliegens willen, wegen des Gefühls, den Raum zu erobern, Entfernungen zu überwinden, neue Erfahrungen zu machen. Sie hatte im Alter ihr Märchenland gefunden, wie sie einem Bekannten auf einer

Postkarte schrieb: »Gestern abend flog ich ins Märchenland ... Flugleutnant Allen schlug vor, daß wir über die Wolken fliegen und den Sonnenuntergang beobachten sollten. Wir stiegen auf 3000 bis 4000 Fuß und kamen in eine arktische Landschaft. Der Mond stand hinter uns hoch am Himmel. Vor uns zog Venus sehr hell ihre Bahn über den westlichen Himmel. Unter uns Sonnenuntergangshimmel, dessen Farben sich allmählich von einem blassen Rot über Rosa in Blau wandelten. Rechts war die blaue See gesäumt von graublauen Hügeln und Inseln. Um uns herum schneebedeckte Berge und Höhen, am Horizont rosé bis karminrot gefärbt. Dann und wann kamen wir zu einem dunklen Loch in unserem kompakt wirkenden Schneefeld, durch das die elektrischen Lichter der Welt unter uns blinkten.«[4]
Von ihrer Umwelt wurde das Hobby der Herzogin mit Kopfschütteln registriert. Ihr Ehemann pflegte Zeitungsmeldungen über Flugunfälle auszuschneiden und seiner Gemahlin auf den Schreibtisch zu legen, was sie aber nicht im geringsten beeindruckte. Obwohl Fliegen in den zwanziger Jahren als Modesport galt, hielt man Frauen, die sich diesem gefährlichen Sport verschrieben hatten, für überspannt und tollkühn. Als alte Frau fliegen zu wollen, konnte nur als ein Zeichen hochgradiger Exzentrik interpretiert werden. Die Herzogin von Bedford äußerte sich über ihre Motivation folgendermaßen: »Als wir mit dem Flugzeug aufgestiegen waren, kam die Sonne heraus und die Aussicht war unbeschreiblich schön. Ich war dankbar, daß ich den Mut gehabt hatte, zu fliegen, bevor mein Leben zu Ende ist. Fliegen kostete mich keine Überwindung, denn ich hatte mich immer danach gesehnt. Aber ich mußte Spießrutenlaufen, weil Freunde und Verwandte es für dumm und närrisch halten und vermuten, daß man nur angeben will.«[5]
In den letzten zehn Jahren ihres Lebens gehörte Fliegen zum Alltag der Herzogin von Bedford. Sie benutzte eines ihrer fünf Flugzeuge, die im Hangar ihres kleinen Flugplatzes in Woburn Abbey standen, wie andere Leute das Auto. Sie konnte es sich leisten, die besten Piloten anzuheuern, die sie, wann immer sie wollte, zum Tee zu ihrer Schwester oder zu den exotischsten Reisezielen fliegen konnten. Trotzdem war Fliegen damals gefährlich, unbequem und anstrengend, und die Herzogin trug auf den vielen Langstreckenflügen ihren Anteil zum Erfolg des Fluges bei. Ihre Aufgabe war es zum Beispiel, die Treibstoffpumpe zu bedienen, mit der das Benzin mühsam vom Reservetank in einen an den Trag-

flächen befestigten Tank gepumpt werden mußte. Häufig war sie für die Entfernungsberechnungen und die Navigation verantwortlich — Aufgaben, die sie manchmal nur widerstrebend übernehmen wollte. Auf ihrem ersten Flug nach Indien wurde sie in der Nähe von Istanbul von ihrem Piloten aufgefordert, Zeit- und Entfernungskalkulationen durchzuführen. Sie war nicht begeistert, weil die Aussicht wunderschön war. Als sie gerade wieder aus dem Fenster sehen wollte, rief sie der Pilot höflich, aber bestimmt, zur Ordnung: »Haben sie die Aufgabe erledigt, Euer Ehren?« Zerknirscht nahm die Herzogin ihre Berechnungen wieder auf. Obwohl sie es vorzog, auf dem Passagiersitz die Landschaft zu bewundern und sich bei schlechter Sicht die Zeit mit dem Stricken von Socken zu vertreiben, übernahm sie bei Bedarf auch den Steuerknüppel. Allmählich erwachte in ihr der Wunsch, selbst fliegen zu können. Obwohl ihre Taubheit die Verständigung im Flugzeug sehr schwierig machte, entwickelte sie sich zu einer zuverlässigen, wenn auch nicht begnadeten Pilotin. 1931 legte sie mit 66 Jahren die Prüfung für die A-Lizenz, die Flugerlaubnis für Sportflugzeuge, ab.
Ihre großen Reisen mit dem Flugzeug begannen 1927. Mit ihrem ersten Piloten, Kapitän Barnard, flog sie nach Spanien, nach Frankreich und Italien. 1928 startete sie zu ihrem ersten Flug nach Indien, 1929 zu ihrem zweiten, einem Rekordflug in vier Tagen. 1930 flog sie nach Kapstadt, 1931 nach Italien, 1932 nach Algier, 1933 in die Türkei und nach Ägypten, 1934 nach Gambia, 1935 nach Algerien, Nigeria und Ägypten. Dazu kamen zahlreiche kürzere Flüge, unter anderem nach Irland, Deutschland, Norwegen oder in die Schweiz. Drei Jahre lang war Kapitän Barnard ihr Privatpilot, dem sie in den vielen gefährlichen Situationen, mit denen sie während ihrer Flugreisen konfrontiert wurde, blind vertrauen konnte. Nach ihrem ersten längeren Flug nach Spanien vermerkte sie in ihrem Tagebuch: »Es war das schönste Erlebnis in meinem ganzen Leben ... In den Händen eines Piloten, dem ich vertraute, fühlte ich mich sicherer als in einem Auto in der Watlingstraße. Dem Piloten, der mich zu diesem Flug überredete und der sich die ganze Zeit über um das Wohlergehen und die Unterhaltung seiner tauben Passagierin, die manchmal eine richtige Last war, sorgte, bin ich von Herzen dankbar.«[6]
Die einzigen Konflikte zwischen dem Piloten und seiner Passagierin entzündeten sich an der Frage des Aufstehens: Während die Herzogin

Die Herzogin von Bedford kehrt vom Rekordflug nach Kapstadt 1930 zurück

ein Morgenmensch war, liebte es Barnard, länger zu schlafen. Aber die kleinen Verärgerungen bei der Herzogin, wenn sie zu spät gestartet waren, oder bei Barnard, wenn er zu früh geweckt worden war, legten sich sofort, wenn sie den festen Boden verlassen hatten und auf dem Weg zu neuen Abenteuern waren.

Während Barnard Rekorde anstrebte und dann wenig Rücksicht auf die Bedürfnisse seiner Passagierin nahm, teilte sein Nachfolger, Flugleutnant Allen, die Begeisterung der Herzogin für die Schönheiten der Landschaft und für touristische Attraktionen. Ihren Tagebüchern ist zu entnehmen, wie sehr sie diese Flüge mit Allen genoß, die sich verändernde Szenerie, die pittoresken Städte und die bizarren Wolkengebilde. Allen wurde ihr Kamerad, der sie auch bei ihren touristischen Ausflügen nicht im Stich ließ und mit ihr zusammen Sehenswürdigkeiten wie die Altstadt von Jerusalem, die Pyramiden in Gizeh oder auch das Grab des Tutenchamun besichtigte. Er war es auch, der sie darin bestärkte, selbst zu fliegen. 1933 wurde er bei einem Flugzeugabsturz getötet, und die Herzogin hatte, wie sie in ihr Tagebuch schrieb, nicht nur einen erfahrenen Piloten, sondern auch einen guten Freund verloren. Obwohl sie auch mit Flugleutnant Preston, ihrem nächsten Piloten, gut auskam, konnte er Allen, der mit der Herzogin so viele Interessen geteilt hatte, nicht völlig ersetzen. Immerhin konnte Preston Backgammon spielen und sich und der Herzogin die langen Wartezeiten, die immer wieder bei schlechtem Wetter auftraten, verkürzen.
Die Erfüllung ihrer Träume, die Reisen in ferne Länder, waren für die Herzogin mit großen Strapazen verbunden. In vielen Situationen bewies sie Unerschrockenheit, Genügsamkeit und eine, in Anbetracht ihres Alters, unglaubliche Leistungsfähigkeit. Sie beklagte sich nie, auch wenn das Essen für Europäer ungenießbar, die Unterkunft improvisiert oder die Hitze unerträglich waren. Auf ihrem Flug nach Westafrika gab es zum Beispiel tagelang nichts anderes zu essen als etwas trockenes Brot zum Frühstück und, wenn sie Glück hatten, ein undefinierbares Gericht zum Abendessen. Auch bei ihrem ersten Flug nach Indien wurde ihre Geduld auf eine harte Probe gestellt. Ihre Fokker blieb in Bushire am Persischen Golf liegen, und die Herzogin von Bedford mußte 10 Wochen lang auf einen neuen Motor warten. Obwohl die feuchte Hitze in dieser Gegend kaum auszuhalten war, machte sie das Beste aus diesem langen Aufenthalt: Sie ging spazieren, interessierte sich für die Lebensbedingungen, die Kultur des Landes und vor allem für die Krankenversorgung. Später schenkte sie dem Krankenhaus in Abadan ein modernes Röntgengerät. Immer wieder ist in ihrem Tagebuch zu lesen: »Fühlte mich nicht ein bißchen müde«[7], und das nach elf- bis zwölfstündigen Flügen. Sie kam mit bemerkenswert wenig Schlaf aus. Auf ihrem zwei-

ten acht Tage dauernden Indienflug zum Beispiel konnte sie nie mehr als dreieinhalb Stunden schlafen. Nach ihrem Flug nach Kapstadt bemerkte sie: »Ich war froh, daß wir den Flug in Rekordzeit durchgeführt hatten, aber ich liebe diese Langstreckenflüge so sehr, daß ich immer traurig bin, wenn sie zu Ende sind. Für mich sind sie die einzige Gelegenheit der Ruhe und Entspannung, obwohl dies die Leute, die nicht fliegen, nicht verstehen können.«[8]

Ein weiterer für das Fliegen sehr nützlicher Charakterzug der Herzogin war die Unerschrockenheit. Sie bewahrte die Ruhe, ganz gleich, ob sie selbst einen Looping flog, ob der Motor ihres Flugzeugs bockte oder ob mit dem letzten Tropfen Benzin eine Notlandung bevorstand. Eines ihrer gefährlichsten Abenteuer erlebte sie allerdings im Schlaf. Auf dem Rückflug von Kapstadt fühlte sich Kapitän Barnard, der Pilot, plötzlich sehr müde. Er bat den Navigator Little, das Steuer zu übernehmen, obwohl dieser ebenfalls gegen eine bleierne Müdigkeit ankämpfte. Die Herzogin schien bereits fest zu schlafen, sie reagierte jedenfalls nicht mehr auf die Versuche, sie zu wecken. Weit und breit erstreckte sich undurchdringlicher Dschungel, der jede Hoffnung auf eine Notlandung zunichte machte. Nur mit großer Mühe gelang es den beiden Männern, die den Platz am Steuer ständig wechselten und den Kopf immer wieder aus den Kabinenfenstern hielten, den nächsten Flughafen zu erreichen. Nach der Landung mußte die Herzogin ins Freie getragen werden; sie war über eine halbe Stunde bewußtlos. Später stellte sich heraus, daß durch einen Schaden im Vergaser Kohlenmonoxyd in das Flugzeug geleitet worden war.

Nicht ganz ungefährlich war es manchmal, den Bewohnern jener kolonisierten Länder nahezukommen, die vom Flugzeug aus für EuropäerInnen sehr malerisch wirkten. Es konnten bedrohliche Situationen entstehen, die gar nicht so wirkten. Lady Bedfords Pilot Preston entdeckte zum Beispiel bei einer Landung in Marokko Einschußlöcher im rechten Flügel, die glücklicherweise, ohne weiteren Schaden anzurichten, glatt den Stoff durchschlagen hatten. Der Kommentar der Herzogin: »Das war ein ziemlich guter Schütze«.[9]

Anfang der dreißiger Jahre waren nicht nur die Flugzeuge noch relativ unzuverlässig, ungenügend war oft auch die Navigationsausrüstung. Die Orientierung zu verlieren, konnte beim Überqueren von Meeren und Wüsten den sicheren Tod bedeuten. Bei ihrem Flug in die Sahara 1935 nutzten Pilot und Passagierin die einzige Orientierungsmöglichkeit, sie folgten der Straße, die immer unscheinbarer wurde und plötzlich ganz verschwunden war. Der Pilot flog Suchschleifen, um das Band, das sie mit dem Leben verknüpfte, wieder zu finden — ohne Erfolg. Obwohl er unter Einbeziehung des Sonnenstandes eine systematische Suchstrategie begann, war die Herzogin ganz und gar nicht davon überzeugt, daß sie wieder auf die Straße stoßen würden. Überdies sah der Boden nicht so aus, als ob eine Notlandung glücken könnte. »Aber«, so schrieb sie, »wie schon früher bei ähnlichen Gelegenheiten betrachtete ich die Situation mit ziemlichem Gleichmut.«[10]

Eine halbe Stunde später überquerten sie die Straße und waren gerettet. Auf diesem Flug hatte Mary noch ein weiteres Erlebnis, das sie niemals vergessen sollte. Als sie wegen der bald einbrechenden Dunkelheit den Flugplatz von El Fasher nicht mehr erreichen konnten, landeten sie bei Sonnenuntergang in der Wüste. Schnell füllten sie Säcke mit Steinen und beschwerten die Flügel ihrer Maschine, damit diese bei einem Sandsturm nicht weggeblasen werden konnte. Als es dunkel wurde, verzehrten sie ihr spartanisches Abendessen, das aus einigen Früchten, einer Fleischtablette, einem Stück Zucker und Biskuits bestand. Nach einem Backgammonspiel bereiteten sie ihr Nachquartier, das keine großen Vorbereitungen erforderte: Ein Sitzkissen diente als Unterlage und ein Paar Schuhe als Kopfkissen. »Gute Gegend für Löwen«, bemerkte Preston. Dies wollte die Herzogin jedoch nicht glauben, doch immerhin war auch sie der Meinung, daß Hyänen, Leoparden, Skorpione und Schlangen unangenehm werden könnten. Später erhielten sie Besuch von Arabern, die Eier kochten und ein Hühnchen brieten und sie zum Essen einluden. Obwohl die Herzogin wegen der Härte des Bodens nicht lange schlafen konnte, war sie von ihrer Nacht in der Wüste begeistert. »Es machte alles viel Spaß, und es war herrlich, im Freien, in der Wüste zu schlafen mit all der Romantik, die damit verbunden ist. Heimlich hatte ich schon lange gehofft, daß dies geschehen würde.«[11]

Die Herzogin von Bedford war 70 Jahre alt, als sie dies schrieb. Ihr Leben ist ein Beweis dafür, daß Träume, Abenteuer und romantische Erlebnisse keine Frage des Alters sind. Mit über 60 Jahren begann sie einen neuen Lebensabschnitt, der ihr die Erfüllung lange gehegter Wünsche und die Entfaltung bisher ungenutzter Fähigkeiten ermöglichte.

Von Tunis nach Sizilien

Das Wetter war sehr schön geworden und schien auch am nächsten Morgen gut, als ich in aller Frühe auf den Platz fuhr. Als ich hier, am Morgen des 18. Dezember 1930, zur Wetterwarte ging, ahnte ich nicht, daß mir dieser Tag zum Verhängnis werden sollte.
Vor mir lag die 450 km lange Strecke nach Catania auf Sizilien. 250 km davon führten über das Mittelmeer bis an die Südwestecke Siziliens. Die Wetteraussichten lauteten befriedigend: 300 Meter Wolkenhöhe, leichte Regenneigung, Süd- bis Südwestwinde. Ich hatte also gerade einen guten Rückenwind. Als ich startete und in nordöstlicher Richtung davonflog, grollte im Süden hinter mir ein Gewitter. Mit zunehmender Geschwindigkeit blies mich der Wind auf das Meer hinaus, und als ich mich nach kurzer Zeit umsah, war vom Land nichts mehr zu sehen. Leichte Wolken hatten sich inzwischen davorgeschoben. In 300 Meter Höhe flog ich unter Regenwolken, die dicht gedrängt jedem Sonnenstrahl den Weg versperrten. Unter mir lag graugrün das bewegte Meer, dessen Wellen Schaumkronen trugen. Merkwürdig sah es aus, wie auf der Wasserfläche durch wechselnde Farbe, Form und Färbung der Wolken wiedergegeben wurde. Hier grenzten Graugrün und Blaugrün unvermittelt aneinander, dort wurden sie durch einen haarscharfen gelblichen Streifen getrennt.
Ab und zu gab es kleine Regengüsse und in den dazugehörigen Wolken auch tüchtige Böen. Aber dadurch ließ ich mich nicht weiter stören. Ich war es nachgerade gewöhnt. Zwei Stunden läßt sich so etwas schon aushalten, dachte ich bei mir, und länger brauche ich nach den heutigen Wettermeldungen bestimmt nicht bis zur Küste Siziliens. War ich erst einmal über Land, so konnte mir das Wetter überhaupt nichts mehr anhaben, denn auf der festen Erde findet sich immer ein Plätzchen zum Notlanden.
Da löste sich aus dem Wolkenmassiv vor mir eine drohende schwarze Wolke, ein Gewitter, wie ich auf den ersten Blick erkannte, und schon zuckten die Blitze. Viel von der großartigen Wirkung eines Gewitters geht beim Fliegen dadurch verloren, daß der Donner vom Motorengeräusch übertönt wird. Das Gewitter spielt sich gewissermaßen lautlos ab, denn das Motorengeräusch hört ein Fliegerohr nicht mehr oder doch nur dann, wenn irgendein Nebenton oder eine Unregelmäßigkeit verrät,

daß der Motor nicht in Ordnung ist. Dafür haben wir Flieger einen Anteil am Gewitter, der uns allein vorbehalten ist. Wir werden von mächtigen Böen hin- und hergeschüttelt, so daß wir nach Möglichkeit ein Gewitter vermeiden. Auch mir gelang es, das Gewitter zum größten Teil zu umfliegen, hinter dem es wieder hell zu werden schien.

Aber das war leider eine Täuschung. Schon nach zwei Minuten sah ich mich einem zweiten Gewitter gegenüber. Eine riesengroße, von Blitzen durchzuckte schwarzgelbe Wand breitete sich vor mir aus, in die ich wohl oder übel hineinfliegen mußte. Ein Umfliegen war diesmal nicht möglich, da nach beiden Seiten hin kein Ende dieses Unwetters abzusehen war, und ich auf offener See ohne Anhalts- und Orientierungspunkte nicht allzuweit von meinem Kompaßkurs abweichen durfte. Mit Todesverachtung stürzte ich mich also in das Gewitter hinein — drinnen aber war's fürchterlich! Es folgten Stunden, die zu durchleben ich keinem wünschen möchte. Nie habe ich der Natur und ihrer elementaren Gewalt so gegenübergestanden wie hier. Ringsum zuckten die Blitze, bald hing ich in dichten Wolken, bald schwebte ich in beängstigender Nähe über dem schaumbedeckten, stürmischen Meer, das jetzt eine unangenehme grüngelbliche Farbe angenommen hatte. Manchmal umgaben mich die Wolken so dicht und undurchdringlich, daß ich kaum das Stück Wasser sehen konnte, das unmittelbar unter mir lag. Die Böen packten meine Maschine wie einen Federball und warfen sie in einigen Sekunden um hundert Meter hinauf und hinunter.

Ein Zurück gab es nicht mehr. Hinter mir war das Gewitter so dicht wie vor mir. Ich war schon eine gute Stunde unterwegs und mußte also bereits über die Hälfte der Seestrecke zurückgelegt haben. Jetzt setzte auch noch ein Regen ein, wie ich ihn nie erlebt habe. Bisher wurde der Regen durch die Windschutzscheibe abgehalten oder durch den Propellerwind über mich hinweggetrieben. Aber jetzt goß es fast senkrecht in die Maschine herein, so daß ich binnen kurzem ganz durchnäßt war. Schon begann ich sehnsüchtig nach der rettenden Küste Ausschau zu halten und suchte den Horizont ab, soweit das Blickfeld von den Wolken freigegeben wurde. Dieser brodelnde Hexenkessel nahm kein Ende. Ein Gewitter ging in das andere über. Wie eine einzige große Sintflut erschien es mir.

Da mußte ich eine entsetzliche Feststellung machen: Der Wind hatte sich gedreht. Ich mußte ihn irgendwie von vorn haben, das sah ich an

der Bewegung der Schaumkronen und Wellen, und das merkte ich am Arbeiten der Maschine. Ich mußte wiederholt Vollgas geben, um mich in den Sturmböen behaupten zu können. Mit Vollgas fliegen, das ist ein Begriff, der einem Flieger direkt weh tut, denn solange es sich vermeiden läßt, wird man seinen Motor nicht so bis aufs letzte beanspruchen. Ich versuchte genau festzustellen, aus welcher Richtung der Wind kam, aber vergeblich. Es war, von Böen hin- und hergeschüttelt, unmöglich, die Abdrift der Maschine und dadurch die genaue Windrichtung und ungefähre Stärke über dem ewig wechselnden Wellengrund zu erkennen. Ich konnte also nicht wissen, wohin mich der Wind trieb, und das Mittelmeer ist groß. Außerdem war es bei dem unsichtigen Wetter sehr gut möglich, nur einige Kilometer vom Lande entfernt, an diesem vorbeizufliegen, ohne es zu sehen.
Ich glaubte, aus dem Wellengang auf eine nordöstliche Richtung des Windes schließen zu können und hielt mich auf gut Glück etwas östlich. Glücklicherweise hatte ich mich nicht getäuscht, denn wie sich später herausstellte, hatte ich sturmähnlichen Nordostwind. Hätte ich Nordwestwind gehabt, hätte ich an meinem eigenen Verderben mitgearbeitet. So flog ich nun weiter ins Ungewisse. Zwei — drei — vier — endlose Stunden vergingen. Das Unwetter hielt in der gleichen Stärke an. Worte können die unbeschreibliche Kraft der entfesselten Elemente nicht schildern. Es war dasselbe Wetter, das in Tunis und Algier Häuser abdeckte, Todesopfer forderte, Schiffe auf hoher See verschlang und festverankerte losriß, das Wolkenbrüche niedergehen ließ, wie man sie seit Jahren dort nicht mehr erlebt hatte. Es war eine Wetterkatastrophe, von der alle Zeitungen berichteten.
Während rings um mich Blitze leuchteten und sich schwefelgelbe Berge türmten, sah ich mich in die Unterrichtsstunde zurückversetzt, die mich zur theoretischen Prüfung vorbereiten sollte und hörte den Lehrer sagen: »Bei Gewitter, das nicht zu umfliegen ist, sofort umkehren oder notlanden.« Vor lauter Verzweiflung begann ich schon mit meinem »Kiek in die Welt« zu reden und beschwor ihn, mich nicht im Stich zu lassen.
Plötzlich, als ich schon fast hoffnungslos, nur noch gewohnheitsmäßig die Küste suchte, entdeckte ich zwischen Wolkenfetzen einen schwarzen Fleck. Es war zwar nicht das ersehnte Land, aber wenigstens ein Schiff, ein Dampfer, der den gleichen Kurs steuerte, den ich flog.

Also war ich doch auf dem richtigen Weg nach Sizilien! Wenigstens bildete ich mir in diesem Augenblick ein, daß jedes Schiff auf dem Mittelmeer nach Sizilien fahren müsse. Aber noch verging eine furchtbare Stunde in dem tobenden Chaos. Dann kam der Augenblick — der unvergeßlichste auf meinem ganzen Flug — in dem ich wieder Land sah. Es waren Felseninseln, die Sizilien vorgelagert waren und die ich an der westlichen Spitze der Insel gerade noch erreicht hatte. Nach fünfstündigem Gewitterflug war ich nun glücklich in Sizilien.
Ich folgte der Küste ostwärts, um nach Catania zu kommen, das ich auf direktem Wege, quer über die Insel, nicht erreichen konnte, da dichte Wolken die Berge einhüllten.
Das Wetter hatte sich inzwischen nicht gebessert, mir aber genügte es schon, Land unter mir zu haben, wenn es auch nur Berge und Felsufer waren. Noch zwei Stunden quälten wir uns vorwärts, »Kiek in die Welt« und ich, da beschloß ich, als eine kleine Wiese unter uns auftauchte, zu landen. Der Sturm war so stark, daß das Flugzeug zeitweise fast auf der Stelle stand, und das Benzin war auch bald zu Ende. Ein Kurven und Hereinlavieren gegen den Sturm, Zündung heraus, und da stand die Maschine auch schon, heil und unversehrt im wolkenbruchartigen Regen. Wir waren auf der Wiese, auf der am nächsten Tag mein Flug ein trauriges Ende finden sollte.
Aus einem nahegelegenen Haus, wo sie Schutz vor dem Wetter gesucht hatten, eilten einige sizilianische Bauern und Landarbeiter herbei. Sie kamen mit riesigen Schirmen und redeten mich in einem unverständlichen Kauderwelsch an. Ich versuchte, mich mit spanischen Brocken verständlich zu machen, und siehe da, es ging. Einer der Bauern war bereit, mich in seinem Maultierkarren, den er schnell anschirrte, in die nächstgelegene Stadt zu fahren. Ich schob die Maschine in den Windschutz des Hügels, gegen den ich gelandet war. Leider konnten wir sie nicht verankern, da den Bauern jedes Werkzeug dazu fehlte.
Der Weg in die Stadt führte über so schlechte Straßen, daß ich mich nur immer wieder wunderte, wie das Maultier hier seinen Weg fand und wie es den Karren unverdrossen zog, auch wenn es über ausgewaschene Steine treppenähnlich bergauf ging.
Wir hatten bald die kleine Stadt, die eigentlich nur ein Dorf war, erreicht und hielten vor einem Haus, dessen Besitzer mich sehr freundlich auf Englisch begrüßte und zum Eintreten einlud. Er und seine Frau waren

ganz reizend zu mir, ich weiß nicht, was ich ohne die Hilfe der beiden gemacht hätte. Zunächst kochte mir die Frau einen starken Kaffee, den ich auch gern trank, obgleich mir der Boden unter den Füßen brannte, da ich voraussah, daß die jetzt nötigen Polizeiformalitäten endlos sein würden und ich noch zu meiner Maschine hinaus wollte, um sie über Nacht zu verankern und mein Gepäck zu holen. Aber die Sizilianer haben Zeit, und auch wenn es eilig ist, debattieren sie über die nebensächlichsten Dinge stundenlang. Inzwischen kam die Polizei schon von allein, in Santa Croce Camberina sprechen sich so unerhörte Ereignisse wie das Eintreffen einer notgelandeten Fliegerin schnell herum. Es war eine harte Geduldsprobe für mich, den Gendarmen, die im übrigen sehr freundlich waren, immer wieder dieselben Dinge übersetzen lassen zu müssen. Glücklicherweise hatte ich die Papiere mitgebracht.
So war es spät geworden, bis wir, einige Carabinieri und ich, in einem Lastwagen wieder hinausfahren konnten, bewaffnet mit Eisenstangen, an denen wir die Maschine verankern wollten, denn ich fürchtete, daß sie der orkanartige Sturm umwerfen und beschädigen könnte. Bis zu dem in der Nähe des Landeplatzes stehenden Leuchtturm konnten wir mit unserem Auto fahren, dann wurde der Weg so schlecht, daß wir unter Führung des Leuchtturmwärters zu Fuß weitergehen mußten. Dieser behauptete, genau zu wissen, wo die Maschine stünde. Ein Gendarm der Küstenpolizei sei bei der Maschine, gab man mir zu verstehen. Aber das beruhigte mich nicht allzusehr; abgesehen davon, ob er bei dem Wetter überhaupt noch dageblieben war, konnte er auch die Maschine nicht halten, wenn der Sturm sie umwehte. Mittlerweile war es stockdunkel geworden. Zu zehnt zogen wir mit Laternen versehen los. Das leerstehende Gebäude fanden wir auch wieder, aus dem heute morgen die Leute zu meiner Hilfe gekommen waren, und in dessen unmittelbarer Nähe die Maschine stehen mußte. Trotzdem mir auch die Richtung von hier aus im Gedächtnis war, mußten wir nach einstündigem Suchen unverrichteter Dinge wieder umkehren. Wir konnten das Flugzeug nicht finden.
Der Sturm heulte, es schüttete wie aus Kübeln, und die Blitze waren so grell, daß sie uns nicht das Suchen erleichterten, sondern uns vollkommen blendeten; und jeder dieser Blitze war von einem Donnerschlag begleitet. Die Mäntel flogen im Sturm, wir wateten bis an die Knöchel im Schlamm. Die Laternen waren längst erloschen, so daß wir alle nur

noch auf meine kleine Taschenlampe angewiesen waren. Die Schüsse, welche die Gendarmen abgaben, um den angeblich bei der Maschine stehenden Kollegen von der Küstenpolizei zur Antwort zu veranlassen, hörten kaum wir Danebenstehenden in dem Tosen von Meer, Sturm und Donner. Das war der passende Abschluß dieses meines schreckenreichsten Tages.

So war ich wieder einmal ohne Koffer, als ich, in Sorge um »Kiek in die Welt« und vollkommen durchnäßt, zu meinen Wirten zurückkam, die mich auch die Nacht über bei sich aufnahmen, denn einen Gasthof gab es hier nicht. Nachdem sie mich mit trockenen Sachen ausgestattet hatten, setzten wir uns zum Abendbrot, zu dem die ganze Familie der Frau vollzählig erschienen war.

Am andern Morgen war das schönste Wetter, das man sich nur denken konnte. Kein Wölkchen trübte den strahlenden sizilianischen Himmel, und kein Windhauch rührte sich. Noch einmal gab es jetzt endlose Polizeiverhandlungen. Wie mir meine Wirte erzählten, hatte sie die Polizei schon einmal mitten in der Nacht aus dem Schlaf geholt, um aus unerklärlichen Gründen zu fragen, ob ich noch hier sei.

Dann mußte ich mich der Menge zeigen. Meine Gastgeber traten engumschlungen mit mir auf den Balkon des Hauses, vor dem sich ein Menschenauflauf gestaut hatte, auf den ich huldvoll nach allen Seiten herabgrüßen mußte.

Dann ging's hinaus auf die Wiese, wo »Kiek in die Welt« heil und munter schon von weitem in der Sonne leuchtete. Wir tankten, wobei mir der Offizier der Carabinieri besonders tatkräftig half. Beim Startversuch auf der aufgeweichten kleinen Wiese »nahm« ich leider die Umfassungsmauer »mit«. Nach sizilianischer Sitte sind fast alle Äcker und Wiesen mit solch einer Mauer umgeben. Um eine Handbreite nur hat es sich gehandelt. Ich merkte, während ich schon mit Vollgas über die Wiese rollte, daß der aufgeweichte Boden für den Start doch ungünstiger war, als ich gedacht hatte. Die Maschine klebte am Boden. Ich sah die Mauer vor mir, die näher und näher kam. Jetzt Gas wegnehmen war ausgeschlossen, dann wäre ich direkt hineingerast. Also blieb mir nichts anderes übrig, als Vollgas zu geben und zu warten, bis die Geschwindigkeit groß genug war, um die Maschine vom Boden anzuheben. Vielleicht konnte ich dann gerade noch über die Mauer hinwegspringen. Aber schon sah ich, es war zu spät. Nun galt es, wenigstens ruhig zu bleiben

und die Maschine vor der Mauer so hoch wie möglich zu bringen, um den unweigerlich kommenden Bruch abzumildern. Da krachte es auch schon — und zwei Sekunden darauf herrschte tiefes Schweigen. Ich stieg aus. Mit dem Kopf war ich vornüber geflogen, und jetzt floß mir das Blut über die Augen, ich wußte nicht woher. Ich merkte nur, daß mich der kleine Carabinierioffizier mit schneeweißem Gesicht stützte. Er war, glaube ich, erschrockener als ich. Der Bruch war dadurch, daß ich die Mauer nur mit dem untersten Teil der Räder berührt hatte, noch sehr glücklich abgelaufen. Da lag nun der arme »Kiek in die Welt« auf dem Bauch jenseits der Mauer. Er hatte sein Fahrgestell verloren, und die Reparatur konnte weder in Sizilien noch überhaupt in Italien vorgenommen werden, da Duraluminarbeiten besondere Spezialarbeiten sind. Das stellten wir nachher in Catania fest, wo ich die hilfreiche Unterstützung der italienischen Militärflieger fand, die auch meine Maschine hierher abschleppten.
Es war eine merkwürdige Fügung des Schicksals, daß das Kartenmaterial, das ich von Berlin aus mitgenommen hatte, nur bis Catania reichte, wo ich dann gezwungen war, den Flug endgültig abzubrechen.

Marga von Etzdorf, »Kiek in die Welt.
Als deutsche Fliegerin über drei Erdteilen«

Marga von Etzdorf – Der Flug ist das Leben wert

Während Namen wie Amelia Earhart oder Elly Beinhorn auch heute noch in den Massenmedien auftauchen, ist Marga von Etzdorf weitgehend vergessen, obwohl auch sie zur Elite der deutschen Pilotinnen gehörte. Sie stand nur einige Jahre im Rampenlicht; ihr Ruhm verlosch nach ihrem Tod so schnell, wie er gekommen war.
Am Lebenslauf Marga von Etzdorfs lassen sich die Chancen und Behinderungen aller Pilotinnen der Weimarer Zeit ablesen.
Sie wurde 1907 in Berlin-Spandau geboren. Vater und Großvater waren preußische Offiziere. Schon früh, 1911, verlor sie ihre Eltern, die beide während eines Badeurlaubs in Jugsolawien ertranken. Zusammen mit ihrer drei Jahre jüngeren Schwester wuchs sie im Haus ihrer Großeltern — im Sommer in Gehren in der Lausitz, im Winter in Berlin — auf.

Marga beschreibt in ihrer Autobiographie eine unbeschwerte Kindheit und Jugend: Sie spielte am liebsten im Freien und zeichnete sich zum Schrecken ihrer Privatlehrerinnen durch besonders waghalsige Streiche aus. Wie fast alle anderen Pilotinnen der zwanziger und dreißiger Jahre war sie »wild wie die Jungens« und hielt mehr von sportlichen Aktivitäten — Hockey, Fechten und Reiten — als von Handarbeiten oder Klavierspielen.[1]
Zum Abschluß ihrer Ausbildung besuchte Marga von Etzdorf eine einjährige Frauenschule, weil ihre Großmutter der Ansicht war, daß ein junges Mädchen »so etwas immer gebrauchen« kann.[2] Damit hatte sie freilich unrecht. Ihre Enkelin konnte sich weder für den Haushalt noch für ein Studium begeistern. Sie hatte aber auch keine konkreten beruflichen Pläne, bis ihr ein Bekannter einen Freiflugschein für einen Rundflug schenkte. Damit waren die Weichen für ihre Zukunft gestellt. Schon drei Wochen später — im Winter 1926 — begann Marga von Etzdorf mit ihrer Ausbildung an der Fliegerschule Bornemann in Staaken, wo sie als einzige Frau einiges Aufsehen erregte.
Eine Barriere auf dem Weg zum »Flugzeugführer«, wie die offizielle Bezeichnung lautete, war häufig der Widerstand der Eltern, die die fliegerischen Ambitionen ihrer Töchter meist als unpassend, unnütz und gefährlich ablehnten. Thea Rasche durchkreuzte zum Beispiel mit ihrem Wunsch zu fliegen, die Absichten ihres Vaters, der es ihr nie verzieh, daß sie eine halbe Stunde vor der sorgfältig arrangierten Eheschließung endgültig »nein« gesagt hatte. Marga von Etzdorf scheint jedoch im Gegensatz zu vielen anderen Pilotinnen Glück gehabt zu haben; ihre Großeltern legten ihr, was sie ihnen hoch anrechnete, keine Steine in den Weg.
Nicht so sehr die praktische, als vielmehr die theoretische Ausbildung war für eine Frau schwierig, denn sie mußte das, »was jeder Junge heute schon mit zehn Jahren weiß, alles neu lernen. Zylinder und Kurbelwelle, Ventile und Zündkerzen waren mir ganz fremde Begriffe«.[3] Mit großer Energie stürzte sich Marga von Etzdorf in die Arbeit: Sie las Fachliteratur, half unter den strengen Augen des Werkmeisters bei der Wartung und Reparatur der Motoren und absolvierte die notwendigen Schulungsflüge. 1927 legte sie ihre A-Schein-Prüfung ab und war damit in Deutschland nach Thea Rasche die zweite Frau und die erste Berlinerin, die in der Zeit nach dem Krieg ein Flugzeug steuern durfte. Marga

Marga von Etzdorf beim Reinigen des Motors

von Etzdorf bekam auch bald weibliche Konkurrenz; das Jahrzehnt 1929 bis 1939 wurde — nicht nur in Deutschland — zu einem Jahrzehnt der Pilotinnen, die durch immer aufsehenerregendere Flüge die Schlagzeilen füllten.

Trotzdem hatten Pilotinnen sowohl in Deutschland als auch in anderen Ländern außerordentlich schlechte Berufschancen. So war für Frauen im Verkehrsflugwesen kein Platz. Das Vorurteil gegen Frauen als Pilotinnen war auch in den USA nicht überwunden. Amelia Earhart, die berühmteste Pilotin der Welt, schrieb 1932: »Wenn ich nur einmal die Piloten aufzählen wollte, wäre keine einzige Frau im Cockpit eines Linienfluges zu finden.«[4] Diejenigen, denen es nicht gelang, als Berufspilotinnen Fuß zu fassen, mußten in der Regel auch ihren Traum vom Fliegen aufgeben, weil die damit verbundenen Kosten sehr hoch waren. Der einzige Weg für Pilotinnen war, sich zielstrebig weiter zu qualifizieren und durch fliegerische Leistungen Aufsehen zu erregen. Nur dann bestand eine Chance, Fliegen zum Beruf zu machen.

Diesen Weg ging auch Marga von Etzdorf, die mit dem A-Schein und gelegentlichen Hobbyflügen nicht zufrieden war. Um Erfahrungen mit größeren Maschinen, auf langen Strecken und bei schlechten Wetterbedingungen zu sammeln und um das Fliegen nach Karte und Kompaß zu lernen, bewarb sie sich im November 1927 als zweite Führerin bei der Lufthansa, die bis dahin keine Frau im Cockpit geduldet hatte. Es gelang ihr trotz der Bedenken der maßgeblichen Herren zu Ausbildungszwecken für einige Monate als »zweiter Führer«, als »Franz«, wie es in der Fliegersprache hieß, bei der Lufthansa eingestellt zu werden.[5] Im Februar 1928 trat Marga von Etzdorf ihren Dienst in einer viersitzigen Junkers-Verkehrsmaschine auf der Pendelstrecke Berlin-Breslau an. Mit dem »Franzen« hatte sie keine Probleme, wohl aber mit der Kälte, die in der ungeheizten und relativ ungeschützten Führerkabine der F 13 fast unerträglich war. Die Passagiere durften dagegen in einer geheizten Kabine sitzen. Nach dem Flug kamen sie häufig, so Marga von Etzdorf in ihren Erinnerungen, »um sich bei den Herren Piloten für den herrlichen Genuß zu bedanken, und ich habe mich immer gehütet, ihnen diese Illusion durch das Verraten meiner Stimme zu rauben. Mit einer stummen und männlichen Verbeugung steckte ich alle Komplimente ein.«[6]

Nach nicht allzu langer Zeit wurde Marga von Etzdorf nach Dresden versetzt und bekam nun die Gelegenheit, das »Streckenfliegen« so richtig kennen zu lernen. Geflogen wurde — fast — bei jedem Wetter, bei Schnee und Eis, Wind und Nebel; wenn die Sicht schlecht war, dienten Eisenbahnlinien als Orientierung. Die Piloten wußten aber auch genau, wann das Fliegen unverantwortbar war. So konnten beispielsweise die Vereisung der Tragflächen oder dichter Nebel zum Abbruch des Fluges und zur Rückkehr zum Ausgangsflughafen führen. Da saßen Besatzung und Passagiere dann fest. »Ohne Koffer und ohne Sachen, angetan mit meiner Fliegerkombination und meinen schönen Siebenmeilenstiefeln, sollte ich jetzt hierblieben, zum höchsten Ergötzen des ganzen Flugplatzpersonals.«[7] Damals war man eben auf weibliches Flugpersonal noch nicht eingerichtet. Im nächsten Frühjahr hatte Marga von Etzdorf ihre 10000 km als »zweiter Führer« absolviert und mußte zu ihrem größten Bedauern von der Lufthansa und ihrer geliebten F 13 Abschied nehmen.

1928 erwarb Marga von Etzdorf den Kunstflugschein und bekam gleich ihr erstes Angebot, auf einem Flugtag in Stuttgart ihre neu erlernten

Kunststücke vorzuführen. Dort lernte sie Prinz zu Schaumburg-Lippe, einen Segelflieger, kennen, der sie für seinen Sport begeisterte. Nachdem sie, fast nebenbei, den Segelflugschein erworben hatte, ließ ihr der Gedanke, schwere Maschinen, auch Verkehrsflugzeuge zu fliegen, keine Ruhe. Da sie als Frau die Deutsche Verkehrsfliegerschule nicht besuchen konnte, war der Weg zum B-Schein schwierig und langwierig. Als besonders hohe Hürde erwies sich die theoretische Prüfung, auf die sie sich selbständig vorbereiten mußte. »Mutterseelenallein« wurde sie von fünf Offizieren der Luftpolizei fast drei Stunden lang geprüft — auch das eine Benachteiligung gegenüber den Flugschülern, die ihre Prüfung in Gruppen absolvieren konnten.[8]

1930 kaufte Marga mit finanzieller Unterstützung ihrer Großeltern ein eigenes Flugzeug, eine winzige zweisitzige Junkers-Junior mit einem 80-PS-Motor. Mit dieser knallgelben, »Kiek in die Welt« getauften Maschine besuchte sie zahlreiche Flugtage, führte Reklame- und Passagierflüge durch und beteiligte sich an der ersten deutschen Damenkunstflugmeisterschaft im Mai 1930 in Bonn. Vier der sieben deutschen Kunstfliegerinnen kämpften um den Meistertitel: Liesl Bach, Luise Hoffmann, Elli Beinhorn und Marga von Etzdorf. Thea Rasche, die bekannteste Pilotin der damaligen Zeit, mußte auf die Teilnahme verzichten, da sie gerade kein eigenes Flugzeug hatte.

Inwischen war in der Fliegerei ein Rekord- und Langstreckenboom ausgebrochen — schneller, weiter, höher war die Devise. Die Piloten, die jetzt über relativ große und zuverlässige Flugzeuge verfügten, suchten sich immer neue Ziele aus. Eine besondere Herausforderung war für sie der Nordatlantik. Der Versuch, ihn in einem Flugzeug zu überqueren forderte allein im Jahr 1927 neunzehn Menschenleben. In dieser ersten Phase waren die Langstreckenflüge weitgehend eine Domäne der Männer, da sie im Gegensatz zu den interessierten Frauen über eine Ausbildung als Militärpiloten und über finanzielle Unterstützung verfügten. Langstreckenfliegerinnen wie etwa die ehrgeizige Ruth Law waren dagegen aufgrund der herrschenden Vorurteile stark gehandicapt.

Nach dem spektakulären Atlantikflug von Charles Lindbergh 1927 sowie von Gordon und Stultz 1928 in der »Friendship«, in der auch Amelia Earhart als »extra weight« mitflog, hatte das Langstreckenfieber auch viele andere Frauen ergriffen. Kein Wunder, daß auch Marga von Etzdorf von der Sehnsucht nach der Ferne erfaßt wurde. Am 18. August

1930 startete sie zusammen mit dem Hamburger Sportflieger Praesent, der ebenfalls ein Sportflugzeug, eine »Motte«, besaß, und mit zwei Passagieren zu einen Langstreckenflug von Berlin nach Istanbul. Bis auf einige Notlandungen wegen Benzinmangels ging alles glatt, und nach 14 Tagen »voll der schönsten Eindrücke und Erinnerungen« landete sie »ein wenig traurig, daß all dies nun zu Ende war«, wieder in Tempelhof.[9]
Kaum war Marga von Etzdorf in Berlin angekommen, schmiedete sie schon neue Pläne. Sie entschloß sich, nach Afrika, zu den Kanarischen Inseln, diesmal aber allein zu fliegen. Am 14. 11. startete sie unbeachtet in Berlin und erreichte nach einem relativ reibungslosen Flug über die Schweiz, Frankreich, Spanien und Marroko am 6.12.1930 die Kanarischen Inseln. Nicht ganz so viel Glück hatte sie auf dem Rückflug. Auf der 450 km langen Strecke von Tunis nach Catania geriet sie über dem Mittelmeer in ein Unwetter, verlor dadurch die Orientierung und erreichte Sizilien nur mit Mühe. Sie mußte mit dem letzten Tropfen Benzin auf einer Wiese notlanden. Als sie am nächsten Tag versuchte, auf dem aufgeweichten Boden wieder zu starten, streifte sie eine Umfassungsmauer, ihre Maschine wurde schwer beschädigt, sie selbst aber kam mit leichten Verletzungen davon. Die letzte Etappe der Strecke mußte Marga von Etzdorf mit der Bahn zurücklegen.
Sie ließ sich von ihrem Mißgeschick in Sizilien jedoch nicht entmutigen, im Gegenteil — ihre Pläne wurden jetzt noch ehrgeiziger. Nach langwierigen organisatorischen Vorbereitungen, nach der Sicherstellung der Finanzierung, der Festlegung der Flugroute, nach dem Schreiben von Anträgen und dem Warten auf Genehmigungen, startete Marga schließlich am 18. August 1931 vom Flughafen Tempelhof in Richtung Tokio. Über Moskau und Omsk, dann entlang der transsibirischen Eisenbahn, legte sie in 12 Tagen (11 Flugtagen) die mehr als 10 000 km lange Strecke nach Japan zurück. Erneut hatte Marga von Etzdorf Pech beim Rückflug. Beim Start auf dem Flugplatz in Bangkok setzte in 80 m Höhe ihr Motor aus, und sie stürzte ab. Es war wie ein Wunder — so schreibt sie in einem Brief — daß sie mit relativ leichten Verletzungen davon kam. Ihr Flugzeug jedenfalls war ein Trümmerhaufen. In einem maschinenschriftlichen Bericht in ihrem Nachlaß heißt es: »Wer den Absturz und die Trümmer gesehen hat, glaubt nicht, daß irgendjemand lebend daraus hervorgegangen ist, und daß die Marga gleich wieder vergnügter als ihr Kater Ju auf den Beinen stand«. Marga von Etzdorf erlitt eine Stauchung der

Ankunft in Berlin

Wirbelsäule, mußte vier Wochen still liegen und kehrte nach fast elfmonatiger Abwesenheit mit einem holländischen Verkehrsflugzeug, von Wien aus dann in einer ihr zur Verfügung gestellten »Junkers-Junior« nach Berlin zurück, wo ihr ein begeisterter Empfang bereitet wurde.
In den folgenden Monaten hielt Marga zahllose Vorträge über ihre Erlebnisse im In- und Ausland. Sie schuf damit die finanzielle Grundlage für ihren nächsten Plan, einen Flug nach Australien, auf dem nun nichts mehr schiefgehen durfte. Nach langen Verhandlungen gelang es ihr zudem, von den »Klemm-Flugzeugwerken« ein kleines Sportflugzeug mit einem 120 PS Argus-Motor zur Verfügung gestellt zu bekommen. »Am 27. Mai 1933 startete Marga von Etzdorf von Berlin-Staaken zur ersten Etappe nach Belgrad. Ihre Freunde, die sie verabschiedeten, sahen sie siegessicher und strahlend in südlicher Richtung wegfliegen. Alle waren sie überzeugt, dieses Mal werde die junge Fliegerin *mit* ihrem Flugzeug erfolgreich in die Heimat zurückkehren.«[10]
Diese Hoffnung erfüllte sich nicht. Schon am nächsten Tag, am 28. 5. 1933, landete die junge Pilotin auf einem Militärflughafen in der Nähe von Aleppo (Syrien) so unglücklich, daß ihre Maschine beschädigt wurde. Sie selbst blieb unverletzt; sie erschoß sich kurz darauf im Flugplatzgebäude.
Was Marga von Etzdorf dazu getrieben hat, mit 26 Jahren ihr Leben zu beenden, wurde nie völlig geklärt. Waren ihr Ehrgeiz und das Gefühl, versagt zu haben, oder ihr Stolz und abfällige Bemerkungen über ihr fliegerisches Können Anlaß für ihren Selbstmord? Ihr Grab auf dem Invalidenfriedhof in Berlin trägt die Aufschrift: »Der Flug ist das Leben wert«.

Glück und Pech

Berlin — Tokio mit dem kleinen Junkers-»Junior« war glatt gegangen. Das politische Durcheinander in China hielt mich auf, und schließlich war ich in dem einfach märchenhaften Siam. Von hier wollte ich über Indien nach Deutschland zurück. In Bangkok war feierlicher Abschied gewesen. Der Motor sprang an, der kleine Blechvogel rollte über den Platz mit erhobenem Schwanz, ich nahm leicht den Knüppel zurück, da hob sich »Kiek in die Welt« schon ab.

Ich wollte eine Abschiedskurve um den Platz herum machen und dabei gleichzeitig genug Höhe gewinnen, um überland zu gehen. Im selben Augenblick setzte mein Motor aus. Was für ein Gefühl das war, so nahe dem Boden und noch dazu in der Kurve, das läßt sich nicht beschreiben. Was folgte, war der richtige Todessturz. Der Aufprall war wahnsinnig. Mein Flugzeug ein Trümmerhaufen. Mich zogen die hilfsbereiten Siamesen aus den Trümmern heraus und luden mich in den nächsten Eisenbahnwagen. Aber davon merkte ich nichts mehr.
Als ich wieder zu mir kam, spürte ich zuerst das Rückenmark, dann den Kopf und die Beine. Meine Wunden übergossen sie mit Jod. Es war wunderschön. In hellen Scharen kamen die siamesischen Passagiere der Vorortzüge zu mir und wollten mir gleich die schmerzenden Beine massieren. Neben mir saß ein siamesischer Soldat und versuchte mich zu trösten. Das einzige englische Wort, das er kannte, war: »Never mind!« (»Macht nichts!«). Und das sagte er einige hundertmal hintereinander in rührend besorgtem Ton.
Es machte aber doch etwas, denn trotz der rührenden Pflege eines deutschen Arztes in Bangkok dauerte es doch recht lange, bis sie mich richtig wieder zusammenmontiert hatten.
Das Schlimmste bei so einem Bruch sind ja nicht die Schmerzen, aber man liegt da und kommt doch immer wieder ins Grübeln über all die letzten Vorgänge, und ob man etwas besser hätte machen können. Die glatten 10000 Kilometer durch ganz Asien wollten nicht mehr recht zählen.
Meine Verletzungen waren nicht schlimm gewesen, aber nun überlegte ich immer hin und her, was ich hätte besser machen können. Natürlich ist das Unsinn. Pech kann eben jeder haben. Gegen Motorversager nach dem Start ist nun mal kein Flieger gefeit, und die Hauptsache ist, daß man trotzdem die Lust wieder in sich wachsen läßt, weiter zu fliegen und weiter in die große Welt hineinzufliegen. Und die habe ich wirklich immer wieder bekommen.

Marga von Etzdorf

Jacqueline Cochran – Ihr Weg zu den Sternen

Die 1912 geborene Jacqueline Cochran wuchs in wechselnden Sägewerkcamps im Süden der USA unter menschenunwürdigen Bedingungen auf. Ihre Eltern, die sie für ihre »Pflegeltern« hielt, waren es gewöhnt in baufälligen Hütten zu hausen, die an einem schlammigen Flußarm oder in der Nähe eines Abwasserkanals lagen. Schuhe, richtige Kleider, Betten oder gar Spielzeug kannte die kleine Jacqueline nur vom Hörensagen. Schon von klein auf lernte sie, für sich selbst zu sorgen und ihren mageren Speisezettel durch das, was sie im Wald und Fluß an Eßbarem finden konnte, aufzubessern. Immer wenn der Wald an einem Ort abgeholzt war, wurde das Sägewerk geschlossen, und Jackies »Pflegeeltern« zogen zum nächsten Sägewerk-Lager, wo sie einen Kredit aufnahmen, der fast den ganzen Lohn des Vaters auffraß. Sie kamen einfach auf keinen grünen Zweig.

Weil sich niemand um sie kümmerte oder sie in die Schule schickte, führte Jaqueline Cochran ein ungebundenes Leben. Sie stromerte durch den Wald, fischte und fing Krebse und ergatterte gelegentlich sogar ein Huhn. Mit etwa acht Jahren beschloß sie, in die weite Welt zu gehen. Zu ihrem größten Bedauern scheiterten die Versuche, sich in eine Zirkustruppe einzuschmuggeln oder sich von Zigeunern stehlen zu lassen. Das Leben des kleinen Mädchens veränderte sich entscheidend, als eine neue Lehrerin, Miß Bostwick, ins Schulhaus Einzug hielt. Jackie fand sie wunderschön und brachte ihr jeden Tag Brennholz, einen Dienst, den Miß Bostwick nicht nur mit klingender Münze, sondern auch mit Nachhilfeunterricht entlohnte. Als die Lehrerin nach zwei Jahren wieder abreiste, hatte sie einen nachhaltigen Einfluß auf Jackie ausgeübt, — sie hatte ihren Ehrgeiz angefacht und ihren Sinn für Schönheit geweckt. Als auch dieses Sägewerk seine Tätigkeit eingestellt hatte, beschlossen Jacquelines Eltern nach Columbus zu ziehen und in einer Baumwollfabrik zu arbeiten. Jackie, die, obwohl sie noch ein Kind war, ebenfalls in die Baumwollfabrik geschickt wurde, erwies sich dort als sehr anstellig und machte einen schnellen Aufstieg von der Hilfsarbeiterin, die Spulen an die Weberinnen verteilen mußte, zur Aufseherin. Ein dreimonatiger Streik bereitete ihrem Fabrikdasein, von dem sie ohnehin genug hatte, ein Ende. Sie bekam eine Stelle als »Mädchen für alles« in einem Schönheitssalon, wo sie, inzwischen dreizehnjährig, bald alle Tricks dieses

Gewerbes inclusive der Dauerwellenherstellung beherrschte. Ihre liebste Kundin besaß ein Freudenhaus in der Stadt, dessen Bewohnerinnen ebenfalls von ihr frisiert wurden. Von Columbus, Georgia, schaffte sie den Sprung in den Schönheitssalon eines Kaufhauses in Montgomery, Alabama, wo sie als Dauerwellenspezialistin tätig war. Dort verdiente sie immerhin so viel, daß sie sich ein gebrauchtes Auto kaufen konnte. Mit der Unterstützung einer einflußreichen Kundin gelang es Jacqueline Cochran zur Krankenpflegeausbildung zugelassen zu werden. Nach Abschluß der Ausbildung arbeitete sie — jeweils nur für kurze Zeit — als Krankenschwester, als Vertreterin für Schnittmuster und Kurzwaren, als Mitinhaberin eines Kosmetiksalons und als Lehrerin in einem Schönheitsinstitut. Bald zog es sie nach New York. Es gelang ihr durch ihr forsches Auftreten im »Saks-Fifth Avenue Salon« von Antoine angestellt zu werden — damit hatte sie ihren gesellschaftlichen Aufstieg geschafft. Trotzdem war sie nicht glücklich, denn sie fühlte sich in den engen Kabinen des Salons eingesperrt und sehnte sich nach Weite und Freiheit. Warum sollte sie ihren beruflichen Erfolg in der Kosmetikbranche und ihre Reiselust nicht verbinden? Sie beschloß fliegen zu lernen, um dann als Vertreterin einer großen Kosmetikfirma alle Konkurrenten buchstäblich überflügeln zu können.
Mit der ihr eigenen Durchsetzungsfähigkeit tauchte Jacqueline Cochran an einem schönen Sommertag 1932 in der »Roosevelt Flugschule« auf und erklärte, daß sie in drei Wochen fliegen lernen wollte. Dies tat sie auch. Schon am dritten Tag machte sie ihren ersten Alleinflug, und nach drei Wochen hielt sie ihr Flugbrevet in Händen. Kurz darauf flog sie in einem geliehenen Flugzeug von New York zu einem Fliegertreffen nach Montreal, wobei sie sich auf dem Weg vom Bodenpersonal eines Flugplatzes, auf dem sie eine Zwischenlandung machte, erst einmal erklären lassen mußte, wie ein Kompaß funktioniert.
Seit ihrem ersten Besuch auf dem Flugplatz war Jacqueline Cochran ein anderer Mensch: Das Flugfieber hatte sie gepackt. Ihre Motivation beschreibt sie in ihrer Autobiographie: »Man hat mich oft gefragt, warum ich so viel Zeit und Kraft aufs Fliegen verwende. Man könnte ebensogut einen Maler wie beispielsweise John Doe fragen, warum er Leinwand auf Leinwand bemalt, ohne an einen Verkauf zu denken … Dafür gibt es keine vernunftmäßige Begründung; man könnte sie bloß nachträglich konstruieren. Meine Neigungen und Abneigungen, das ganze Auf und

Ab meiner Gefühle kommen wohl aus Tiefen, in die mein Bewußtsein nicht eindringt. Ich weiß nur, daß vieles von meinem Wesen seinen Ursprung im Sägemehlwerk hat. Dorther rührt jener unbezwingliche Trieb, der mir zeitlebens zurief: 'Hinaus und empor!' Von ihm beherrscht, reiste ich mit dem Wind und den Sternen.«[1]

Obwohl Jacqueline Cochran durch die Freundschaft und später (1936) die Ehe mit dem Millionär Floyd Odlum, einem Wall-Street-Anwalt, aller finanzieller Sorgen ledig war, änderte sie ihr Leben nicht. Sie widmete weiterhin ihre Zeit und Kraft dem Fliegen und dem Aufbau ihrer Kosmetikfirma.

Zunächst hatte sie noch einiges Lehrgeld zu bezahlen. 1933 verlor sie in ihrer »Waco«, die sie für 8 200 Dollar gekauft hatte, bei einem Transkontinentalflug die Orientierung und mußte in einem Luzernenfeld notlanden. Dabei wurde ihr der Bewässerungsgraben zum Verhängnis. Jackie hatte Glück im Unglück: Obwohl sich ihre Maschine überschlug, wurde niemand verletzt.

Dieser Unfall und die Orientierungsprobleme, die Jacqueline auf einem anderen Flug hatte, bestärkten sie in der Überzeugung, daß sie den Blindflug lernen mußte. So baute sie sich einen Sichtschutz und flog mit einem »Aufpasser«, der sie bei gefährlichen Fluglagen warnen sollte. Später trat sie an die Piloten von Linienflugzeugen, die damals noch keine Stewardessen hatten, heran und erklärte sich bereit, die Passagiere zu bedienen unter der Bedingung, daß ihr nachts der Steuerknüppel überlassen würde. Auf diese Weise konnte sie sich etwa 300 Stunden im Blindflug üben. Außerdem engagierte sie einen der besten Instrumentenflieger, der ihr vier Monate lang das Fliegen mit Hilfe von Instrumenten beibrachte.

Ihr unmittelbares Ziel war die Teilnahme, oder besser der Sieg, beim London-Australien-Rennen 1934, das nicht nur wegen der hohen Geldpreise, sondern auch wegen der Exotik Australiens attraktiv war. Für diesen Wettbewerb kaufte sie ein für Langstreckenflüge umgebautes »Gamma«-Flugzeug, das aber schon auf dem Weg von Los Angeles nach New York, wo es auf ein Schiff verladen werden sollte, seinen Geist aufgab. Jackie mußte in einem Passagierflugzeug nach New York reisen, wo sie mit der Flugzeugfirma »Granville Brothers« verhandelte und ihr neuestes Rennmodell, eine »Gee Bee«, kaufte. Während der Überfahrt nach London wurde an diesem Flugzeug noch gearbeitet, und erst sechsunddreißig Stunden vor dem Start konnten Jackie Cochran und ihr Co-Pilot Wesley Smith die ersten Testflüge durchführen. Trotzdem ging der Wunsch Jackies in Erfüllung — sie starteten zum Flug nach Australien. Die »Gee Bee« war wirklich, wie die Hersteller versprochen hatten, ein sehr schnelles Flugzeug, denn das Team Cochran-Smith erreichte als erstes das Ziel des Tages, Bukarest. Allerdings hatte sich auf dieser ersten Etappe herausgestellt, daß ein Weiterflug aufgrund der Mängel an der »Gee Bee« unmöglich war. Als Jackie nämlich den Reservetreibstoff in den Tank leiten wollte, setzte plötzlich der Motor aus. Der Versuch, mit dem Fallschirm abzuspringen, schlug fehl, weil sich die Cockpithaube nicht öffnen ließ. Verzweifelt drehte Jackie an den Treibstoffschaltern — da, im letzten Moment, sprang der Motor wieder an. Später stellte sich heraus, daß die Schalterbeschriftung falsch war. Da auch die Landeklappen defekt und das Flugzeug insgesamt instabil war, mußte Jackie das Rennen aufgeben. In ihrer Biographie faßt sie ihre Erfahrungen mit der »Gee Bee« in einem Satz zusammen: »Ich glaube, ich bin einer der wenigen Käufer einer »Gee Bee«, der nicht darin umgekommen ist.«[2]

1935 beteiligte sich Jackie in ihrem inzwischen reparierten »Gamma«-Flugzeug erneut an einem großen Wettbewerb, am Bendix-Rennen, das jedes Jahr auf der Strecke Los Angeles — Cleveland durchgeführt wurde. Eine halbe Stunde nach Mitternacht war Amelia Earhart gestartet, die sich aber mit ihrer robusten »Lockheed Vega« keine großen Chancen ausrechnete. In den frühen Morgenstunden machten sich dann Jackie Cochran und ein anderer Teilnehmer, Cecil Allen, zum Start bereit. Inzwischen hatte sich dichter Nebel auf den Flugplatz herabgesenkt. Cecil Allen raste als erster in einer »Gee Bee« die Startbahn entlang und in den Nebel hinein. Das mit Treibstoff vollbeladene Flugzeug klebte am Boden und überschlug sich am Ende der Piste. Cecil Allen verunglückte tödlich. Erst nach langem Zögern entschloß sich die junge Pilotin trotz ihrer Betroffenheit und der Warnungen der Umstehenden, das Rennen aufzunehmen. Als ihr schwerbeladenes Flugzeug nicht abheben wollte, schien ihr das gleiche Schicksal wie ihrem Vorgänger zu drohen. Mit einem Stoßgebet auf den Lippen gab sie so viel Gas, wie sie nur konnte, und — endlich — erhob sich die Maschine am Ende der Piste in die Luft. Schon nach kurzer Zeit, als das Wetter immer schlechter und der Motor immer heißer wurde, gab Jackie auf. Um landen zu können, mußte sie

Jacqueline Cochran nach ihrem Sieg im Bendix-Rennen 1938

einen großen Teil des Treibstoffs ablassen. Dabei wurde, weil die Ablaßventile nicht erprobt waren, Treibstoff in das Cockpit gesogen, der ihre Kleidung von Kopf bis Fuß durchtränkte und das Atmen fast unmöglich machte. Kritisch war auch die Landung, weil der kleinste Funken die Maschine in Brand setzen konnte.

Damit war aber ihre Pechsträhne zu Ende; in den folgenden Jahren sollte sich Jacqueline Cochran zur erfolgreichsten Pilotin der Welt entwickeln. 1937 erreichte sie in einem Doppeldecker ohne Klimaanlage, ohne Sauerstoffmaske und ohne Druckanzug eine Höhe von 10000 m. Im gleichen Jahr startete sie erneut, als einzige Frau, beim Bendix-Rennen und wurde Dritte. Im Dezember stellte sie einen neuen Rekord in einem Flugzeug des Herstellers Seversky auf der Strecke New York — Miami auf. Der in Rußland geborene Alexander P. de Seversky stellte daraufhin Jackie ein Jagdflugzeug für das Bendix-Rennen 1938 zur Verfügung, in der Hoffnung, daß er damit den Bekanntheitsgrad seiner Firma steigern und die Militärbehörden für sein Flugzeug interessieren könne. Am Morgen des 3. September startete Jackie, wiederum als einzige Frau unter den 10 Teilnehmern, in einem Flugzeug, das noch nicht einmal getestet war. Die Maschine war sehr schnell und besaß, da die Tragflächen mit Treibstoff gefüllt waren, eine ungewöhnlich große Reichweite. Allerdings war die Treibstoffleitung vom rechten Flügel zum Motor defekt, was bedeutete, daß die Pilotin das Flugzeug immer wieder schräg stellen mußte, damit der Treibstoff von der rechten in die linke Tragfläche fließen konnte. Später zeigte sich, daß ein Klumpen Packpapier die Treibstoffleitung verstopft hatte. Trotzdem schaffte Jackie die über 3000 km lange Strecke von Los Angeles nach Cleveland ohne Zwischenlandung in etwa 8 Stunden — das war der Sieg. Jackie war damit aber noch nicht zufrieden, sie ließ sich kurz von den Zuschauern bejubeln, stieg dann aber gleich wieder in ihre Maschine und startete nach New York, um den Transkontinentalrekord zu brechen. Auch in den folgenden Jahren war Jacqueline Cochran bei Höhen- und Langstreckenflügen äußerst erfolgreich: Von 1938 an erhielt sie dreimal die *Clifford Burke Hammon* Trophäe als beste Fliegerin der Welt.
Neben ihren vielen Flügen, die sie häufig auch zu Testzwecken als »Versuchskaninchen«, wie sie sich selbst bezeichnete, durchführte, widmete sich Jackie Cochran ihren Kosmetikbetrieben, dem Schönheitssalon in Chicago und dem chemischen Laboratorium in New Jersey, in dem die »Jacqueline Cochran Cosmetics« hergestellt wurden.
Nach dem Ausbruch des Zweiten Weltkrieges waren Luftrennen und Rekordflüge plötzlich völlig unwichtig geworden, die Flugzeuge dienten jetzt als todbringende Waffen. Jackie Cochran war zutiefst davon überzeugt, daß sie einer gerechten Sache zum Sieg verhelfen müsse, und

engagierte sich mit dem ihr eigenen Enthusiasmus für den Aufbau eines Corps von Fliegerinnen, die Überführungsflüge durchführen sollten. Als erstes plante sie, selbst einen Bomber nach England zu überführen, und sich dort über die Organisation der englischen Überführungspilotinnen zu informieren. Diesem Vorhaben brachten die Leiter des Luftfähren-Kommandos trotz der hervorragenden Qualifikation der Pilotin anhaltenden Widerstand entgegen. »Als einziges Bedenken brachten sie vor«, schreibt sie später, »ich sei eine Frau, was ich nicht bestreiten konnte.«[3] Nachdem sie einen Kurs absolviert und eine Prüfung trotz vieler Schikanen bestanden hatte, wurde ihr der Auftrag für die Überführung erteilt. Doch damit war der Konflikt noch nicht ausgestanden, es war, wie sie sich erinnert, der Teufel los. »Die Piloten hielten eine Protestversammlung ab und drohten mit Streik. Es war eine bunt zusammengewürfelte Gesellschaft, die sich da zusammengefunden hatte: von gut trainierten Piloten, die sich aus Patriotismus als Freiwillige gemeldet hatten, bis zu Krethi- und Plethipiloten, die nur von der guten Bezahlung angelockt waren ... Bei der Protestversammlung erklärten einige Redner, die Deutschen würden mich bestimmt abschießen, und dazu dürfte man es nicht kommen lassen. Sehr ritterlich! Andere wurden deutlicher: Wenn eine Frau das gleiche leisten könne wie sie, würde das Fliegen von Bombern in der allgemeinen Wertschätzung sinken. Das hieß: Sie wollten eine Lohnaufbesserung und betrachteten Frauenarbeit in ihrem glänzend bezahlten Beruf als unlauteren Wettbewerb.«[4] Schließlich wurde ein Kompromiß gefunden: Start und Landung mußten von einem Mann, dem Navigator, durchgeführt werden.

Vor dem Kriegseintritt der USA warb Jackie Cochran amerikanische Pilotinnen für den Dienst in der ATA (Air Transport Auxiliary) an. 1942 bildete sie Pilotinnen aus, die dann in der WAFS (Women's Auxiliary Ferrying Squadron) eingesetzt wurden. 1943 wurde sie Direktorin einer neuen Nachfolgeorganisation der WAFS, der »Women Airforce Service Pilots«. Die Liste der Pilotinnen, die trotz der schlechten Bedingungen diesen Organisationen beitraten, ist lang und enthält neben bekannten viele unbekannte Pilotinnen, die aus dem Fliegen einen Beruf gemacht hatten. Zu Unrecht vergessen sind zum Beispiel Betty Gillies, die bei einer Flugzeugfirma gearbeitet und etwa 1400 Flugstunden absolviert hatte; Gertrude Merserve, eine Fluglehrerin aus Boston und Teresa James, eine Kunstfluglehrerin aus Pittsburg. In der britischen ATA waren tätig:

Jacqueline Cochran 1953, als sie die Schallgeschwindigkeit überschritt

Winifred Crossley, eine professionelle Kunstfliegerin mit über 1800 Flugstunden, oder Amy Johnson, eine der besten Pilotinnen der Welt. Die Leiterin der ATA, Pauline Gower, hatte eine Verkehrspilotenlizenz, eine Navigator- und eine Funkerausbildung sowie über 2000 Flugstunden vorzuweisen.
Trotz ihres großen Engagements im Zweiten Weltkrieg äußerte sich Jackie Cochran in ihrer Biographie kritisch zum Thema Krieg: »Gegen ferngelenkte Geschosse, Atom- und Wasserstoffbomben gibt es keine schützende Verteidigungsfront. Ich glaube wir geben für freie Forschung, freies Zukunftsdenken und freie Entwicklung zu wenig aus und zu viel für Versuche, die Waffen zu verbessern, die wir im letzten Krieg angewandt haben.«[5]
Nach dem Krieg knüpfte Jacqueline Cochran wieder an ihre Vorkriegsaktivitäten an. Ihr spektakulärster Erfolg war das Überschreiten der Schallgeschwindigkeit 1953. Sie gehörte damit als einzige Frau zu der kleinen Schar von Piloten, die es schafften, die Schallmauer zu durchbrechen.
Jackie Cochran war eine »Selfmadefrau«, die trotz ihrer femininen Attraktivität, die sie mit Puder und Lippenstift zu unterstreichen pflegte, extrem ehrgeizig und durchsetzungsfähig war. Von ihren eigenen Erfahrungen ausgehend, vertrat sei eine Philosophie der Leistung: »Meine Lebensgeschichte führt aus Sümpfen zu den Sternen empor. Ich hatte keinerlei finanziellen Rückhalt, nicht die mindeste Sicherheit. Was ich ohne Beihilfe fertiggebracht habe, können andere auch. Man redet zu viel von der Notwendigkeit finanzieller Sicherung. Ich lege ihr wenig Wert bei. Die Sicherheit für dein Vorwärtskommen liegt in dir, in der Kraft deines Geistes und Glaubens ...«[6]

Unterwegs

Man fragt mich oft, was eigentlich bei so einem Rekord- oder Wettflug im Cockpit vor sich geht, und ich kann darauf nur antworten: Man hat für nichts anderes Zeit als für das, was zum Flug unbedingt notwendig ist. Der Pilot und die vielen Instrumente füllen das Cockpit restlos aus. Fest angegurtet, unterm Schutzhelm, mit dem Funkgerät verbunden, das Gesicht hinter einer Sauerstoffmaske, von der ein Schlauch ins

Flugzeug-Innere führt, sieht der Pilot ungefähr aus wie ein Marsbewohner in einem utopischen Film. Er kann sich nicht von der Stelle rühren. Seine Füße sind mit den Pedalen beschäftigt. Die eine Hand hat er am Steuerknüppel, die andere handhabt das Funkgerät und die Treibstoffschaltung; seine Augen verfolgen die Richtung auf der Flugkarte. Meist habe ich noch einen Reservebehälter mit Treibstoff hinter meinem Sitz. Auf der zusammenklappbaren, am rechten Schenkel befestigten Karte habe ich mir vor dem Start alles notiert, was mir im Notfall die Fortsetzung meines Fluges auch ohne Erdsicht und Funkverbindung ermöglichen kann. Sogar die Antenne nebst Zuleitung ist unter der Cockpithaube befestigt, damit jeder Luftwiderstand, der den Flug verlangsamen könnte, nach Möglichkeit vermieden wird. An Mitnahme von Proviant ist nicht zu denken. Neben mir in einem Wandkästchen habe ich meist eine zur Hälfte mit Wasser gefüllte Coca-Cola-Flasche mit Röhrchen. Gefüllte Flaschen würden bei Höhenflügen infolge der Ausdehnung der Flüssigkeit überlaufen. Durch das Röhrchen kann ich meine Kehle befeuchten, ohne die Sauerstoffmaske abnehmen zu müssen. Um die Mundhöhle nicht austrocknen zu lassen, genügen einige kleine Pastillen. Als Mittel gegen Ohrenschmerzen bei raschem Abstieg öffne ich die Eustachische Röhre, indem ich dem Gehörgang aus einem kleinen Extrabehälter eine Mischung aus Helium und Sauerstoff zuführe.

Reich an abenteuerlichen, komischen Glücks- und tragischen Unglücksfällen waren die vielen Wett- und Rekordflüge, die ich hinter mir habe und nur darum aufgab, weil die modernen Schnellflugzeuge nicht an Privatleute geliefert werden. Immerhin erlebte ich zahllose Flugstunden, die mich zu fröhlich-seligen Ausflügen in wundervolle Gefilde führten.

Wenn am Abend der Sonnenball jenseits des Horizonts versinkt, erscheint er dem Flieger hoch in den Lüften doppelt so groß, doppelt so prächtig wie dem Betrachter am Boden. Die Sterne dünken ihn drei bis vier Kilometer nah. Oft steuerte ich seitwärts, wenn mir hoch oben ein leuchtender Stern ins Auge sprang, weil ich glaubte, es sei das Navigationslicht eines auf mich zukommenden Flugzeugs. Und wenn ein Regenbogen am Himmel stand, flog ich manchmal in kindlicher Lust geradenwegs auf ihn zu, als könnte ich ihn erhaschen.

Auch einem Mondlichtbogen jagte ich einmal auf diese Weise nach. Es war bei einem Nachtflug von Minneapolis nach New York. Ich hatte in steilem Steigflug eine hagelnde Wolkenschicht durchstoßen, und im Augenblick, als ich darüber hinaus war, traf mich strahlender Mondesglanz. Luna schien dreimal so groß wie sonst. Die Wolkenschicht unter mir kräuselte sich an der Oberfläche zu lindem Gelock, und plötzlich wölbte sich vor mir am Himmel ein silberner Lichtbogen. Hingerissen führte ich ihm wie zu Spiel und Tanz mein Flugzeug entgegen. Ich vergaß meinen Kurs und mich selbst.

Nicht lange danach war ich mit meinem Mann in New Mexico im Atelier des Malers John Phillips auf seinem Landgut, dem er den Namen »Taos« gegeben hat. Eines seiner Gemälde, das mich besonders fesselte, zeigte einen Indianer vor einem Felsentor. Er steht auf einem behauenen Felsblock, den Blick in die Nacht gerichtet, auf einen ebensolchen Mondlichtbogen, wie ich ihn bei meinem Nachtflug gesehen hatte. John Phillips erklärte, er habe dieses Phänomen Anfang vergangenen Herbstes beobachtet.

Nordlichter sah ich mehr als einmal; sie berührten mich stets wie Botschaften aus einer anderen, göttlichen Welt. Die Sankt Elmsfeuer hingegen sind wie kleine, mutwillige Teufel; sie tanzen dem Flugzeug auf der Nase und um die Propellerspitzen herum und rollen wie Feuerkugeln über die Tragflügelkanten. Als ich diese seltsamen elektrischen Entladungen zum erstenmal erblickte, jagten sie mir einen gehörigen Schreck ein. Aber sie sind ganz harmlos, und wenn man das weiß, freut man sich über sie wie ein Kind.

Was sah ich nicht alles auf meinen Luftreisen! Auf einem Europaflug machte ich in Grönland Station und dann einen Abstecher übers Polareis. Eine große Eisscholle trieb damals in weitem Bogen durch das nördliche Meer. Eine kleine wissenschaftliche Expedition hatte sich auf der Eisscholle häuslich niedergelassen, um dort ihre Studien zu machen. Während ich über sie weg und weiter nach Norden flog, plauderten wir übers Radio miteinander.

Vor vielen Jahren flog ich mit Floyd in einer alten Tri-Motor-Ford-Maschine bis auf die Sohle des Grand Canyons. Als zweiten Passagier hatte ich einen Indianerhäuptling an Bord, der zugleich der Töpfer und Maler seines Stammes war. Ich hatte ihn in jener wundervoll farbenprächtigen Grassteppe abgeholt, die unter dem Namen »Painted Desert« — »Gemalte Wüste« bekannt ist. Einen Flugplatz gab es dort nicht, aber eine sandige Fläche ermöglichte Landung und Start. Von dort brachte ich den Häuptling wohlbehalten zum Indianerfest im Grand Canyon, wo es einen brauchbaren Flugplatz gab. Nur war der Flugplatz, als wir uns ihm näherten, von Hunderten wilder Pferde besetzt. Doch zum Glück hatte der Flugplatzleiter einen Hund darauf dressiert, jedesmal, wenn das Motorengeräusch eines Flugzeugs zu vernehmen war, die Wildpferde von der Landebahn wegzuscheuchen ...

Jacqueline Cochran,
»Mein Weg zu den Sternen«

Allein über den Atlantik

Ich war am 20. Mai 1932 nachmittags in Harbor Grace, Neufundland, gestartet und landete am nächsten Morgen, dreizehneinhalb Stunden später, in der Nähe von Londonderry in Nordirland. Dies ist in Kürze die Geschichte meines Alleinflugs über den Atlantik.
Seit meiner ersten Atlantiküberquerung 1928, als ich in der »Friendship« als Passagier mitflog, hatte ich den Wunsch, einen Alleinflug zu versuchen. Und vor einigen Monaten faßte ich den ernsthaften Entschluß. Meine Lockheed-Vega, die bei einer Transportgesellschaft in Washington unter Chartervertrag stand, war frei. Ich erfuhr, daß Bernt Balchen bereit war, ihre Überholung zu besorgen, und mein Mann, der immer Spaß an meiner Fliegerei hatte, sagte dem Plan begeistert seine Unterstützung zu. Aus mehreren Gründen schien es klug, nicht vorzeitig über den beabsichtigten Flug zu sprechen. Es gab schließlich auch nichts darüber zu sagen, bevor er aktuell wurde, und ich rechnete von vornherein fest damit, den Plan auch jederzeit aufzugeben.
Mir war vollkommen klar, daß ich den Flug unternahm, weil ich leidenschaftlich gerne flog. Ich beschloß, über den Atlantik zu fliegen, weil ich es wollte. Es war gewissermaßen eine Selbstrechtfertigung — um mir und allen Interessierten zu beweisen, daß eine Frau mit der entsprechenden Erfahrung es schaffen konnte.
Das Flugzeug wurde zum Teterboro Airport in New Jersey gebracht, direkt gegenüber von New York am anderen Hudson-Ufer. Dort liegt die stillgelegte Fokker-Fabrik, und in der Nähe wohnte Bernt Balchen. Er und seine Frau sind eng mit Mr. Putnam und mir befreundet. Bernt

gehört zu den vorzüglichsten Piloten unter den Lebenden, und er ist zudem ein hervorragender Techniker mit einer umfassenden Mechanikerausbildung. Er besitzt den angenehmen Charakterzug, konservativ und nicht vorschnell in seinen Urteilen zu sein. Von Anfang an sagten wir Bernt, wenn er irgendwann meine, ich oder die Maschine könne es nicht schaffen, würde ich darauf verzichten, und damit gut. Aber Bernts Zuversicht wankte nicht ein einziges Mal, und diese Zuversicht trug unermeßlich dazu bei, meine eigene zu bekräftigen.
Zuerst verstärkten Balchen und seine Helfer den Rumpf der Lockheed, der in den drei Jahren, als ich sie flog, etliche harte Stöße abbekommen hatte. Dann wurden in den Flügeln zusätzliche Treibstofftanks untergebracht, und ein großer Tank wurde in der Kabine installiert. Damit erhöhte sich die gesamte Treibstoffmenge auf 420 Gallonen, womit die Maschine eine Reichweite von 3200 Meilen hatte.
Zusätzliche Instrumente wurden installiert, einschließlich einem Driftanzeiger und weiteren Kompassen. Von letzteren hatte ich drei — einen schwingungsfreien, einen magnetischen und einen Richtungskompaß, um sie miteinander vergleichen zu können.
Bei »Pratt & Whitney« in Hartford besorgte ich einen neuen »Wasp«-Motor, denn mein alter war für die Atlantiktour ein bißchen zu lange geflogen. Es handelte sich um einen Vergasermotor, der 500 Horsepower erreichte und sich im Härtetest großartig bewährt hatte. So wichtig wie der Motor selbst sind Treibstoff und Öl, und unter Anleitung von Major Edwin Aldrin, einem hervorragenden Piloten, wurden meine Tanks in Teterboro und später in St. John und Harbor Grace mit Stanavo Treibstoff und Öl gefüllt.
Während dieser Vorbereitungszeit war das Flugzeug von Bernt Balchen gechartert, der mit Lincoln Ellsworth einen Südpolarflug vorbereitete. Ellsworth ließ sich an der Pazifikküste noch ein Flugzeug bauen, und es galt als selbstverständlich, daß Balchen mit meiner Maschine Testflüge unternahm und dabei die Möglichkeit bestand, sie in das Antarktisprogramm mit einzubeziehen. Wenn sich in der Zwischenzeit die Gelegenheit bot, fuhr ich von meinem Haus in Rye hinüber und verbrachte etliche Stunden in der Luft. Die meisten davon waren dem Blindflug gewidmet, bis ich wirklich von meiner Fähigkeit überzeugt war, die Maschine zu bedienen, ohne aus dem Cockpit zu sehen — das heißt, sie ausschließlich mit Instrumenten zu fliegen.

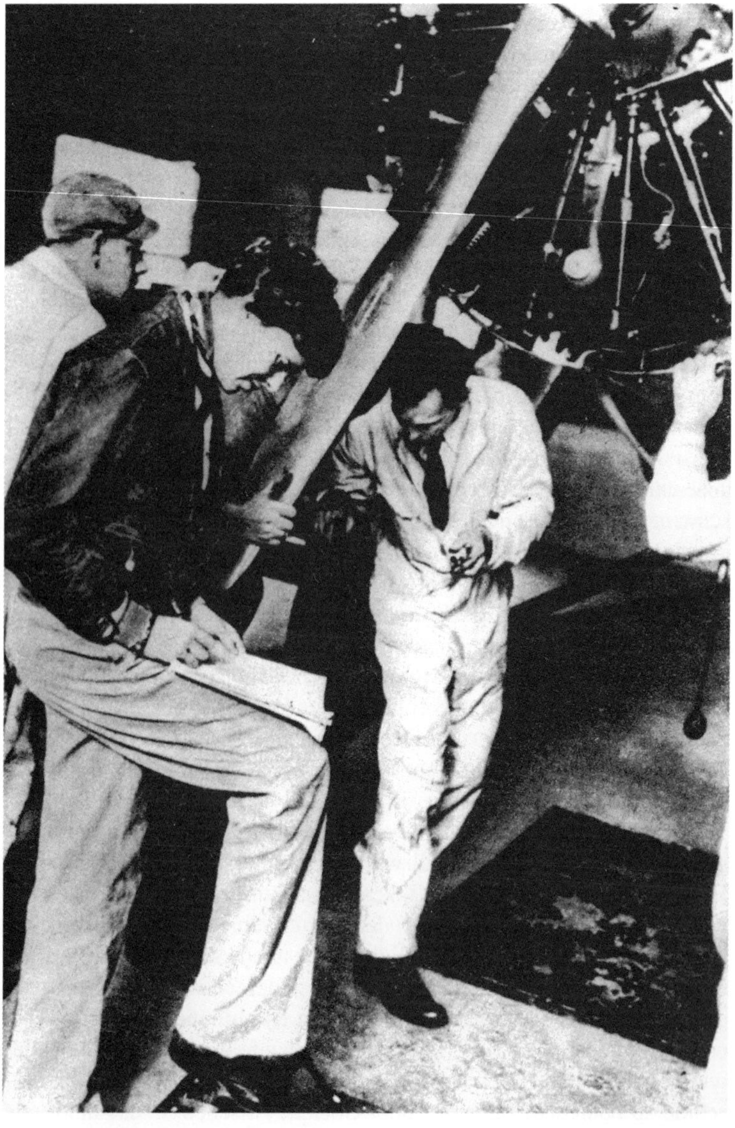

Amelia Earhart beim Motorcheck

Im Laufe des Mai studierten wir mit zunehmendem Interesse die Wetterkarten. Wie immer bei Flugprojekten, war Dr. James H. Kimball im New Yorker Büro des Wetterdienstes der Vereinigten Staaten eine große Hilfe. Wir sprachen nie präzise über meine Pläne, und ich weiß nicht, ob er vor dem allerletzten Moment genau wußte, was vorging. Er war wie immer unermüdlich in seiner Hilfsbereitschaft.
Am Nachmittag des 18. Mai war die Wetterkarte alles andere als vielversprechend. Ein Dauertief mit seinem unvermeidlichen schlechten Wetter hing über dem Ostatlantik. Wahrscheinlich würden viele Tage vergehen, bevor ein günstiger Umschwung kam. So sehr ich nach Harbor Grace wollte, um mich bereitzumachen, — ich hatte mich schon fast mit vielen weiteren Tagen des Wartens abgefunden.
Am Freitag, dem 20., ging mein Mann in die Stadt, und am späteren Vormittag fuhr ich nach Teterboro, um mit Bernt die Lage zu besprechen und ein bißchen zu fliegen. Die Maschinc war unterdessen startklar. Ich kam gegen 11 Uhr 30 an. Eddie Gorski, unser Mechaniker im Hangar, sagte mir, für mich sei ein Anruf gekommen. Es war mein Mann in Dr. Kimballs Büro. Sie waren gerade die Morgenwetterberichte von Schiffen auf See, aus England und von den Hauptstationen der Vereinigten Staaten durchgegangen.
»Und wie sieht's zwischen hier und Harbor Grace aus?« fragte ich.
»Perfekt. Klare Sicht auf der ganzen Strecke.«
Damit war alles klar.
»Heute nachmittag geht's los«, sagte ich zu meinem Mann. »Ich spreche mit Bernt und starte so bald wie möglich.«
Zehn Minuten später, nachdem ich mit Bernt gesprochen hatte, rief ich zurück und sagte zu Mr. Putnam, daß wir vorhatten, um drei zu starten. Ich hatte keine Zeit zum Mittagessen. Ich fuhr statt dessen so schnell ich konnte nach Rye zurück. Dort zog ich Reithose und Windjacke an, schnappte mir meinen ledernen Fliegeranzug, Karten und ein paar Kleinigkeiten und raste wieder zum Flugplatz.
Ich kam um 2 Uhr 55 auf dem Flugplatz an. Um 3 Uhr 15 hoben wir ab. 3 Stunden und 35 Minuten später waren wir in St. John, New Brunswick. Früh am nächsten Morgen flogen wir nach Harbor Grace in Neufundland, wo wir um 14 Uhr 15 ankamen. Dort erwarteten uns detaillierte Wetterberichte von Mr. Putnam. Die Aussicht war nicht perfekt, aber günstig. Ich hatte vorgehabt, am Abend von Harbor Grace aufzu-

brechen. Somit wäre bis zum Anbruch der Nacht die Fracht etwas leichter geworden, und ich wäre noch frisch für den Nachtflug.
Bernt hatte die Maschine nach Harbor Grace geflogen, während ich mich im Rumpf hinter dem Zusatztank ausruhte, Eddie Gorski neben mir. Nachdem der Start nun beschlossen war, überließ ich es Bernt und Eddie, Maschine und Motor zu überprüfen, während ich ein wohliges Bett für ein friedliches Nickerchen fand. Zu gegebener Zeit wurde ich geweckt. Die neuesten Telegramme festigten unseren Entschluß. Auf dem Flugplatz lief die Maschine warm. Eine letzte Nachricht von meinem Mann wurde mir überreicht. Ich schüttelte Bernt und Eddie die Hand und kletterte ins Cockpit. Der Südwestwind war fast genau richtig für die Startbahn. Um 19 Uhr 12 gab ich Gas. Die Maschine nahm Tempo auf und hob trotz der randvollen Tanks mühelos ab.
Eine Minute später nahm ich Kurs aufs Meer.
Mehrere Stunden war schönes Wetter mit einem zögernden Sonnenuntergang. Und dann ging der Mond über einer niedrigen Wolkenbank auf. In diesen ersten Stunden flog ich in etwa 12.000 Fuß Höhe. Und dann geschah etwas, was in meinen ganzen zwölf Fliegerjahren nie vorgekommen war. Der Altimeter, das Instrument, das die Flughöhe über Grund anzeigt, versagte. Auf einmal schlugen die Zeiger auf dem Zifferblatt sinnlos aus, und ich wußte, daß das Instrument für den Rest des Fluges unbrauchbar war.
Gegen 22 Uhr 30 verschwand der Mond hinter ein paar Wolken, und ich geriet in einen ziemlich heftigen Gewittersturm. Ich wurde erheblich durchgerüttelt und hielt mit Mühe meinen Kurs. Wahrscheinlich bin ich sogar um einiges vom Kurs abgewichen, denn es war sehr stürmisch. Das hielt mindestens eine Stunde an. Dann flog ich in ruhigeres Wetter, allerdings mitten in den Wolken. Einmal sah ich den Mond für einen flüchtigen Augenblick und dachte, ich könnte über die Wolken hochziehen, deshalb stieg ich eine halbe Stunde, als ich plötzlich feststellte, daß sich Eis bildete.
Daran, daß die Maschine nicht so schnell stieg wie sonst, merkte ich, daß sich Eisgewicht ansammelte. Dann sah ich den Schneematsch auf der Fensterscheibe. Außerdem überzog sich mein Fahrtmesser mit Eis, so daß er auf dem Instrumentenbrett vor mir nicht mehr richtig anzeigte. In so einer Situation muß man in wärmere Luft, also ging ich herunter, in der Hoffnung, daß das Eis schmelzen würde. Ich sank, bis ich die

Wellenbrecher sehen konnte, vermochte allerdings nicht genau zu sagen, wie hoch ich über ihnen war. Hier flog ich, bis der Nebel sich so tief senkte, daß ich nicht wagte, diese Höhe beizubehalten. Der Instrumentenflug kann mit der Ausrüstung, die wir heute haben, nicht sehr dicht über der Erdoberfläche durchgeführt werden.
Mir blieb nichts anderes übrig, als eine mittlere Höhe zu finden, das heißt, unterhalb der Höhe, wo sich Eis bildete, und in genügendem Abstand über dem Wasser zu fliegen. Das wäre viel leichter gewesen, wenn ich meine Höhe hätte feststellen können.
Später versuchte ich wieder aufzusteigen, mit demselben Resultat. Daraufhin gab ich auf, durchpflügte einfach die »Suppe« und sah erst wieder aus dem Cockpit, als der Morgen kam. Ich war auf die Instrumente angewiesen, um die Position des Flugzeugs festzustellen, da menschliche Fähigkeiten unter diesen Bedingungen versagen. Wäre ich nicht mit den besten Instrumenten ausgestattet gewesen, hätte ich es nie geschafft. Der Richtungskompaß, der absolut schwingungsfrei ist, wenn er alle 15 Minuten gestellt wird, war ein wahrer Lebensretter.
Etwa vier Stunden jenseits von Neufundland bemerkte ich eine kleine blaue Flamme, die aus einer undichten Benzinleitung schlug. Ich wußte, daß es im Laufe der Nacht schlimmer werden würde. Das Metall war jedoch sehr dick, und ich hoffte, es würde halten, bis ich Land erreichte. Ich bedauerte tatsächlich, daß ich überhaupt nach dem Leck gesehen hatte, weil die Flammen bei Nacht viel schlimmer aussahen als tagsüber.
Als der Morgen graute, befand ich mich zwischen zwei Wolkenschichten, die erste sehr hoch, vermutlich 20000 Fuß, die tiefere bestand aus kleinen flockigen weißen Wölkchen nahe dem Wasser. Dies war der erste Anblick des Meeres bei Tageslicht.
An den weißen Wellenkämmen sah ich, daß der Wind von Nordwesten kam. Die kleinen weißen Wolken wurden bald dichter und ähnelten einem weiten Schneefeld. An der Vorderkante meiner Flügel konnte ich Eispartikel sehen, die noch nicht geschmolzen waren. Bald ging ich etwas höher und geriet wieder in eine Wolkenbank. Da blieb ich mindestens eine Stunde, und dann kam ich abermals in einen klaren Raum über den weißen Schneefeldern.
Unterdessen war die obere Schicht dünn genug geworden, um die Sonne durchzulassen, und sie blendete wie auf richtigem Schnee. Ich hatte eine

Sonnenbrille, aber es war mir trotzdem zu viel, und ich ging lieber tiefer durch die untere Schicht, um im Schatten zu fliegen.
Zehn Stunden waren vergangen, und ich wollte das Wasser sehen, für den Fall, daß ich an einem Schiff vorbeiflog. Ich hatte kurz nach Verlassen von Harbor Grace einen Dampfer gesehen. Ich blinkte mit meinen Positionsleuchten, aber offenbar sah mich niemand, da ich hoch flog. Dann machte ich einen Fischdampfer oder Öltanker vor der Küste Irlands aus, aber das waren die einzigen, die ich sah, bis ich in Küstennähe auf eine ganze Flotte stieß.
Von da an hatte ich Sonnenschein und tiefhängende Wolken, und ich blieb meistens darunter, obwohl sie sehr dicht über dem Wasser waren. Ich selbst nahm übrigens kaum etwas zu mir. Das wirklich Wichtige war der Treibstoff für die Maschine. Sie schluckte mehr als 300 Gallonen. Meine eigene Transatlantik-Ration bestand aus einer Dose Tomatensaft, die ich aufstach und mit einem Strohhalm trank.
Die zwei letzten Stunden waren natürlich die schwierigsten. Mein erschöpfter Verteiler vibrierte stark, und dann drehte ich die Reservetanks auf und stellte fest, daß der Füllstandmesser leckte. Ich beschloß, am nächstgelegenen Ort runterzugehen, egal wo. Ich war die ganze Nacht einen festen Kompaßkurs geflogen. Jetzt wechselte ich direkt nach Osten und beschloß, auf Irland zuzusteuern. Ich wollte die Landspitze von Irland nicht verpassen; es herrschte ein Wetter, bei dem ich nicht sehr weit sehen konnte. Ich dachte, ich müsse südlich vom Kurs sein, denn der Meteorologe in New York hatte mir gesagt, daß ich in dieser Richtung Regen antreffen könnte. Daher dachte ich, als ich in den Sturm geriet, daß ich mich vermutlich in diesem von ihm vorausgesagten »Wetter« befände.
Als dann die brechenden weißen Schaumkronen unter mir Wind aus Nordwesten anzeigten, war ich überzeugt, südlich zu sein. Vermutlich war ich aber genau auf meinem Kurs, und ich glaube, ich erreichte Irland etwa in der Mitte.
Ich flog die Küste entlang und traf weiter unten in den Bergen auf Gewitter. Ohne den Altimeter und ohne Kenntnis der Gegend wollte ich da nicht durchstoßen, aus Furcht, gegen einen Berg zu krachen, deshalb nahm ich Kurs nach Norden, wo das Wetter besser zu sein schien, und bald sichtete ich eine Bahnlinie. Ich folgte ihr in der Hoffnung, daß sie mich zu einer Stadt führte, die womöglich einen Flugplatz hatte.

Der erste Ort, auf den ich traf, war Londonderry, und ich umkreiste ihn in der Hoffnung, einen Landeplatz ausfindig zu machen, fand jedoch statt dessen liebliche Weiden. Ich glaube, ich habe das ganze Rindvieh des Bezirks erschreckt, da ich mehrmals niederging, bevor ich schließlich auf einer langgestreckten, abschüssigen Wiese landete. Was das betrifft, hätte ich mir keine besseren Landebedingungen wünschen können. Dort endeten der Flug und mein glückliches Abenteuer.

Amelia Earhart, »The Fun of it«

Amelia Earhart – Pilotin und Feministin

Die berühmteste Pilotin der Welt, Idol der AmerikanerInnen, war Amelia Earhart, die den Nordatlantik als erster Mensch zweimal und als erste Frau im Alleinflug überquert hatte. Als sie 1937 von ihrem ehrgeizigsten Flug, einem Flug um die Welt, nicht mehr zurückkehrte, als sie mit ihrem Flugzeug im Pazifik verschwand, wollte niemand glauben, daß sie wirklich tot war. Das Geheimnis um ihr Verschwinden beschäftigt Neugierige, Fans, JournalistInnen, WissenschaftlerInnen und SchriftstellerInnen bis heute. Immer neue Gerüchte tauchten auf: War Amelia Earhart eine Spionin? Wurde sie nach einer Notlandung von den Japanern gefangen und hingerichtet? Beging sie Selbstmord? Gerade durch ihren letzten Flug geriet sie nie in Vergessenheit, sondern wurde zu einem Mythos, zum Kultobjekt von Frauen und Männern, Jung und Alt, die alle nach einem Idol suchten. Ihr Ruhm und ihre Faszination werden weiterleben, einmal wegen ihrer großen Leistungen, zum anderen aber auch wegen ihres geheimnisvollen Verschwindens.[1]

Amelia Earharts letzter Flug, wenige Monate vor ihrem vierzigsten Geburtstag, sollte der krönende Abschluß einer beispiellosen Karriere sein. In einer Zeit, in der fast alle Meere und Kontinente überflogen waren, in der Fluglinien eingerichtet waren und dem Fliegen den Reiz des Abenteuers genommen hatten, wollte AE, wie sie sich selbst nannte, noch einmal die Welt aufhorchen lassen. Sie hatte das Gefühl, daß sie nur noch für eine spektakuläre Leistung, für einen letzten großen Langstreckenflug Kraft hatte, und dieser letzte Flug sollte das ehrgeizigste Unterfangen in der Geschichte der Fliegerei sein. Amelia Earhart, die

sich immer für die wissenschaftliche Erforschung des Flugwesens eingesetzt hatte, wollte auf diesem Flug nicht nur neue Abenteuer erleben, sondern auch wichtige Erkenntnisse über die Leistungsfähigkeit ihres Flugzeugs, der Instrumente und der Pilotin gewinnen.
Ihr Plan war, entlang des Äquators um die Welt zu fliegen, also auf einer Route, die wegen ihrer Länge und Schwierigkeit noch niemals vorher geflogen worden war. Das größte Problem stellte die Etappe über den Pazifik dar, weil zwischen Neuguinea und Honolulu eine Zwischenlandung auf einer Insel, Howland Island, einem winzigen Punkt in der ungeheuren Weite des Ozeans, erforderlich war. Diese Insel, 3 km lang und nicht einmal 1 km breit, nach 3000 km Flug über den Pazifik zu finden, war bei den damals verfügbaren Instrumenten ein Kunststück, das nicht nur sehr gute Kenntnisse auf dem Gebiet der Navigation, sondern auch eine professionelle Beherrschung des Funkens erforderte. Später tauchte der Vorwurf auf, daß die Funkausrüstung der »Electra« nicht optimal und die Kenntnisse der Besatzung auf diesem Gebiet relativ gering gewesen seien.
Die Vorbereitungen für diesen Flug nahmen lange Zeit in Anspruch. Es dauerte mehrere Monate, bis die von der Purdue Universität gekaufte zweimotorige »Lockheed Electra« für einen Langstreckenflug umgerüstet war, bis die Routen ausgearbeitet, die Fluggenehmigungen eingeholt sowie Treibstoff und Ersatzteile an den vorgesehenen Landeplätzen bereitgestellt waren.
Der Flug stand unter einem bösen Omen. Schon auf der zweiten Etappe mußte der Weltflug abgebrochen werden, weil die »Electra« beim Start in Honolulu schwer beschädigt wurde. Nur dem Glück und der Kaltblütigkeit der Pilotin war es zu verdanken, daß die Maschine nicht in Flammen aufging. Das Flugzeug wurde repariert, neue Pläne wurden ausgearbeitet, neue Vorbereitungen getroffen. AE und ihre Berater entschieden sich aufgrund der klimatischen Bedingungen zu dieser Jahreszeit für eine Umkehrung der Flugrichtung, so daß die gefährlichste Strecke, die Überquerung des Pazifik, am Ende des Fluges zu bewältigen war.
Am 21. Mai 1937 startete AE mit ihrem Navigator, Fred Noonan, in Oakland in Richtung Osten. Sie flog an der südamerikanischen Küste entlang, über Afrika und die arabische Halbinsel hinweg nach Indien, von Kalkutta über Bangkok und Singapur nach Darwin in Australien. Nach 30 anstrengenden Flugtagen hatten AE und ihr Begleiter 35 000 km,

drei Viertel der Flugstrecke, zurückgelegt und Lae in Neuginuea erreicht. Nur noch drei Etappen, rund 12000 km, trennten sie von ihrem Ziel, Oakland. Amelia Earhart selbst und die Weltöffentlichkeit, die ihren Flug mit großer Spannung verfolgte, wußten, daß die gefährlichsten Strecken erst vor ihr lagen.
Dem entsprachen die Vorbereitungen auf Neuguinea. Um die Reichweite des Flugzeugs zu vergrößern, ließ AE vor dem Start nach Howland Island alles überflüssige Gepäck entladen und die Tanks bis zum Rand füllen, so daß die Maschine eine Reichweite von etwa 6500 km hatte. Am 2. Juli 1937 um 10 Uhr starteten Amelia Earhart und Fred Noonan zu ihrem letzten Flug.
Zunächst ging alles gut, die Besatzung der »Electra« blieb bis 17 Uhr 20 Ortszeit in Funkkontakt mit Lae und meldete keine besonderen Schwierigkeiten. 14 Stunden nach dem Start empfing das vor Howland Island wartende Küstenwachboot »Itasca« die ersten Signale von der »Electra«. Allerdings schien Amelia ihrerseits die ausgesendeten Signale nicht zu hören, ihre Funkausrüstung schien defekt zu sein. Obwohl die Besatzung der »Itasca« sich verzweifelt bemühte, Kontakt zur »Electra« herzustellen, obwohl die schwarze Rauchwolke, die über dem Küstenwachboot stand, weithin zu sehen war, konnte Amelia Earhart die Insel nicht finden.
Ihrer Stimme war die Verzweiflung anzumerken, als sie meldete: »Wir kreisen, können aber Insel nicht sehen, können Sie nicht hören.«[2] Das letzte Lebenszeichen Amelia Earharts erreichte die »Itasca« 20 Stunden und 15 Minuten nach dem Start: »Wir befinden uns auf der Positionslinie 157-337. Ich wiederhole die Meldung auf 6210 Kilohertz. Wir fliegen Suchschleifen nach Norden und Süden«.[3] Trotz der sofort eingeleiteten Suchaktion, an der sich eine große Zahl von Schiffen und Flugzeugen beteiligte, blieb die »Electra« verschollen. Das Geheimnis um ihr Verschwinden wurde nie gelöst. Wahrscheinlich starb Amelia Earhart so, wie sie es sich immer gewünscht hatte, am Steuerknüppel ihres Flugzeugs und auf dem Höhepunkt ihres Lebens.
Ihr letzter Flug war nicht umsonst, wie die Pilotin Jacqueline Cochran, die mit ihr befreundet war, auf einer Gedenkfeier feststellte: »Wenn ihr letzter Flug in die Ewigkeit geführt hat, kann man ihren Verlust betrauern, aber ihren Versuch nicht bedauern. Amelia hat nicht verloren, denn ihr letzter Flug ist endlos gewesen. Wie bei einem Staffellauf des Fort-

schritts hat sie die Fackel lediglich anderen übergeben, die sie zum nächsten Ziel und von dort bis in die Ewigkeit nachtragen werden«.[4]
Amelia Earhart wurde am 24. Juli 1897 in Atchinson, Kansas, geboren. Ihre Mutter enstammte einer Familie, die zur High Society der Stadt gehörte. Ihre Heirat mit Edwin Earhart, einem Eisenbahnangestellten, war nicht ganz standesgemäß und stieß zunächst auf den Widerstand ihres Vaters, eines wohlhabenden Richters. Amelia wuchs die ersten zehn Jahre ihres Lebens zum Teil im Hause ihrer Großeltern in relativ luxuriöser Umgebung auf. Im Gegensatz dazu war das Leben im elterlichen Heim eher bescheiden und nicht ganz frei von Spannungen zwischen den Eltern, die fast immer in Geldsorgen steckten. Gerade als sich die finanzielle Situation der Familie gebessert und Mr.Earhart eine feste Anstellung erreicht hatte, setzte eine Entwicklung ein, die die Familie langsam zerstörte — Edwin Earhart begann zu trinken. Er verlor einen Posten nach dem anderen, zog von einer Stadt in die nächste und ließ sich schließlich für einige Zeit als Rechtsanwalt in Kansas City nieder. Obwohl er inzwischen das Trinken aufgegeben hatte, ließ sich die Auflösung der Familie nicht mehr aufhalten. Nach vielem Hin und Her wurden die Eltern Amelias 1929 geschieden. AE verzieh ihrem Vater und unterstütze ihn bis zu seinem Tod, aber sie vergaß die Zeit der familiären Auseinandersetzungen nie. Die Erfahrungen, die sie in ihrer Kindheit gemacht hatte, prägten ihre Persönlichkeit und verstärkten ihren Wunsch nach Unabhängigkeit und ihre Ablehnung der traditionellen Ehe.
Die Geschichten aus ihrer Kindheit, die Amelia Earhart später erzählte, wurden häufig ausgeschmückt, überinterpretiert und in Beziehung zu ihrer späteren Karriere gesehen. Eine frühe Begeisterung für das Fliegen ist jedenfalls nicht nachzuweisen. Wahr zu sein scheint, daß Amelia als Kind ein »richtiger Wildfang« war. Für Puppen interessierte sie sich nicht besonders, dafür liebte sie wilde und phantasievolle Spiele und Aktivitäten, die sich für ein Mädchen nicht schickten. »Unglücklicherweise wuchs ich in einer Zeit auf«, schrieb sie später, »in der Mädchen noch richtige Mädchen waren.« Das hinderte sie aber nicht daran, Fußball und Basketball zu spielen, Jagd auf Ratten oder Hühner zu machen oder auf ungesattelten Pferden zu reiten. Ihre Lieblingsbeschäftigung im Winter war es, bäuchlings auf dem Schlitten, steile Abhänge hinunterzusausen.

Amelia und ihre Schwester waren die ersten Mädchen der Stadt, die Gymnastikanzüge tragen durften, was sie gleichzeitig stolz und verlegen machte. Alle anderen Mädchen und selbstverständlich die erwachsenen Frauen waren durch lange Röcke in ihrer Bewegungsfreiheit entscheidend behindert. Für Amelia Earhart ließ die damals übliche Frauenkleidung eine freie Entfaltung sportlicher Neigungen nicht zu. Amelia liebte Geschichten. Bücher waren ihre besten Freunde. Noch schöner als Lesen war es, den Geschichten zuzuhören, die ihr Vater für seine Töchter und die Nachbarskinder erfand. Mit zu den schönsten Erinnerungen AE's gehörten die Reisen mit ihren Eltern. Ihr Vater, der als Eisenbahnangestellter viele Dienstreisen mit der Bahn durchzuführen hatte, nahm häufig die ganze Familie mit, und die Kinder gewöhnten sich daran, sich schnell einer neuen Umgebung anzupassen. Diese Fähigkeit wurde auch durch die vielen Umzüge der Familie gefördert. Insgesamt hatte Amelia Earhart eine zeitweise relativ glückliche, aber auch recht unruhige Kindheit.

Nach Beendigung der High School besuchte sie ein teures Women's College in der Nähe von Philadelphia. 1917, in den Weihnachtsferien, fuhr sie zu ihrer Schwester nach Toronto, wo sie mit den Folgen des Ersten Weltkriegs konfrontiert wurde. Der Anblick von Männern mit Krücken, von Blinden und Gelähmten beeindruckte sie so tief, daß sie all ihre Pläne änderte und beschloß zu helfen. Bis zum Waffenstillstand arbeitete sie als Schwesternhelferin. Ihre Freizeit verbrachte sie auf dem Flugplatz, wo sie die Trainingsflüge der Militärpiloten vom Boden aus bestaunte. Mitfliegen konnte sie allerdings nicht, da dies für Zivilisten streng verboten war. Besonders beeindruckt war sie von den Kunstflügen, mit denen sich die Piloten, ehemalige Patienten, vor ihr und ihrer Schwester produzierten. Ihr ganzes Leben lang sollte sie das Gefühl der Schneekristalle auf ihrem Gesicht nicht vergessen, die die Propeller der startenden Maschinen aufgewirbelt hatten.

Am Ende ihrer Karriere im Krankenhaus wurde AE selbst krank. Nach einer längeren Erholungszeit begann sie ein Medizinstudium, fand aber bald heraus, daß der Beruf einer Ärztin doch nicht das Richtige für sie war. Sie brach ihr Studium ab und fuhr nach Los Angeles, um ihren Vater zu besuchen.

Das Interesse am Fliegen hatte AE nicht verloren, sie schleppte ihren Vater zu allen erreichbaren Flugvorführungen. Da Amelia Earhart fürchtete, als Frau nicht ernst genommen zu werden, beauftragte sie ihren Vater, sich über den Preis von Flugstunden und die Länge des notwendigen Flugunterrichts zu erkundigen. Die Antwort lautete: Fünf bis zehn Stunden und 1000 Dollar. Diese Summe schien zwar unerschwinglich zu sein, nicht aber der Preis für einen Rundflug. AE bezahlte einen Dollar pro zehn Minuten und startete zu ihrem ersten Flug. »Als wir vom Boden abgehoben hatten, wußte ich, daß ich selbst fliegen wollte«, schreibt sie in ihrem Buch über den Flug in der »Friendship«. Das war einfacher gedacht als getan. Zwei Probleme waren zu überwinden: Das erste Problem war die Finanzierung der Flugstunden, da ihr Vater, als er merkte, daß es ernst wurde, sich weigerte, auch nur einen Penny zu bezahlen, in der Hoffnung, daß seine Tochter dann ihr gefährliches Vorhaben aufgeben würde. Außerdem war es schwierig, eine geeignete Lehrkraft zu finden. AE suchte eine Fluglehrerin, weil sie nicht mit Vorurteilen konfrontiert werden wollte. Sie wußte sehr gut, daß Männer in der Regel Frauen wenig technisches Verständnis, Kaltblütigkeit und Durchhaltevermögen zutrauten und deshalb auch von Frauen als Pilotinnen nicht viel hielten. Unnötig zu betonen, AE löste beide Probleme. Sie nahm Flugstunden auf Kredit bei Neta Snook, die ein eigenes Flugzeug besaß. »Snooky«, so schrieb Amelia Earhart ihrer Schwester, kleidete sich wie ein Mann, sprach wie ein Mann und konnte so gut fliegen wie ein Mann.

Amelia selbst bemühte sich zu diesem Zeitpunkt, so weiblich wie möglich auszusehen. Sie schrieb: »1920 war es sehr ungewöhlich für eine Frau zu fliegen, und so bemühte ich mich, möglichst normal auszusehen, um die Kritik an meinem Benehmen durch mein Aussehen aufzufangen.«[5]

Da sie ihre Flugstunden mit verschiedenen Gelegenheitsarbeiten finanzieren mußte, dauerte es ziemlich lange, bis sie zum ersten Alleinflug aufsteigen konnte. Amelia Earhart berichtet: »Ich stieg 5000 Fuß hoch, spielte ein bißchen herum und kam zurück. 'Wie war es?', fragten die Zuschauer nach meiner Landung. 'Hattest du Angst?' Ich fühlte mich komisch. Mein erstes Solo war vorbei und nichts Außergewöhnliches war passiert mit Ausnahme einer ungewöhnlich schlechten Landung.«[6]

Kurz nach ihrem ersten Soloflug kaufte AE mit der Hilfe ihrer Mutter ein kleines gebrauchtes Flugzeug um 2000 Dollar, eine leuchtend gelbe »Kinner Canary«. Um damit zu fliegen, brauchte sie keine Lizenz, denn zu Beginn der zwanziger Jahre konnte jede/r wo, wann und womit sie/er wollte, in die Luft gehen. Trotzdem erwarb AE die einzige Lizenz, die es damals gab — die der »Fédération Aéronautique Internationale«. Bald darauf, im Oktober 1922, stellte sie — mit 14000 Fuß — einen Höhenrekord für Frauen auf, der allerdings nur wenige Wochen Bestand hatte. Bei dem Versuch, den von Ruth Nichols aufgestellten Rekord wieder zu brechen, geriet sie beim Aufstieg in ein Nebelfeld, verlor die Orientierung und kehrte im Sturzflug zur Erde zurück. Weil die Wolkengrenze bei 3000 Fuß lag, hatte AE genügend Zeit, die Landung vorzubereiten. Was wäre passiert, wenn der Wolkengürtel bis zur Erde gereicht hätte?[7]

1924, nach neunundzwanzigjähriger Ehe und langen Jahren der Auseinandersetzungen ließen sich Amelia Earharts Eltern scheiden. AE entschloß sich, mit ihrer Mutter und ihrer Schwester nach Boston zu ziehen. Ihre Idee, nach Boston zu fliegen, gab sie auf die dringenden Bitten ihrer Familie hin auf. Sie trennte sich von Ihrem geliebten Flugzeug, kaufte sich dafür einen schnellen Sportwagen, und brach zusammen mit ihrer Mutter nach Osten auf.

In Boston fand AE ihren ersten richtigen Beruf: Sie wurde Sozialarbeiterin in einem Stadtviertel, in dem hauptsächlich syrische und chinesische ImmigrantInnen lebten. Sie kümmerte sich um die Kinder, unterrichtete sie und organisierte Freizeitaktivitäten, gab aber auch interessierten Müttern und Vätern Englischunterricht. AE liebte ihre Arbeit, obwohl sie ihr nur noch wenig Zeit zum Fliegen ließ.

Es war der Zufall, der aus Amelia Earhart die berühmteste Pilotin aller Zeiten machte: ein Telefonanruf, der ihr Leben radikal veränderte. Sie wurde gefragt, ob sie an einem Transatlantikflug teilnehmen wollte.

In den zwanziger Jahren war in Fliegerkreisen das Transatlantikfieber ausgebrochen, das nach dem erfolgreichen Flug von Lindbergh 1927 auch Frauen erfaßte. Die besten und bekanntesten Pilotinnen der Zeit, Ruth Nichols, Thea Rasche und andere, träumten davon, als erste Frau den Atlantik zu überfliegen. Selbst Frauen, die über wenig oder keine Flugerfahrung verfügten, wollten zumindest als Passagierinnen eine Atlantiküberquerung wagen und auf diese Weise weltberühmt werden. Begüterte Frauen glaubten, sich diesen Ruhm kaufen zu können, sie traten als Sponsorinnen auf, erstanden ein Flugzeug und heuerten eine Besatzung an. Keine dieser Unternehmungen hatte jedoch Erfolg, viele der

Frauen und Piloten bezahlten mit ihrem Leben. Auch die reiche Mrs. Guest aus London, eine geborene Phipps aus Pittsburg, wollte sich der Herausforderung des Atlantik stellen. 1928 kaufte sie eine dreimotorige Fokker, die sie »Friendship« taufte, als Symbol der Freundschaft zwischen ihrem Heimat- und ihrem Herkunftsland. Nur auf die dringenden Bitten ihrer Familie war sie bereit, von ihrem Vorhaben, selbst mitzufliegen, Abstand zu nehmen. An ihre Stelle sollte ein amerikanisches Mädchen treten, »who would measure up to the adequate standards to American womanhood«, also eine junge Frau »von der richtigen Sorte«. Die Wahl fiel auf AE.[8]
Amelia Earhart nahm das Angebot, als Passagierin den erfahrenen Piloten Stultz und den Mechaniker Gordon zu begleiten, sofort an; diesem verlockenden Abenteuer konnte sie nicht widerstehen. Während die Vorbereitungen unter strengster Geheimhaltung abliefen, schrieb AE einen Brief an ihre Schwester, den sie erst nach dem Start erhalten sollte. »Wenn wir Erfolg haben«, schreibt sie, »ist alles klar, wenn aber nicht, dann schätze ich mich glücklich, mitten in einem solchen Abenteuer auf der Strecke zu bleiben«.[9] In einem Brief an ihren Vater, den er nur im Falle ihres Todes öffnen sollte, heißt es: »Liebster Vater, ein Hurra für das letzte große Abenteuer! Ich wollte, ich hätte gewonnen, aber es war das Leben wert. Du weißt das. Ich glaube nicht daran, daß wir uns irgendwo wiedersehen, aber ich wollte, wir könnten es. Auf Wiedersehen und viel Glück. Deine dich liebende Tochter Mill.«[10]
Nach mehrmaligen Verzögerungen aufgrund der schlechten Wetterbedingungen startete die »Friendship« endlich am 3. Juni 1928 zu einem Flug durch die Wolken. AE führte das Logbuch, in dem sie Wolken und immer wieder Wolken in allen Variationen beschrieb. Aufgrund der schlechten Wetterbedingungen verlor der Pilot die Orientierung — eine brenzlige Situation, da das Benzin allmählich zur Neige ging. Auch als sie auf ein Schiff trafen, half das nicht viel weiter, weil der Versuch AEs, eine Tüte mit einer Botschaft und einer Orange als Ballast auf das Deck zu werfen, fehlschlug. Es war unmöglich, mit diesem Schiff, das ihren Kurs kreuzte, in Kontakt zu kommen. Die »Friendship« flog weiter ins Ungewisse, und die Freude war groß, als endlich Land in Sicht kam. Sie waren an Irland vorbeigeflogen und landeten in Burry Port in Wales.
Nach dem geglückten Flug war AE mit einem Schlag eine Berühmtheit. Schon in Burry Port umlagerten sie Souvenirjäger und ergaunerten eines

der beiden Halstücher, die sie neben einer Zahnbürste und einem Kamm als einziges Gepäck dabei hatte. Es folgten zwei Wochen in London, voll von Vorträgen, Interviews, Teeinladungen, Theaterbesuchen. Jeder wollte sie sehen und mit ihr gesehen werden, sie war die Sensation des Monats. Ebenso überwältigend war der Empfang in den USA, und es nützte nichts, daß sie immer wieder betonte, sie habe beim Transatlantikflug nur die Rolle eines Gepäckstücks gespielt.

Dieser Flug war ein Markstein im Leben Amelia Earharts. Sie stand jetzt im Mittelpunkt des öffentlichen Interesses, war von Reportern umlagert und Adressatin von Tausenden von Briefen und Anfragen. Einer der Briefe lautete z.B.: »Liebes Fräulein Earhart, ich habe mich mit meinem Freund gestritten und entschieden, Pilotin zu werden. Bitte schreiben sie mir, wie das geht« . Ein anderes Mädchen schrieb: »Meine Mutter will mich nicht fliegen lassen. Was soll ich tun?«[11] AE versuchte gewissenhaft, allen Briefen zu antworten, allen Menschen, die sich an sie wandten, zu helfen.

Sie beschloß, ihre Tätigkeit als Sozialarbeiterin aufzugeben und einen Job anzunehmen, der mehr mit dem Fliegen zu tun hatte. Nach ihrer Rückkehr nach New York wurden ihr viele Arbeitsangebote gemacht, und sie entschied sich, als Luftfahrt-Redakteurin für das *Cosmopolitan Magazine* tätig zu werden. Hier konnte sie zwei Themen, die ihr am Herzen lagen, verbinden: die Werbung für das Fliegen und die Werbung für den Feminismus.

Amelia Earhart war 1928 » Frau des Jahres«. Alle Welt nannte sie wegen ihrer Ähnlichkeit mit Charles Lindbergh »Lady Lindy«, was ihr vor allem den Lindberghs gegenüber peinlich war.

Ihre Art, sich lässig zu kleiden, ihr kurzes wuscheliges blondes Haar, ihr sicheres Auftreten fanden überall Anklang. AE konnte in schmutzigem Overall an ihrer Maschine arbeiten und mit den Mechanikern diskutieren, sie fühlte sich aber auch in eleganter Kleidung beim Empfang im Weißen Haus wohl. Überall wollten die jungen Mädchen so aussehen und so sein wie sie — sportlich, lässig, kompetent, emanzipiert.

All die öffentlichen Auftritte, Interviews, Werbeflüge — das »Zoo-Element«, wie sie es nannte — nahm sie gutwillig auf sich, denn die Publicity diente einem guten Zweck, der Werbung für das Fliegen und für die Emanzipation der Frau. Es war ein anstrengendes Leben, das AE nach dem Flug mit der »Friendship« führte: Sie schrieb Artikel, beantwortete

The 99er

June, 1934

Vol. I, No. 8

IN THIS ISSUE

The Aerial Eye of 2,000,000 People
By H. R. McCORY

Selling Wacos

As Carolina Fathers Cheer

Flying Blind
By GORDON SILVA

COMING NEXT MONTH

The Inherent Characteristics of a Flier
By Dr. W. G. GAMBLE

Mexico's Airports
By BESSIE OWEN

Aviation in the Philippines
By FAY GILLIS

Tomorrow's Pilots

Mary Riddle of Seattle, only Indian woman flier, has an important message:
"Come on, let's help fill the sky with thunder birds."
(See page 3)

»Die Neunundneunziger« –
Titelbild der Zeitschrift des gleichnamigen Fliegerinnenclubs

die Fanpost, hielt eine Unmenge von Vorträgen, die sie zu weiten Reisen zwangen, warb für verschiedene Produkte, sie arbeitete als Vizepräsidentin einer Fluglinie, und selbstverständlich gab sie das Fliegen nicht auf.

1929 beteiligte sich Amelia Earhart am ersten Überlandflugwettbewerb für Pilotinnen, dem sogenannten »Powder-Puff-Derby«, bei dem 4500 km in 9 Tagen zurückgelegt werden mußten. Inzwischen hatte sie sich eine gebrauchte »Lockheed Vega« aus dritter Hand, eine schwierig zu fliegende Maschine gekauft, die die Herstellerfirma gegen ein neues Modell eintauschte. Mit diesem Flugzeug startete AE zusammen mit 19 anderen in Santa Monica. Die JournalistInnen sahen dieses Ereignis zunächst eher von der humoristischen Seite, sie trauten den Pilotinnen, die sie »Ladybirds« oder »Sweathearts of the Air« nannten, nicht viel zu, mußten ihre Ansicht aber revidieren, als 16 Pilotinnen trotz teilweise schlechter Bedingungen das Ziel erreichten.

Amelia Earhart wurde Dritte, nach Louise Thaden, die damals fast alle Frauenrekorde hielt, und der Kalifornierin Gladys O'Donnel. Dieser Flug hatte die Leistungsfähigkeit der Pilotinnen bewiesen und darüberhinaus ein enges Band zwischen den beteiligten Frauen geknüpft. Die Teilnehmerinnen am »Powder-Puff-Derby« bildeten den harten Kern einer internationalen Vereinigung, der 99 Pilotinnen — die besten Pilotinnen aus vielen Ländern — beitraten und die sich deshalb »Neunundneunziger« nannte. Zur ersten Präsidentin wurde AE gewählt, die damit über eine Organisation verfügte, die sie bei einer ihrer wichtigsten Aufgaben, den Kampf für die Rechte der Frauen, unterstützte.

1929 bis 1931 war eine Zeit im Leben AE's, in der sie mit einer ganzen Reihe von fliegerischen Leistungen und Rekorden, zum Beispiel 1930 dem Geschwindigkeitsrekord für Frauen, auf sich aufmerksam machte. Damit reihte sie sich in die Reihe der Kandidatinnen auf einen Transatlantikflug ein. Die Tatsache, daß sie sich auf dem Flug mit der »Friendship« nur »wie ein Kartoffelsack« fühlte und ihren Ruhm nicht wirklich verdient hatte, wie sie meinte, war ein besonderer Ansporn für AE, ihre Fähigkeiten zu beweisen und ihre Selbstachtung wiederzugewinnen. Zu dieser Zeit war es kein Problem mehr, für eine Transatlantiküberquerung im Alleinflug eine Pilotin zu finden; das Problem war, das nötige Geld aufzutreiben. Nachdem einige Mitbewerberinnen AE's gescheitert waren — die deutsche Pilotin Thea Rasche an den Schwierigkeiten mit

ihren Geldgebern, die Amerikanerin Ruth Nichols, weil ihr Flugzeug in Brand geriet und zerstört wurde — war AE unerwarteterweise die erste Anwärterin auf einen Alleinflug über den Atlantik.
Inzwischen hatte Amelia Earhart etwas getan, was sie eigentlich niemals tun wollte — sie hatte geheiratet. Fünfmal hatte ihr Manager, der Verleger George Palmer Putnam, vergeblich um ihre Hand angehalten, erst beim sechsten Antrag willigte sie ein. Vor der Eheschließung überreichte sie ihrem zukünftigen Ehemann einen Brief, in dem sie ihre Bedingungen deutlich macht: »Lieber GP, da gibt es einiges, was ich dir vor unserer Hochzeit schreiben muß. Dinge, über die wir schon gesprochen haben, jedenfalls die meisten. Du sollst erneut wissen, daß ich nur widerwillig heirate; ich fühle, daß ich dadurch Chancen in meiner Arbeit, die ich so sehr liebe, verliere ... In unserer Ehe werde ich dich nicht an einen mittelalterlichen Treueschwur binden, ich werde mich auch selbst nicht in dieser Weise gebunden fühlen. Indem wir ehrlich sind, glaube ich, können wir aufkommende Spannungen am besten vermeiden. Bitte laß uns nicht in des anderen Arbeit und Spiel einmischen, noch laß uns unsere privaten Freuden und Probleme an die Öffentlichkeit bringen. In diesem Zusammenhang mag es vorkommen, daß ich einen Platz brauche, wo ich dann und wann allein sein kann, denn ich kann nicht garantieren, daß ich immer die Gitter eines, wenn auch attraktiven, Käfigs aushalten werde.
Ich muß dir ein grausames Versprechen abnehmen, und zwar, daß du mich in einem Jahr gehen läßt, wenn wir zusammen nicht glücklich werden. Ich werde es, so gut ich kann, versuchen.«[12]
Es sollte sich zeigen, daß Amelia Earhart ihre Freiheit und Unabhängigkeit nicht wirklich aufgab. An ihre Mutter schrieb sie: »Natürlich mache ich weiter wie bisher, was das Geschäft angeht. Ich habe mich nicht ein bißchen verändert und werde vermutlich nur noch aktiver sein.«[13]
Ihre Ehe scheint eine Partnerschaft gewesen zu sein, die vor allem auch für ihre beruflichen Pläne, ihre Langstreckenflüge, von Vorteil war, da es George Palmer Putnam, einem guten Manager, in beispielhafter Weise gelang, Geld aufzutreiben und aufwendige Flüge zu finanzieren.
Das anstehende große Vorhaben Amelia Earharts war nun, die Herausforderung des Atlantiks anzunehmen. Ihre »Lockheed Vega« wurde in zwei Monaten umgerüstet, mit Zusatztanks und Zusatzinstrumenten ausgestattet.

Am 29. Mai 1932 startete AE von Neufundland aus zu ihrem bisher größten Abenteuer. Ihr persönliches Gepäck war auf ein Minimum beschränkt; die Verpflegung bestand aus einer Thermosflasche mit Suppe und einigen Büchsen Tomatensaft. Der Flug verlief durchaus nicht problemlos. Das Wetter hatte sich verschlechtert, die Tragflächen vereisten, und das Flugzeug geriet ins Trudeln. Um nahezu 3000 Fuß stürzte die Maschine fast senkrecht ab. Es gelang AE, das Flugzeug gerade noch rechtzeitig wieder abzufangen, bevor es in die mit weißen Schaumkronen bedeckte See zu stürzen drohte. Die Pilotin mußte nun versuchen, möglichst tief zu fliegen, was wegen des dichten Nebels alles andere als einfach war. Gefahr drohte nicht nur von außen, sondern auch vom Flugzeug selbst. Amelia Earhart bemerkte plötzlich, daß aus einer gerissenen Schweißnaht Flammen züngelten, und sie überlegte sich in aller Seelenruhe, ob es besser sei zu ertrinken oder zu verbrennen. Bald fiel der Höhenmesser aus, und der Reservetank schlug irgendwann leck …

In einem Vortrag erklärte AE später: »Wenn ich von außen hätte sehen können, was mit dem Flugzeug los war, hätte ich wahrscheinlich dann und wann eine Herzattacke bekommen; da ich das alles jedoch nicht sah, machte ich weiter.« Wegen der technischen Probleme gab sie ihren Plan, nach Frankreich zu fliegen, auf. Nach etwa 15 Stunden — die Angaben gehen ein wenig auseinander — landete Amelia Earhart in Irland. 5 Jahre nach dem Flug Lindberghs hatte nun auch eine Frau den Atlantik überflogen, und zwar in Rekordzeit. Amelia Earhart hatte bis dahin auch als erster Mensch zweimal eine Atlantiküberquerung im Flugzeug gewagt.

Die Öffentlichkeit reagierte auf AE's Erfolg mit unglaublicher Begeisterung. Sie wurde überschüttet mit Ehrungen, Orden und Auszeichnungen, die teilweise zum ersten Mal an eine Frau verliehen wurden, wie etwa die Goldmedaille der »Nationalen Geographischen Gesellschaft«, die ihr in der Constitution Hall in Washington in Anwesenheit Präsident Hoovers feierlich überreicht wurde. Besonders turbulent war der Empfang der Ozeanfliegerin in New York. Tausende säumten die Straßen, um ihr zuzujubeln, und die Polizei hatte alle Hände voll zu tun, um das Idol der AmerikanerInnen vor der Masse zu schützen.

In der Folgezeit sorgte Amelia Earharts Manager und Ehemann George Palmer Putnam für die Vermarktung des Ruhms. Für sie selbst bedeutete

das, bei allen möglichen gesellschaftlichen Ereignissen im Mittelpunkt zu stehen, unzählige Vorträge zu halten, weite Reisen zu unternehmen, Briefe und Artikel zu schreiben, Interviews zu geben und vieles mehr. Das Leben AE's wurde hektischer und aufreibender. Allerdings benötigte sie auch große Summen, um weitere Flüge durchführen zu können. 1935 flog Amelia Earhart gleich mehrere Rekorde, — zum Beispiel gelang ihr der erste Soloflug von Hawaii nach Kalifornien, ein Vorhaben, an dem schon einige Piloten gescheitert waren. Seit 1935 arbeitete sie auch an der Purdue Universtät in Lafayette, Indiana, als Beraterin im Bereich der Luftfahrt. Der Präsident der Universität hatte sie auf einer Tagung in New York über »Frauen und die Veränderung der Welt« »entdeckt«. AE war nun Gastmitglied der Fakultät und sollte einen Monat pro Jahr dort anwesend sein. Eine ihrer Aufgaben, die sie mit großem Engagement erfüllte, war es, Studentinnen bei ihren beruflichen Plänen zu beraten.
Mit Hilfe der Purdue Universität kaufte Amelia Earhart eine neue zweimotorige »Lockheed Electra«, die als »fliegendes Laboratorium« auch zu Forschungszwecken genutzt werden sollte. Mit dieser »Electra«, benannt nach dem verlorenen Stern der Pleiaden, startete sie 1937 zu ihrem Weltflug, von dem sie niemals zurückkehrte.
Wer war Amelia Earhart? Die Meinungen der Zeitgenossen gehen auseinander. Doch mit Sicherheit läßt sich sagen, daß sie eine außergewöhnliche Persönlichkeit war. Außergewöhnlich, weil AE öffentlich die traditionelle Ehe und die Mutterschaft ablehnte und stattdessen den Beruf, den Ruhm und die Gefahr wählte. Und nicht zuletzt, weil sie energisch ihren Traum vom Fliegen verwirklichte. Über den Hawaii-Kalifornien-Flug schrieb sie: »Nach Mitternacht verschwand der Mond, und ich war allein mit den Sternen. Ich habe oft gesagt, daß die Faszination des Fliegens die Faszination der Schönheit ist, und ich brauche keine weiteren Flüge, um überzeugt zu sein, daß Piloten, ob sie es wissen oder nicht, deshalb fliegen, weil es so schön ist.«[14]
Das Außergewöhnlichste aber war, daß Amelia Earhart sich als Feministin aktiv engagierte. Sie selbst allerdings hielt sich nicht für so außergewöhnlich, sondern vertrat die Ansicht, daß alle Frauen Leistungen wie sie erbringen könnten.
Amelia Earharts Wunsch nach Gleichberechtigung war ebenso stark wie ihr Verlangen zu fliegen, und sie war sich bewußt, daß ihre Erfolge als

Amelia Earhart (mitte) bei der Gründung des »Zonta«-Clubs für Frauen

Pilotin die Emanzipation der Frauen unterstützen konnten, denn sie wurde zum Vorbild für die meisten Mädchen und Frauen ihrer Zeit. Sie zeigte mit ihren Flügen, daß Frauen das Gleiche wie Männer leisten können. Deshalb konkurrierte sie mit Männern, und sie besiegte sie auf einem Terrain, das als »typisch männlich« galt. Sie wies nach, daß Fliegen keineswegs von Natur aus, sondern eher aufgrund der Definitionsmacht der Männer eine männliche Domäne ist. Deshalb forderte sie immer wieder die absolute Gleichstellung von Männern und Frauen im Flugwesen und in der gesamten Gesellschaft. In ihrem Buch *The Fun of it* kritisierte sie scharf, daß Frauen von allen führenden Positionen in der Luftfahrt ausgeschlossen seien und keine einzige Frau am Steuerknüppel einer Linienmaschine sitzen dürfe. Amelia Earhart blieb nicht bei einer Beschreibung der Unterrepräsentierung der Frauen im Flugwesen stehen, sie analysierte auch die Ursachen der geschlechtsspezifischen Unterschiede. Einer der wichtigsten Faktoren in diesem Zusammenhang war für sie die Erziehung der Mädchen, die Bewegungsarmut,

die Förderung von Unselbständigkeit und die fehlenden Möglichkeiten, mit Technik, mit Maschinen und Motoren umzugehen. Die Benachteiligungen der Frauen im Flugwesen, aber auch in anderen Bereichen, sind auf die vielfältigen Vorurteile und auf die Eigeninteressen der Männer zurückzuführen, die vom Ausschluß der Frauen aus dem Flugwesen profitieren.
Amelia Earhart verbreitete ihre feministische Botschaft in Artikeln und Büchern, durch Vorträge, Gespräche und Interviews. Da sie das Idol Amerikas war, erreichten ihre Ansichten und Aussagen eine große Publizität. Ob sie allerdings mehr als nur die Mode beeinflussen konnte, ist zu bezweifeln.
In ihrem Buch *Last Flight* schreibt sie: »Ich jedenfalls hoffe, daß Frauen eines Tages keine Benachteiligungen aufgrund ihres Geschlechts mehr erfahren werden, sondern daß sie so frei sein werden, ihr Leben zu leben, wie die Männer es sind — unabhängig von dem Kontinent oder der Nation, in der sie leben.« Und kurz vor ihrem Weltflug bemerkte AE in ihrem Tagebuch: »Wenn ich einmal tot bin, dann sollt ihr es alle wissen: Mir war völlig klar, daß jeder meiner Ozeanflüge ein Spiel mit dem Leben bedeutete. Ich habe sie ausgeführt, weil ich ganz einfach den inneren Drang dazu spürte. In unserer Zeit haben auch Frauen das Recht, vielleicht sogar die Pflicht, Vorkämpferinnen einer großen technischen Idee zu sein. Und wenn sie dabei scheitern, dann soll das nicht eine Warnung, sondern ein Ansporn für andere sein, ihren Spuren zu folgen.« [15]

Phantastische Geschichte um verschollene Fliegerin Zwei Männer behaupten: Amelia Earhart lebt

New York (ap) Als Mrs. Bolam lebt Amelia Earhart, die in den Anfängen der Luftfahrt mit mutigen Alleinflügen die Bewunderung der Welt erregt hatte und 1937 über dem Pazifik ohne die geringste Spur verschwand, seit dem Ende des Zweiten Weltkrieges in den Vereinigten Staaten. So behaupten jedenfalls zwei ehemalige amerikanische Luftwaffenoffiziere, die sich zehn Jahre lang bemühten, Licht in das Dunkel des geheimnisumwitterten Verschwindens zu bringen.
Oberstleutnant Joe Klaas und Major Joseph Gervais gaben das Ergebnis ihrer detektivischen Arbeit, die als Unterlage für ein Buch über Amelia

Earhart diente, jetzt in New York bekannt. Bei ihren Nachforschungen mußten sie, wie sie behaupten, sogar bis in die Bereiche der höchsten Politik vorstoßen. Sie nehmen an, daß jene Frau Bolam, die allerdings energisch bestreitet, mit Amelia Earhart identisch zu sein, im Jahre 1937 zusammen mit ihrem Navigator Fred Noonan in der Nähe der Insel Hull von einer Maschine, die zu einem japanischen Flugzeugträger gehörte, abgefangen und von den Japanern gefangengehalten wurde. Ihre Gefangenschaft soll bis zum Jahre 1945 gedauert haben.
Klaas glaubt, daß Amelia Earhart Kaiser Hirohito als Unterpfand diente, gegen dessen Auslieferung er erreichte, von den Amerikanern nicht in einem Kriegsverbrecherprozeß vor Gericht gestellt zu werden. Er habe Geheimnisse, die die Fliegerin kannte und deren Veröffentlichung für Washington äußerst unangenehm gewesen wären, wie auch Amelia Earharts Leben als Druckmittel benutzt.
Major Gervais, ehemals Bomberpilot und Experte für die Aufklärung von Flugzeugunfällen berichtete, er habe die mysteriöse Frau Bolam zum erstenmal 1965 bei einem Treffen von Fliegerveteranen auf Long Island getroffen. Frau Bolam sehe genau so aus, wie man es von einer gut 70jährigen Amelia Earhart erwarten könne. Sie weise alle Vermutungen über ihre Person kategorisch zurück, lehne es jedoch auch ab, irgendwelche Angaben über ihre Herkunft zu machen.
Was sie in der Luftfahrt getrieben habe, verschweige sie, doch habe sie behauptet, zu den Organisationen der »Neunundneunziger« und »Zonta«, an deren Gründung Amelia Earhart beteiligt war, zu gehören. Ihr Name erscheine jedoch in keiner Mitgliederliste der betreffenden Vereinigungen.

Zeitungsbericht vom 11. 11. 70,
Pressearchiv des Luftsportverbandes Schleswig-Holstein

Pauline Gower, englische Kunstfliegerin und Leiterin des ATA während des Zweiten Weltkrieges

Fliegen als Beruf – Buschpilotinnen, Kunstfliegerinnen, Fallschirmspringerinnen

Viele der Frauen, die sich dem Fliegen verschrieben und alle Hürden auf dem Weg zur Fluglizenz überwunden hatten, träumten davon, ihre Qualifikation zu nutzen und ihr Hobby zum Beruf zu machen. Da die Fluggesellschaften Frauen prinzipiell nicht als Pilotinnen von Linienflugzeugen einstellten, waren die beruflichen Möglichkeiten der »Amazonen der Luft« begrenzt. Eine Chance, nicht nur Geld zu verdienen, sondern auch ein »Star« zu werden, schien die Vermarktung aufsehenerregender Rekordflüge zu bieten. Damit verband sich auch die Hoffnung, später eine Anstellung als Fluglehrerin oder als Testpilotin zu bekommen.

Amelia Earhart, Amy Johnson, Marga von Etzdorf und vielen anderen Pilotinnen lag, wenn auch meist nur für kurze Zeit, die Welt zu Füßen, was, wie beispielsweise Amy Johnson feststellen mußte, durchaus nicht nur angenehme Seiten hatte. Nur wenigen Pilotinnen gelang es zudem, ihren Ruhm so zu vermarkten, daß sie vom Fliegen leben und weitere Langstreckenflüge finanzieren konnten.

Als Faustregel galt: je gefährlicher und exotischer ein Flug war, desto größer waren das Interesse der Öffentlichkeit und damit auch die Chancen, lukrative Werbeaufträge zu bekommen oder Sponsoren zu finden. Elinor Smith, eine tollkühne amerikanische Pilotin, die als Siebzehnjährige 1928 durch Flüge unter den Brücken des East-River in Manhattan hindurch von sich Reden machte, entgegnete ihren Kritikern, daß sie nicht zu fliegen begonnen habe, um Reklame für sich zu machen, sondern daß sie Reklame machen müsse, um weiterhin fliegen zu können. Ein vitales Interesse an der Glorifizierung der »Königinnen der Luft« und an der Verbreitung ihrer Rekorde und Abenteuer hatten nicht nur die Pilotinnen selbst, sondern auch die Massenmedien, die auf spannende und unterhaltende Stories angewiesen waren.

Im Nachlaß von Marga von Etzdorf befinden sich beispielsweise Hunderte von Zeitungsausschnitten, die sich, obwohl Marga nicht einmal zu den berühmtesten Pilotinnen zählte, in den wenigen Jahren ihrer Karriere angesammelt hatten. Marga von Etzdorf hatte ihre A-Schein-Prüfung noch nicht abgelegt, da erschienen in Berliner Zeitungen schon die ersten Notizen über eine »junge Dame«, die »mit Schneid« ihre ersten Alleinflüge vollführte. Es folgten Fotos der »jüngsten deutschen Fliegerin« und Artikel über die »erste Berliner Pilotin«.
Zur Heldin der Nation, zur einsamen Fliegerin, zur »German Air Queen« wurde Marga von Etzdorf aber erst, als sie ihre ehrgeizigen und abenteuerlichen Alleinflüge durchführte. Schon der »Ozeanflug der Berliner Fliegerin. Berlin — Afrika — Teneriffa — ganz allein im Kleinflugzeug« wurde in großen Schlagzeilen in der Boulevardzeitung *Tempo* angekündigt. Internationale Berühmtheit erlangte sie dann durch ihren nächsten Langstreckenflug von Berlin nach Tokio. Deutsche und ausländische Zeitungen berichteten fieberhaft über jede Etappe des Fluges: »'Kiek in die Welt' fliegt in die Welt – Marga von Etzdorf zum Japanflug gestartet«, »Fliegendes Fräulein über Asien«, »Mit Blumen überschüttet. Wie Tokio Frl. von Etzdorf feiert«, »Marga von Etzdorf abgestürzt«, »Marga von Etzdorf wieder in Berlin«.
Die Begeisterung der Presse über die Flüge von Pilotinnen wie Marga von Etzdorf oder auch Amy Johnson war nicht frei von Nationalstolz und nationalem Pathos. Die Pilotinnen galten und verstanden sich zum Teil auch selbst als Repräsentantinnen ihrer Nation. So heißt es in einem Nachruf auf Marga von Etzdorf im *Kölner Stadtanzeiger*: »Marga kannte ja nur ein Ziel, fliegen, werben für deutsche Luftfahrt, um das Ansehen Deutschlands im Ausland zu fördern.«
Wie viele andere Pilotinnen machte Marga von Etzdorf durch ihren Tod zum letzten Mal Schlagzeilen. In der Presse kursierten zunächst verschiedene Versionen über die Todesursache. Obwohl die englische Agentur Reuter die Nachricht von ihrem Selbstmord sofort verbreitet hatte, berichteten die meisten deutschen Zeitungen, daß die deutsche Sportfliegerin tödlich verunglückt sei. Nur langsam setzte sich die Erkenntnis durch, daß sie ihr Leben freiwillig beendet hatte: »Freitod. Die Tragödie der Fliegerin von Etzdorf«, »Das tragische Ende Marga von Etzdorfs«.
Es ist zu fragen, inwieweit nicht auch die Medien, die Versagen erbarmungslos verurteilen, die Entscheidung der Fliegerin beeinflußten.

Die Presse spielte jedenfalls im Leben vieler Pilotinnen eine zwiespältige Rolle: Einerseits baute sie erfolgreiche Pilotinnen zu Idolen auf, andererseits stürzte sie Idole auch schnell wieder vom Sockel, wenn diese die hochgesteckten Erwartungen nicht erfüllten oder den ihnen übertragenen Part nicht spielten. Mit anderen Worten: Auch die besten Pilotinnen der Welt wurden nur solange bewundert und gefeiert, wie sie sich durch neue und immer spektakulärere Leistungen ins Gespräch brachten. Selbst Amelia Earhart glaubte, nicht auf ihren Lorbeeren ausruhen zu können, sondern sich immer neue Ziele setzen zu müssen.
Das Publikum war verwöhnt, und die Flüge mußten riskanter und schwieriger werden, um noch Aufsehen zu erregen. Die Begeisterung war dann am größten, wenn die Pilotinnen ihr Leben einsetzten. Ihre Erfolge und Niederlagen, ihr Überleben und ihr Tod waren Ereignisse, an denen die ganze Welt Anteil nahm. Schlagzeilen wie »Bekannte englische Rekordfliegerin verbrannt« oder »Zwei Fliegerinnen im Urwald vermißt«, »Italienische Europafliegerin tödlich verunglückt« erinnerten das Publikum immer wieder daran, um welchen Preis der Traum von Freiheit und Abenteuer verwirklicht wurde.
Nicht zuletzt weil die Menschen, deren Alltag oft grau und eintönig war, an den Abenteuern und Erfolgen der Pilotinnen teilnehmen konnten, ohne ihre Risiken einzugehen, waren viele Pilotinnen — wenn auch nur für kurze Zeit — Idole.
»Wenn in der Politik die Nationen noch oft zusammenprallen, im Sport bilden sie doch eine internationale Gemeinsamkeit. Darum sind auch die Namen berühmter Fliegerinnen wie Sterne, die über dem Gewölk des Parteien- und Völkerkampfes schweben. Weite Schichten nehmen an ihren Wagnissen und Abenteuern teil; sie sind volkstümliche, viel besprochene und bewunderte Persönlichkeiten.«[1]
Die meisten Pilotinnen suchten jedoch jenseits von Glanz und öffentlicher Anerkennung eine Aufgabe in der Luftfahrt, die ihren Lebensunterhalt sicherte. Dabei war die Auswahl an wenigstens einigermaßen attraktiven Jobs nicht gerade groß: Frauen konnten als Test- oder Vorführpilotinnen, als Kunstfliegerinnen, Charterpilotinnen oder Fluglehrerinnen arbeiten.
Einige Fluggesellschaften oder Flugzeugfirmen stellten Pilotinnen ein, welche die Aufgabe hatten, potentiellen Kunden Flugzeuge vorzuführen. Allein die Tatsache, daß eine Frau im Cockpit saß, stärkte das Ver-

trauen in die Sicherheit des Flugzeugs allgemein oder eines bestimmten Flugzeugtyps erheblich. Die amerikanische Kunstfliegerin Bobbie Trout, deren Markenzeichen kurz geschnittene Haare, perfekt sitzende lange Hosen und maßgeschneiderte Hemden waren, flog zu Demonstrationszwecken einen »Golden Eagle«. 1929 führte sie zusammen mit Elinor Smith einen Rekordflug über 42 Stunden durch, wobei das Flugzeug in der Luft betankt wurde, was von dem Team im Tankflugzeug, aber auch von den beiden Pilotinnen fast akrobatische Fähigkeiten erforderte. In Fliegerkreisen lieferten aber nicht nur Bobbies unbestreitbare Qualitäten als Pilotin, sondern auch ihre sexuellen Präferenzen Gesprächsstoff. Auch die junge Elinor Smith, die mit 15 Jahren als jüngste Pilotin der Welt ihren ersten Alleinflug absolviert hatte, arbeitete zeitweise als Demonstrations- und Überführungspilotin bei der »Waco«-, der »Bellanca«- oder auch der kanadischen »Avro«-Gesellschaft. Die Flugzeugfirmen wollten damit demonstrieren, wie »kinderleicht« sich ihre Maschinen fliegen ließen.

Fast alle bekannten Pilotinnen beteiligten sich, zumindest zu Beginn ihrer Karriere, an Flugvorführungen und Flugtagen, an denen dem Publikum meist auch die Möglichkeit geboten wurde, zu einer Platzrunde aufzusteigen. In Australien zogen Nancy Bird und Peggy McKillop, in England Pauline Gower und Dorothy Spicer von Ort zu Ort, um den Bewohnern Rundflüge zu verkaufen. Der Verdienst, der sich auf diese Weise erzielen ließ, wog allerdings in keiner Weise den Einsatz der Pilotinnen auf.

Lukrativer waren Kunstflüge, die aber zunehmend riskanter und sensationeller sein mußten, um Zuschauermassen aufs Flugfeld zu locken. Entsetzensschreie riefen die Vorführungen von Phoebe Omlie hervor, die 1920 eine Karriere als Flugartistin begann. Ihre Spezialität war es, aus der hoch fliegenden Maschine auf einen Flügel zu klettern und von dort mit dem Fallschirm abzuspringen. Eine andere Amerikanerin, Lillian Boyer, blieb sogar auf dem Flügel stehen, während ihr Pilot einen Looping flog. Ethel Dare, die »fliegende Hexe«, eine frühere Trapezartistin, ließ sich mit den Zähnen an einem Tau hängend hinter einem Flugzeug herziehen oder wechselte mit Hilfe einer Strickleiter in der Luft das Flugzeug. Die bekannteste Artistin, die »Königin der Luft«, war Mabel Cody mit ihrem »Fliegenden Zirkus«. Bei ihrer Glanznummer kletterte sie von einem schnell fahrenden Rennwagen oder von einem

Mabel Codys »Fliegender Zirkus« 1927

Motorboot auf einer Strickleiter in ein Flugzeug. Noch mehr Nervenkitzel versprach eine andere artistische Meisterleistung: Mabel ließ sich auf dem Flügel stehend plötzlich ins Leere fallen, um dann nach Sekundenbruchteilen von einer Sicherungsleine abgefangen zu werden.
Elinor Smith arbeitete eine Zeitlang als Pilotin für eine Fallschirmspringergruppe, die überall, wo sie auftrat, die Hauptattraktion war. Während Elinor anfangs die Bewunderung der Massen genoß, begann sie später die Zuschauer wegen ihrer Sensationsgier zu verachten. »Sie waren gepackt von den Kunstflügen eines Doolittle und Williams, schauten aber uninteressiert weg, wenn sich die Schirme der Fallschirmspringer geöffnet hatten. Nur ein einziger Springer hielt sie bis zum Schluß gefangen — ein Artist, der die Öffnung des Schirms verzögerte. Atemlose Stille herrschte, als sein Körper wie ein Stück Blei 6000 Fuß zur Erde fiel. Als sich sein Schirm in weniger als 1000 Fuß Höhe mit einem gewaltigen Knall öffnete — später erfuhren wir, daß er dabei seine Schulter gebrochen hatte —, wandten sie sich mit einem bedauernden Seufzer ab … Plötzlich schreckte mich die Morbidität der Menge ab. Ich, die ich all die Jahre ihren lauten Beifall gesucht hatte, mied jetzt die Zuschauer wie einen abgehalfterten Liebhaber.«[2]

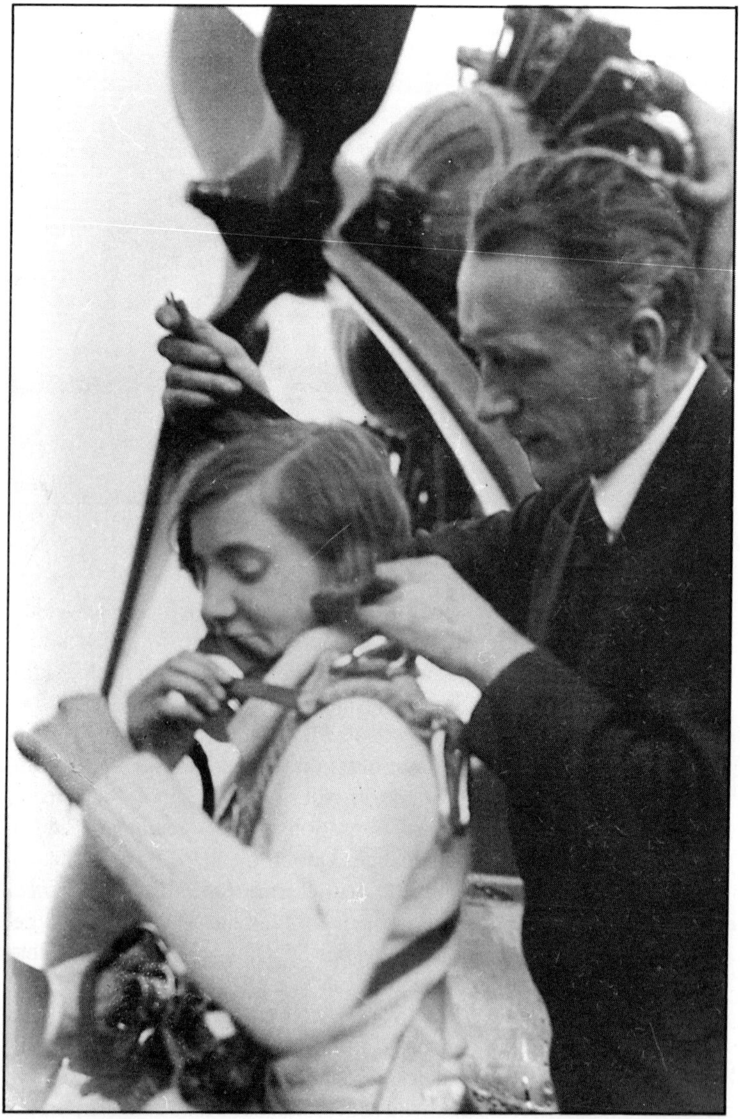

Lola Schröter bei den Vorbereitungen zu ihrem Weltrekordsprung aus 6150 m Höhe, 1936

Auch für andere Pilotinnen war das Auftreten auf Flugtagen nur eine Zwischenlösung; sie fühlten sich nicht als Artistinnen, sondern benutzten die Flugtage als eine Möglichkeit, Geld zu verdienen, um eine »richtige« Karriere im Flugwesen zu finanzieren. Phoebe Omlie eröffnete zusammen mit ihrem Mann eine Flugschule in Memphis und wurde eine der besten amerikanischen Pilotinnen. Sie erwarb 1927 die Verkehrspilotenlizenz, war in vielen Flugwettbewerben erfolgreich und wurde als Heldin gefeiert, als sie während einer Flutkatastrophe im Tal des Mississippi die betroffene Bevölkerung mit Medikamenten und Nahrungsmitteln versorgte.

Lola Schröter-Vorescou, die erfolgreichste deutsche Fallschirmspringerin, entdeckte ebenfalls ihre Liebe zum Flugzeug. Sie war durch einen Zufall zum Fallschirmspringen gekommen: Als ihr die Tätigkeit in einem Büro zu langweilig wurde, gab sie 1923 kurz entschlossen ein Inserat auf: »Junge 18jährige Dame sucht Betätigung in einem sportlichen Beruf.«[3] Es meldete sich ein »Manager«, der eine Fallschirmspringerin suchte. Lola bekam den Job, obwohl sie noch nie vorher einen Fallschirm aus der Nähe gesehen hatte. Da sie zufällig auch die erforderlichen körperlichen und psychischen Voraussetzungen — Mut, Kaltblütigkeit, Robustheit — mitbrachte, hatte sie nicht nur einen kurzfristigen Job, sondern einen Beruf gefunden, dem sie viele Jahre lang die Treue hielt, obwohl sie damit nicht reich werden konnte. Mit Absprüngen aus 4400, dann aus 6150 und schließlich aus 7350 m Höhe eroberte sie mehrmals den Weltrekord für Fallschirmspringerinnen. Eine Sensation war es auch, als sie — zum erstenmal in Deutschland — vor Fachleuten und ZuschauerInnen Absprünge mit manueller Auslösung durchführte.

Durch ihre Erfahrungen, die sie bereitwillig weitergab, trug sie wesentlich zur Weiterentwicklung des Fallschirmspringens und zur Nutzung des Schirms als Rettungsgerät bei. Trotz aller Erfolge war für Lola Schröter »der Fallschirmabsprung ein notdürftiger Ersatz für das Fliegen selbst.«[4] Beim Fliegen hatte sie allerdings bei weitem nicht so viel Glück wie beim Fallschirmspringen. Der Versuch, eine Karriere als Pilotin zu beginnen, endete mit einer Enttäuschung. Lola baute mit dem Flugzeug, das sie von ihrem schwer verdienten Geld gekauft hatte, eine Bruchlandung, bei der die unversicherte Maschine völlig zerstört wurde. Kurze Zeit später erlitt sie bei einem Unfall mit einem Segelflugzeug

schwere Verletzungen, die sie zu einem langen Krankenhausaufenthalt zwangen.
Das eigene Flugzeug war für viele Pilotinnen der erste Schritt, um mit dem Fliegen Geld zu verdienen. Manche Firmen waren bereit, Reklameflüge in Auftrag zu geben. Aufgabe der Pilotin war es dann, mit ihrem Flugzeug, auf dem weit sichtbar der Name des Produkts plaziert war, über einer Stadt zu kreisen. Den »Frondienst als Reklamefliegerin«, die Schwierigkeit, überhaupt Aufträge zu bekommen, und die schlechten materiellen und finanziellen Bedingungen bei derartigen Flügen schildert Thea Rasche in ihrem Buch ... *und über uns die Fliegerei*.
Auch die Arbeit als Charterpilotin war aus verschiedenen Gründen kein Honiglecken. Zum einen war es schwierig, Aufträge zu bekommen, da sich nur wenige Menschen, besonders wenn eine Frau am Steuer saß, in ein Flugzeug wagten und noch weniger über die notwendigen finanziellen Mittel verfügten. In den Augen der Bevölkerung konnte das Flugzeug — was Sicherheit, Zuverlässigkeit und auch die Kosten anging — bis in die jüngste Vergangenheit nicht mit der Eisenbahn konkurrieren. Selbst in Ländern, in denen wie in Amerika oder Australien riesige Entfernungen zu überwinden waren, setzte sich das Fliegen nur sehr zögernd durch. Andererseits war die Arbeit als Charterpilotin anstrengend und nicht ungefährlich, weil das Flugzeug meist dann gechartert wurde, wenn andere Transportmittel nicht zur Verfügung standen. Buschpilotinnen wie die Australierin Nancy Bird oder Beryl Markham aus Kenya flogen auch dann, wenn heftige Regenfälle die Straßen längst unpassierbar gemacht hatten; sie erreichten Orte, die weitab von jeder Straße oder Eisenbahnlinie lagen, und sie verstanden es, auf unglaublich kleinen und auch nur halbwegs ebenen Flächen zu landen. Beide Pilotinnen schilderten eindrucksvoll die Schwierigkeiten und Belastungen während ihrer Flüge: das Fehlen verläßlicher Karten, das schlechte Wetter und die Turbulenzen, die weiten Landstriche ohne Orientierungs- und Notlandemöglichkeiten, die Müdigkeit, die Angst und die Einsamkeit.
Was veranlaßte Frauen, Angst und Einsamkeit auszuhalten, in einem einmotorigen Flugzeug in Kenya Safaris zu begleiten, Langstreckenflüge über die Wasserwüste des Atlantik zu unternehmen, in 7000 m Höhe mit dem Fallschirm abzuspringen, Loopings zu lernen oder unter den Brücken des East-River hindurch zu fliegen?

Diese Frage stellte sich auch die amerikanische Pilotin Elinor Smith: »Warum blieben wir in diesem Geschäft, das so wenig finanziellen Gewinn versprach und so hohen Blutzoll forderte? Auf diese Frage gibt es so viele Antworten wie Pilotinnen. In meinem Fall war es die tägliche Herausforderung und die Schönheit des Fliegens, die mich immer und immer wieder ins Flugzeug steigen ließen.«[5]

Beryl Markham – Afrika war ihre Heimat

1986, 50 Jahre nach ihrem erfolgreichen Flug über den Atlantik in Ost-Westrichtung, starb Beryl Markham 84jährig in Nairobi. In Kenya war sie bis ins hohe Alter als erfolgreiche Trainerin von Rennpferden bekannt. Die übrige Welt hatte sie schon weitgehend vergessen, bis 1983 und 1988 ihre poetische und impressionistische Autobiographie *Westwärts mit der Nacht* durch einen Zufall wieder entdeckt und neu aufgelegt wurde. Plötzlich begann sich die Öffentlichkeit für das abenteuerliche Leben Beryl Markhams zu interessieren: Eine Fernsehsendung wurde produziert, Pläne für einen Film diskutiert. So stand Beryl, wie häufig in der Vergangenheit, am Ende ihres Lebens noch einmal kurz im Rampenlicht.

Die Weichen in Beryl Markhams Leben stellte ihr Vater, Charles Clutterbuck, der sich 1904 entschloß, England zu verlassen und sein Glück in den Kolonien, in Britisch Ost-Afrika, zu suchen. Der ehemalige Offizier und passionierte Reiter kaufte in der Nähe von Njoro Land, das er in harter Arbeit mit der Hilfe afrikanischer LandarbeiterInnen rodete und urbar machte. 1905, als die Lebensbedingungen auf der Farm erträglich wurden, ließ er seine Frau und seine beiden Kinder, den fünfjährigen Richard und die dreijährige Beryl, nachkommen. Clutterbuck betrieb eine Mühle und ein Sägewerk und beschäftigte nach einiger Zeit an die 1000 afrikanische ArbeiterInnen. Die Farm bot Clutterbuck auch die Möglichkeit, einen Traum zu verwirklichen: Er züchtete und trainierte — sehr erfolgreich — Rennpferde.

Obwohl die Farm florierte und das Klima in einer Höhe von 7000 Fuß sehr angenehm war, hatte Beryls Mutter das Pionierleben bald satt; sie kehrte mit Richard, der eine Krankheit in England auskurieren sollte, in die Heimat zurück.

Beryl blieb bei ihrem Vater zunächst in der Obhut von afrikanischen Bediensteten. Sie fand das Leben auf der Farm wunderbar. Nie vergaß sie den atemberaubenden Blick auf die grünblauen Hügel des Mauwaldes und auf den Menegai-Krater, der bei klarem Wetter zum Greifen nahe schien. Sie liebte bis zu ihrem Lebensende die Gerüche, den Duft der Zedern und des frisch gesägten Holzes, und die Geräusche, das Peitschenknallen der Ochsentreiber, das Wiehern der Pferde und die Lieder, die die Pferdeknechte bei der Arbeit sangen.

Ihre Spielkameraden waren die Kinder der FarmarbeiterInnen; von ihnen lernte sie afrikanische Sprachen, Denk- und Verhaltensmuster. Ihr bester Freund, ein Junge namens Kibii, machte sie mit den Nandi-Spielen, zu denen Hochsprung und Ringen gehörten, vertraut und erzählte ihr die Geschichten und Sagen seines Volkes. Von ihren afrikanischen Freunden wurde sie in die Geheimnisse des Jagens eingeweiht; sie lernte mit Pfeil und Bogen und mit dem Massai-Speer umzugehen, sich schnell und geräuschlos zu bewegen und die Reaktionen der Tiere vorherzusehen. Beryl trank Tierblut und geronnene Milch mit den Nandi-Kriegern, betete mit ihnen um Jagdglück und begleitete sie auf ihren Jagdzügen, auf denen sie Antilopen und wilde Schweine erlegten.

Beryl Markham zählte nicht nur Menschen, sondern auch Hunde und Pferde, die in ihrer Autobiographie eine große Rolle spielen, zu ihren besten Freunden. Von ihrem Vater hatte sie den Pferdeverstand und die absolute Sicherheit im Sattel geerbt. Sie liebte es, ihn bei seinen Rundgängen durch die Ställe und zu den Pferderennen zu begleiten, und sie lernte sehr bald alles, was man nur über Pferde wissen konnte.

Beryl verehrte ihren Vater, der nur viel zu wenig Zeit hatte, sich um seine Tochter und ihre Bildung zu kümmern. Diese Aufgabe sollte, als Beryl etwa acht Jahre alt war, eine Gouvernante übernehmen, die aber — wie auch ihre Nachfolgerinnen — bald resignierte, weil ihr Zögling, von ihrem Vater wie ein Junge erzogen, jede Einschränkung ihrer Freiheit haßte und sich jedem Versuch, aus ihr ein »richtiges« Mädchen zu machen, widersetzte.

Ihre Schulzeit in einem Internat in Nairobi dauerte nur zweieinhalb Jahre. Dann wurde sie, obwohl sie eine gute Schülerin war, wieder nach Hause geschickt, weil sie ständig gegen die Schulordnung verstieß.

Beryl Markhams Persönlichkeit, mit all ihren Stärken und Schwächen, wurde durch diese ungewöhnliche Kindheit und Jugend geprägt. Der

frühe Verlust von Mutter und Bruder, die Identifikation mit der afrikanischen Kultur und gleichzeitig das Aufwachsen als »Memsahib«, das Vorbild des Vaters und die weitgehende Freiheit auf der Farm förderten einerseits Selbstbewußtsein, Eigenständigkeit, Entschlossenheit und Unerschrockenheit, andererseits aber auch Bindungslosigkeit, Selbstsucht und Arroganz.
Als Beryl sechzehn war, ging für sie die relativ unbeschwerte Jugendzeit, die sie in ihren Erinnerungen in leuchtenden Farben schildert, 1919/20 zu Ende. Ihr Vater geriet infolge einer Dürreperiode in finanzielle Schwierigkeiten und mußte die Farm verkaufen. Er entschloß sich, als Trainer von Rennpferden in Peru sein Glück zu versuchen — ein schrecklicher Schlag für das junge Mädchen, die sehr an ihrem Vater hing. Beryl war inzwischen zu einer eigenwilligen Schönheit herangewachsen — groß, schlank und beweglich, mit langen blonden Haaren und blauen Augen. 1919 heiratete sie den etwa doppelt so alten »Jock« Purves, einen Nachbarn und Gläubiger ihres Vaters. Trotzdem wollte sie ihre Freiheit und ihren Wunsch, in die Fußstapfen ihres Vaters zu treten, nicht aufgeben. Sie trainierte, zunächst mit Billigung ihre Ehemannes, einige wenige Pferde, zum Teil diejenigen, die bei der Auktion der Farm nicht verkauft worden waren. Schon bald stellten sich Erfolge und damit auch Kunden ein; die Zahl der von ihr trainierten Pferde wuchs ebenso wie die Zahl der von ihnen errungenen Siege. Beryl erwarb zudem eine Trainerlizenz — die erste, die in Kenya je an eine Frau vergeben wurde. Ihre Erfolge waren allerdings nicht von langer Dauer; sie trennte sich von ihrem Ehemann und damit auch von seiner Farm und den dort vorhandenen Trainingsmöglichkeiten. Über die Ursache der Entfremdung kann nur spekuliert werden: Zerbrach die Ehe an den Trinkgewohnheiten des Ehemannes oder den Erfolgen, die Beryl nicht nur auf dem Rennplatz aufzuweisen hatte? Angeblich hatte sie eine ganze Reihe von Liebhabern, die aber — wie auch ihre Ehemänner — in ihrem Leben keine zentrale Rolle spielten. Karen Blixen, eine ihrer Freundinnen, die durch ihre Autobiographie *Jenseits von Afrika* bekannt wurde, schrieb 1923 ihrer Mutter: »Beryl Purves wohnt gerade bei mir ... sie ist erst zwanzig, wirklich eines der schönsten Mädchen, das ich je gesehen habe, und ziemlich unglücklich. Sie ist mit einem Mann verheiratet, der ihr nichts bedeutet. Er widersetzt sich einer Scheidung, will aber auch nicht für ihren Unterhalt aufkommen. Sie ist ziemlich am Ende — aber voll von

Leben und Energie, so daß ich denke, daß sie schon irgendwie klar kommen wird ...«[1]
Karen Blixen hatte recht: Es gelang Beryl, Geld für eine Reise nach England aufzutreiben und dort einen reichen Freund zu finden, der sie, auch nachdem ihre Liebe zu ihm längst abgekühlt war, bei ihrem Vorhaben unterstütze, wieder in Kenya Rennpferde zu trainieren.
Mit Hilfe ihres Jugendfreundes Kibii, der jetzt als erwachsener Krieger Arap Ruta hieß, baute sie ein florierendes Trainingszentrum auf, wobei es sicher nicht ganz leicht war, die Skeptiker zu überzeugen, daß eine Frau — noch dazu ohne Rückhalt durch einen Ehemann — in dieser Männerdomäne erfolgreich sein kann.
Obwohl Beryl Markham die für Frauen geltenden Normen und Grenzen völlig ignorierte, und obwohl sie in sehr ärmlichen Verhältnissen, zeitweise sogar in einer Pferdebox lebte, wurde sie von der Gesellschaft, auch vom »Happy Valley People«, einer Gruppe reicher, junger Nichtstuer, akzeptiert. Deren Treffpunkt war der »Muthaiga Country Club« in Nairobi, in dem auch Beryl sich wie »zu Hause« fühlte. Sie sollte den Club, der auch nach der Unabhängigkeit Kenyas exklusiv und »weiß« blieb, später als Standquartier für ihre Charterflüge wählen und bis kurz vor ihrem Tode regelmäßig besuchen. Beryl gehörte zu den auffallendsten Gästen des Clubs, die, so die Schriftstellerin Martha Gellhorn, »die Männer allein durch ihre Anwesenheit so bezauberte, daß sie ihr das Eindringen in die Männerwelt nicht übel nahmen, sondern sie sogar in ihrer Welt willkommen hießen.«[2]
In Nairobi lernte Beryl 1927 den zweiundzwanzigjährigen Mansfield Markham kennen, einen reichen englischen Aristokraten, der zur Großwildjagd nach Kenya gekommen war. Er verliebte sich Hals über Kopf in Beryl, die gerade mit einem anderen Mann verlobt war, aber diese Bindung schnell wieder löste. Die Flitterwochen verbrachte das junge Ehepaar in England, wo das neue Mitglied der »High Society« auf Bällen und Empfängen Furore machte. Markham tat alles, um seine Frau glücklich zu machen: Er kaufte eine Farm, Melala, in der Nähe von Njoro, die für die Pferdezucht bestens geeignet war, stellte ihr die Mittel für den Kauf von Spitzenpferden zur Verfügung und ermöglichte ihrem Vater die Rückkehr aus Peru. Auch diese Ehe ging in die Brüche; daran konnte die Geburt eines Sohnes 1929 nichts ändern. Beryl überließ das Kind ihrer Schwiegermutter, vielleicht weil sie wollte, daß es behütet in

Beryl Markham, Buschpilotin und Pferdetrainerin

der reichen Markham-Familie aufwachsen sollte. Möglicherweise wollte sie aber auch ihr freies und ungebundenes Leben nicht aufgeben. Mansfield Markham und Beryl trennten sich endgültig 1929 — ihr Sohn war erst wenige Monate alt. Anlaß war die aufsehenerregende Liaison Beryls mit Prinz Henry, Duke of Gloucester, den sie auf einer Safari näher kennengelernt hatte. Beryl verbrachte einige Zeit in England und

kehrte 1930, nachdem sie ihre Beziehung zu dem Prinzen mehr oder weniger freiwillig beendet hatte, nach Kenya zurück.
Der nächste Mann, der in ihr Leben trat, war Denys Finch Hatton, der sich eben aus seiner langjährigen Beziehung zu Karen Blixen gelöst hatte. Er vermittelte Beryl seine Liebe zur Literatur, zur Musik und — last not least — zum Fliegen. Als er im Frühjahr 1931 bei einem Flugzeugabsturz ums Leben kam, war Beryl trotz ihrer Bestürzung und Trauer entschlossen, ihr Leben der Fliegerei zu verschreiben. In ihrer Autobiographie bemerkte sie zu Finch Hatton: »Denys war der Schlußstein in einem Gewölbe, dessen andere Steine Menschen waren. Wenn der Schlußstein ins Wanken gerät, teilt sich das dem ganzen Gewölbe mit, und wenn der Schlußstein zermalmt wird, stürzt das Gewölbe ein, wird zu einem Steinhaufen ohne Struktur. Denys' Tod nahm einigen Leben die Struktur; aber sie fügten sich, wie das mit Leben und Steinen so ist, wieder zu einem neuen Muster zusammen.«[3]
Beryl Markham hatte 1930 begonnen, bei einem alten Freund und bekannten Piloten Flugunterricht zu nehmen. Tom Black, ihr Fluglehrer und Manager der ersten Fluggesellschaft Ostafrikas, brachte ihr alles bei, was er selbst konnte, und das war eine Menge. Beryl stürzte sich mit der ihr eigenen Entschlossenheit auf das Fliegen: Nach 8 Stunden startete sie zu ihrem ersten Alleinflug, einen Monat später bestand sie die Prüfung für die A-Lizenz. Tom Black, mit dem sie eine Zeitlang zusammenlebte, ermunterte sie, ihre Flugkarriere ernst zu nehmen und riet ihr, ein eigenes Flugzeug, eine »Avro Avian« zu kaufen. Als Tom 1932 nach England geflogen war, um dort eine neue Stelle anzutreten, beschloß Beryl kurzerhand, in ihr Flugzeug zu steigen und ihm zu folgen. Ohne weitere Vorbereitungen startete sie am 24. April zum Entsetzen der Mechaniker von ihrem Heimatflughafen aus nach London. Obwohl sie mehrmals aufgrund von Motordefekten notlanden und des öfteren auf Ersatzteile warten mußte, erreichte sie am 17. Mai London, wo sie von den Medien gefeiert und ihren überraschten Freunden, unter ihnen Tom Black, begeistert begrüßt wurde.
1933 bestand Beryl Markham, als erste Frau in Kenya, die schwierige Verkehrspilotenprüfung. Mit Arap Ruta als Helfer, der sich schnell von Pferden auf Flugzeuge umgestellt hatte, arbeitete Beryl als Charterpilotin vom »Muthaiga Country Club« in Nairobi aus. Sie transportierte Post und Nachschub zu den Goldarbeitern in der Nähe des Viktoriasees, sie

flog Kranke und Verletzte ins Hospital nach Nairobi oder Farmer zu ihren abgelegenen Besitzungen. An Aufträgen fehlte es nicht, weil man, wie sie selbst schrieb, ohne Flugzeug in Afrika nicht weit kam. »Es gab selbstverständlich Straßen, die von Nairobi aus in alle Richtungen führten. Am Anfang waren sie breit und gut, nach ein paar Meilen wurden sie eng und rauh und schlängelten sich in steinige Hügel oder verloren sich im flachen Land und in den Tälern, im roten Morast oder schwarzen Schlamm.«[4]
Aber auch das Fliegen war nicht einfach in einem Land, das so wenig erschlossen war. Das vorhandene Kartenmaterial war ungenau und unzuverlässig, Funkverbindungen gab es noch nicht, und bei Notlandungen war die Chance, gefunden zu werden, relativ gering. Beryl selbst fand nach mehrtägiger Suche und schließlich doch durch einen Zufall einen vermißten Piloten. Sie beobachtete eine Herde Impalas, Gnus und Zebras und entdeckte ein hell schimmerndes Wasserloch in ihrer Mitte. Als sie schon abgedreht hatte, fiel ihr plötzlich ein, daß irgendetwas nicht stimmen konnte. Das Wasser hätte braun und schmutzig sein müssen, da die trinkenden Tiere den Boden des Wasserloches aufwirbeln. Sie kehrte um, und wirklich, sie hatte recht — es war ein Flugzeug, dessen metallene Oberfläche die Sonne reflektierte.
Besonders schwierig waren die Flüge bei Nacht. »Nachtflüge über bekanntes Land und mit Funkverbindung können ein einsames Geschäft sein, aber Fliegen in undurchdringlicher Dunkelheit und ohne die zugegebenermaßen einseitige Gesellschaft von Kopfhörern, und ohne das Wissen, daß irgendwo in der Ferne Lichter, Leben und ein gut beleuchteter Flugplatz warten, ist mehr als nur einsam. Es ist ein Gefühl von Irrealität, das manchmal so weit geht, daß die Existenz anderer Menschen nicht einmal mehr den Anschein von Wirklichkeit besitzt. Die Hügel, die Wälder, die Felsen und Steppen sind eins mit der Dunkelheit und die Dunkelheit ist unendlich. Die Erde ist nicht ein Planet, sondern ein ferner Stern — wenn ein Stern scheint; das Flugzeug ist dein Planet und du bist der einzige Bewohner.«[5]
Beryls gefährlichster und lukrativster Job war es, Safaris zu begleiten und von der Luft aus die Jagdbeute, meist Elefanten, auszumachen. Sie war sich der Gefahren bewußt, die im elefantenreichen Grenzgebiet zwischen Kenya und Tanganjika auf sie zukommen konnten — plötzliche Stürme, Malaria und Schlafkrankheit, mannshohe Sanseveria und tiefer Busch

ohne eine Möglichkeit zur Notlandung. Trotzdem — wegen des guten Verdienstes, vor allem aber aus Abenteuerlust — folgte sie der telegraphischen Aufforderung Baron von Blixens: »Sei morgen um sieben Uhr früh in Makinda — stop — bringe Winston's Post mit — stop — bringe 50 Schuß Munition 6 Flaschen Whisky 2 Flaschen Atebrin und 2 Flaschen Chinin ... Wenn es Fisch gibt bringe Fisch mit.«[6] Es gab alles, und Beryl brachte nicht nur den Whisky, sondern auch den Fisch zum Basislager.

Ihre Gefühle gegenüber den Großwildjägern waren ambivalent. Zwar zählten die »White Hunters«, wie Finch Hatton oder Blixen, zu ihren besten Freunden, doch ihr Jagdeifer, vor allem die Motive der reichen Nichtstuer, die sich von Blixen und anderen Jagdexperten begleiten ließen, waren ihr unverständlich. Zur Elefantenjagd meinte sie: »Es ist absurd, einen Elefanten zu töten. Es ist nicht brutal, es ist nicht heroisch und es ist sicherlich nicht einfach; es ist eine der völlig sinnlosen Taten, wie sie Männer immer tun, genauso sinnlos, wie einen Damm in einen großen Fluß zu bauen. Ein Zehntel des Stausees könnte die ganze Menschheit verschlingen, ohne den Lebenslauf eines Welses auch nur im geringsten zu beeinflussen.«[7]

Beryl Markham erlebte zahlreiche Abenteuer auf den Safaris, traf interessante Leute, wie Ernest Hemingway, und hatte sich als Pilotin so etabliert, daß sie sogar ein zweites Flugzeug kaufen konnte. Mit ihren Erfolgen als Charterpilotin wollte sie sich aber allmählich nicht mehr begnügen — sie hatte größere Pläne, sie wollte beweisen, daß sie zu den besten Piloten aller Zeiten gehörte. Ihre Hoffnung, zusammen mit Tom Black wie das »fliegende Liebespaar« Amy Johnson und Jim Mollison Flugrekorde zu brechen, hatte sich allerdings zerschlagen, weil Tom, sicher einer der wichtigsten Männer in ihrem Leben, nach seinem Sieg im England-Australien-Luftrennen eine junge Schauspielerin geheiratet hatte. So versuchte sie eben alleine einen aufsehenerregenden Langstreckenflug durchzuführen. Sie verkaufte eines ihrer Flugzeuge und flog mit Blixen als Passagier nach England, um den Flug vorzubereiten. In London fand sie schnell einen Job als Pilotin eines reichen Franzosen, der sich eine eigene Fluggesellschaft eingerichtet hatte. Das war allerdings nicht gerade eine Aufgabe, die den Ehrgeiz der inzwischen 33jährigen Pilotin befriedigen konnte. Es war schließlich einer ihrer alten Bekannten aus Kenya, John Carberry, der ihr weiterhalf. Er lieh

ihr sein Flugzeug, eine »Vega Gull«, unter der Bedingung, daß sie einen Non-Stop-Flug von England nach Amerika versuchte. Bis jetzt hatte erst eine einzige Frau, Amelia Earhart, den Atlantik und zwar in West-Ost-Richtung überflogen. Jim Mollison war der einzige Pilot, dem — allerdings von Irland aus — die aufgrund der vorherrschenden Windrichtung schwierigere Ost-West-Überquerung des Atlantiks geglückt war.
Beryl bereitete sich, von Tom Black und Jim Mollison beraten, sorgfältig auf ihren Flug vor: Sie studierte das Kartenmaterial, machte sich, so weit dies in der kurzen Zeit möglich war, mit dem neuen türkis- und silberfarbenen Flugzeug, das »The Messenger« getauft wurde, vertraut und absolvierte ein Fitnesstraining. Von der Presse, die von ihrem Vorhaben erfahren hatte, wurde die »große, blonde, athletische Mrs. Markham« immer wieder nach ihren Gefühlen und Motiven befragt. »Fliegen ist mein Beruf«, pflegte sie zu antworten. »Dieser Flug ist ein Teil meines Berufes. Er ist kein romantisches Abenteuer, sondern harte Arbeit ... Ich glaube an die Zukunft einer Fluglinie über den Atlantik, und ich will von Anfang an dabei sein.«[8]
Nach einigen Verzögerungen aufgrund des schlechten Wetters startete Beryl Markham am 4. September 1936 zu ihrem längsten Flug. Sie beschreibt in ihrer Autobiographie ihre Erleichterung nach dem geglückten Start mit der schwer beladenen Maschine und das Gefühl des Triumphes hoch über den Lichtern von Irland, aber auch die Einsamkeit in der Dunkelheit über der endlosen Wasserwüste. Das schrecklichste Ereignis des ganzen Fluges war der Moment, als der Haupttank leer war und der Motor ausging. »Ich merke, daß das Dröhnen des Motors bis jetzt wie eine tiefe und tröstliche Stille wirkte. Die wirkliche Stille, die dem letzten Husten des Motors folgte, war erschreckend. Trotzdem fühle ich keine Furcht; ich fühle gar nichts. Ich beobachte mit einer Art von stupidem Desinteresse, wie sich meine Hände rasend schnell bewegen, und ich weiß, daß ich, während sie sich bewegen, von der Nadel des Höhenmessers hypnotisiert bin.«[9]
Beryl handelte schnell; sie ließ ihr Flugzeug gleiten, griff zur Taschenlampe, suchte das Ventil des Reservetanks, öffnete es und wartete. »Auf dreihundert Fuß Höhe ist der Motor immer noch tot ... Wie hoch reichen die Wellen — zwanzig Fuß vielleicht? Dreißig? Es ist unmöglich, den Gedanken an das Ende zu vermeiden, aber meine Reaktion ist nicht die übliche. In meinem Kopf laufen nicht die verschiedenen Stationen

meines Lebens ab wie ein außer Kontrolle geratener Film. Ich habe das Gefühl, als ob dies schon einmal passiert wäre — und so ist es. Es ist schon hundert Mal passiert in meinen Gedanken, in meinem Schlaf, so daß ich nicht wirklich entsetzt bin ... Ich weiß nicht, wie nahe die Wellen schon sind, als der Motor plötzlich wieder zum Leben erwacht ...«[10]

Nach etwa 20 Stunden, in denen sie fast permanent gegen schlechtes Wetter, Kälte und Müdigkeit zu kämpfen hatte, erreichte Beryl Markham Neufundland, und der Flug nach New York schien jetzt nur noch eine Frage der Zeit zu sein. Doch die Pilotin hatte sich zu früh gefreut. Der Motor ihres Flugzeugs begann zu stottern, setzte aus, sprang wieder an und gab schließlich seinen Geist auf. Beryl landete mit stehendem Propeller auf der einzigen freien Fläche weit und breit, einem sumpfigen Gelände in Nova Scotia, wo sie einige Zeit später leicht verletzt von Fischern gefunden wurde. Sie war 21 Stunden und 25 Minuten in der Luft gewesen.

Obwohl Beryl Markham ihr eigentliches Ziel, New York, nicht erreicht hatte, war ihr Flug ein großer Erfolg und ihr Empfang in New York überwältigend. Alle Welt feierte die fotogene Pilotin, die es genoß, im Mittelpunkt zu stehen, verehrt und bewundert zu werden. Doch die Freude blieb nicht lange ungetrübt. Sie war noch ganz benommen von all den Gratulationen, Briefen und Feiern, als sie telefonisch vom Tod Tom Blacks, dem sie trotz seiner Heirat eng verbunden war, benachrichtigt wurde.

Trotz der Begeisterung der Massen war der Transatlantikflug für Beryl Markham kein finanzieller Erfolg. Zu ihrem Bedauern besaß sie nicht einmal genug Geld, um die »Vega Gull« zu kaufen, die nach Afrika verschifft und dann an einen reichen Inder verkauft wurde. In den folgenden Jahren, die sie zum Teil in England, zum Teil in den USA verbrachte, suchte sie verzweifelt nach Sponsoren für einen weiteren Rekordflug. Doch die Zeit der Alleinflüge war vorüber, und Beryl, die ständig an Geldmangel litt, mußte sich nach einer anderen Beschäftigung umsehen. Sie verhandelte — erfolglos — mit der Columbia-Filmgesellschaft über die Verfilmung ihres Transatlantikfluges, war eine Zeitlang in Hollywood als technische Beraterin für den Film »Safari« tätig und entschloß sich schließlich, von Antoine de Saint-Exupéry ermutigt, ihre Memoiren zu schreiben, die 1942 unter dem Titel *Westwärts mit der*

Nacht erschienen. Obwohl Kritiker und Literaturkenner das Buch begeistert aufnahmen, wurde es kein Bestseller.
1943 heiratete Beryl Markham einen wenig erfolgreichen Schriftsteller, Raoul Schumacher, mit dem sie auf einer Ranch in New Mexiko lebte. Sie veröffentlichte während dieser Zeit einige Kurzgeschichten und kehrte nach der Trennung von ihrem dritten Ehemann, dieses Mal für immer, nach Kenya zurück — 48 Jahre alt, mittellos, krank und völlig auf die Großherzigkeit von Freunden angewiesen. Trotz allem waren die Wirkung ihrer Schönheit, ihr Wille und ihr Ehrgeiz ungebrochen. Mit über fünfzig Jahren begann sie noch einmal mit dem Training von Rennpferden und hatte Erfolge wie nie zuvor. In ihrer besten Saison, 1963/64, waren 46 der von ihr trainierten Pferde siegreich. Mit Pferden blieb sie bis an ihr Lebensende verbunden: Die letzten Jahre lebte sie in einem kleinen Haus auf dem Rennplatz in Nairobi, wo sie von ihrem Wohnzimmer aus die Rennpferde beobachten konnte.
Beryl Markham war bis zuletzt eine eindrucksvolle, eigenwillige und interessante Frau, deren Entwicklung ganz wesentlich durch ihre Zugehörigkeit zur weißen Oberschicht eines Koloniallandes geprägt wurde. Anders als viele Kolonialherren und trotz ihres Lebensstils, war Beryl nicht von der Überlegenheit der weißen Kultur überzeugt: »Die weißen Männer, die um Afrika kämpften, haben nicht an die Seele Afrikas gedacht; aus ihr erwächst der Widerstand. Die Seele ist nicht tot, sie schweigt. Es fehlt auch nicht an Weisheit, aber diese Weisheit ist so einfach, daß sie nicht zählt in einer Welt, die sich der modernen Zivilisation verschrieben hat. Afrika ist uralt, und das Blut vieler afrikanischer Völker ist so verehrungswürdig und rein wie die Wahrheit ... Wahre Aristokratie wird nicht durch Verordnungen erreicht, sondern durch die Bewahrung der Verwandtschaft mit den elementaren Kräften und Zielen des Lebens. Dies kann ein eingeborener Schafhirte vielleicht sogar besser verstehen als ein Intellektueller.«[11]

Die Suche nach einem verschwundenen Piloten

Ich sah, wie von den Felsen her kleine Schatten krochen; sah, wie Vögel in schwarzen Scharen heimwärts strebten zum verstreuten Busch; und ich begann, an mein eigenes Zuhause zu denken, an ein warmes Bad und ein ordentliches Essen. Das Gefühl der Hoffnung ist beharrlich, über jegliche Vernunft hinaus, aber da der Nachmittag schon so weit vorangeschritten war, ließ sich beim besten Willen nicht damit rechnen, Woody jetzt vielleicht noch zu finden. Falls er noch am Leben war, würde er bei Nacht natürlich ein Feuer entzünden, doch mein Kraftstoff nahm rapide ab, Reserven hatte ich nicht — und ich sehnte mich nach Schlaf.

Ich war gerade dabei, einen östlichen Kurs einzuschlagen, in Richtung auf Nairobi, als mir plötzlich der Gedanke kam, daß es sich bei dem Gewässer, über das ich so achtlos hinweggeflogen war, keinesfalls um Wasser handelte, sondern vielmehr um die silbrigen Tragflächen eines Klemm-Eindeckers, welche das Licht der Sonne reflektierten.

Genaugenommen war es gar kein richtiger Gedanke, und noch weniger war es eine jener blitzartigen Offenbarungen, wie sie sich so fürsorglich bei geplagten Romanhelden einzustellen pflegen. Es war nicht mehr als eine Ahnung. Doch welcher Pilot wäre so töricht, seinen Instinkt zu ignorieren? Ich jedenfalls nicht. Im übrigen wußte ich nie, wo die Inspiration anfängt und der Impuls aufhört. Vermutlich entscheidet darüber ganz simpel das Resultat. Erweist sich die Ahnung als richtig, so war man inspiriert; erweist sie sich als falsch, so hat man einem unsinnigen Impuls nachgegeben.

Doch solchen Überlegungen hing ich nicht weiter nach. Schon hatte ich meinen Kurs abermals geändert, an Höhe verloren und wieder Fahrt aufgenommen. Ich jagte gleichsam mit den Schatten um die Wette. Es war wie ein freundschaftliches Spiel zwischen der Sonne und mir.

Währenddessen wurde meine Vermutung zur Überzeugung. Nichts auf der Welt, grübelte ich, konnte reflektierendem Wasser so sehr zum Verwechseln gleichen wie die Tragflächen von Woodys Flugzeug. Ich erinnerte mich, wie hell sie geglänzt hatten nach ihrem letzten Anstrich, der ihnen ein silbriges oder stählernes Aussehen verlieh. Dabei bestanden sie nur aus dünnem Holz und Tuch und getrocknetem Leim.

Die Täuschung hatte Woody sehr amüsiert. »Alles aus Metall«, hatte er, mit dem Daumen auf die Klemm weisend, gesagt. »Alles aus Metall —

ausgenommen bloß die Tragflächen und der Rumpf und der Propeller und dergleichen Sächelchen. Aber alles übrige ist aus Metall — sogar der Motor.«

Dort war endlich, wonach ich gesucht hatte — nicht irgendein Teich oder ein anderes Gewässer, sondern — unverkennbar diesmal — die Klemm, die wie ein abgeschossener Vogel auf dem Boden zu kauern schien, nicht zerschmettert, doch leblos und allein, neben sich kein Feuer, nicht einmal einen Stecken mit einem flatternden Fetzen.

Ich verlangsamte und zog spiralenförmige, tiefer strebende Kreise. Vielleicht hätte ich, in diesem Augenblick, ein frommes Gebet für Woody auf den Lippen haben sollen, doch ich hatte keines. Ich fragte mich nur, ob er wohl verletzt worden war und von einigen Massai Muranis in ein manjatta geschafft worden sein mochte; oder ob er, törichterweise, im weglosen Land umhergewandert war, auf der Suche nach Wasser und Nahrung. Ich glaube, ich verfluchte ihn sogar ein wenig, denn als ich in einer Entfernung von etwa hundertfünfzig Meter von der Klemm dahinglitt, konnte ich erkennen, daß die Maschine — zumindest äußerlich, völlig intakt schien.

In einem solchen Augenblick kann es zu einem sonderbaren Durcheinander von Gefühlen kommen. Die plötzliche Erleichterung über den Anblick der intakten Klemm mischte sich mit der um so größeren Enttäuschung darüber, daß Woody nicht in ihrer Nähe war, ausgehungert und halbverdurstet vielleicht, aber doch jedenfalls lebendig.

Die Regel Nummer eins bei Notlandungen sollte lauten: »Gib das Schiff nicht auf.« Das hätte gerade Woody wissen müssen, und natürlich wußte er es auch, doch wo war er?

Beim erneuten Kreisen sah ich, daß trotz einiger Erdlöcher und verstreuter Steinbrocken eine Landung möglich sein würde. Rund dreißig Meter von der Klemm gab es einen Streifen Land mit kurzem, dürrem Gras. Von der Luft aus schätzte ich die Länge des Streifens auf ungefähr hundertfünfzig Meter — eigentlich nicht lang genug für ein Flugzeug ohne Bremsvorrichtung, doch mochte es unter den Umständen gehen, da der Gegenwind den Landeanflug der Avian verlangsamen würde.

Wieder nahm ich Fahrt weg und ließ dem Propeller gerade genügend Umdrehungen, um die Maschine für die Landung auf so begrenztem Raum stabil zu halten. Während ich ausschwebte, ließ ich das Schwanzende sacht von Seite zu Seite schwingen, um den Boden unter mir soweit

wie möglich im Auge behalten zu können, auf diese Weise gelang es mir, überraschend glatt zu landen. Gleichzeitig machte ich mir jedoch klar, daß der Start, zumal mit Woody an Bord, wohl weitaus schwieriger sein würde.
Doch Woody war nirgends zu sehen.
Ich kletterte aus dem Cockpit, holte meine verstaubte und verbeulte Wasserflasche hervor und ging zu der Klemm, die bewegungslos und gleißend im späten Sonnenlicht stand. Ich betrachtete die Tragflächen, konnte jedoch keinen Schaden entdecken. Ja, dort stand sie, zerbrechlich und weiblich, und rastete auf dem rauhen, grauen Boden, allem Anschein nach völlig unversehrt, mit schrägstehendem, keckem Propeller und leerem Cockpit.
Die Stille hat viele Formen, viele Gesichter, von denen jedes seine eigene Bedeutung besitzt. Da ist die Morgenstille in einem Wald, und sie ist sehr verschieden von der Stille einer schlafenden Stadt. Da ist die Stille nach einem Gewitterregen und die Stille vor einem Gewitterregen, und sie sind einander ganz und gar nicht gleich. Da ist die Stille der Leere, die Stille der Furcht, die Stille des Zweifels. Da ist jene Stille, die von einem leblosen Objekt ausgehen kann, von einem erst kürzlich benutzten Stuhl etwa, oder von einem Klavier mit verstaubten Tasten, oder von irgendeinem anderen Gegenstand, der von einem Menschen gebraucht worden ist, zur Arbeit oder zum Vergnügen. Eine solche Stille kann sprechen. Ihre Stimme mag melancholisch klingen, doch ist das keineswegs immer so, denn vielleicht hat ein lachendes Kind auf dem Stuhl gesessen, und vielleicht waren die letzten Klänge auf dem Klavier heiter und beschwingt. Doch wie die Stimmung oder die Umstände auch immer gewesen sein mögen, ihre ganz besondere Eigenart kann sich eingefangen finden in der nachfolgenden Stille. Es ist ein lautloses Echo.
In der Hand hielt ich den langen Lederriemen der Wasserflasche, die wie ein unstetes Pendel hin und her schwang, während ich um Woodys Flugzeug herumging. Doch obwohl die Schatten die Erde jetzt überfluteten wie träges Wasser und das Gras unter dem halberschöpften Atem des Windes wisperte, war da kein Gefühl von Unheil oder Unglück. Die Stille, die zu der schlanken, kleinen Maschine gehörte, schien mir erfüllt von einer Art Arglist — von einer mutwilligen Bosheit, wie sie sich etwa im zufriedenen Lächeln einer eitlen Frau zeigen mochte, die einen zwar kleinen, für sie jedoch kostbaren Triumph genoß.

Im Gras fand ich eine Spur, eine Art frischen Pfad: Halme waren zu Boden gepreßt, Steinchen aus ihren winzigen Mulden gescharrt, und ich folgte dem Pfad, der an einigen größeren Steinen vorbei in ein Gewirr von Dornenbäumen führte. Laut rief ich Woodys Namen, doch die einzige Antwort war der Widerhall meiner eigenen Stimme. Aber als ich dann den Kopf drehte und den Ruf nach Woody wiederholen wollte, sah ich zwei dicht beieinander stehende Felsblöcke und in der Lücke zwischen ihnen ein Paar Beine in verschmutzten Arbeitshosen und dahinter dann auch noch den Rest von Woody, der auf dem Bauch lag, den Kopf in der rechten Armbeuge.
Ich ging zu ihm, schraubte den Verschluß der Wasserflasche auf, beugte mich zu dem Liegenden und schüttelte ihn.
»Ich bin's — Beryl«, rief ich und schüttelte ihn kräftiger. Eines der Beine bewegte sich, dann auch das andere. Ich packte den Liegenden beim Gürtel und zerrte heftig.
Woody begann, sich rückwärts aus der Lücke zwischen den Felsblöcken herauszustemmen, eine Bewegung, die mich unsinnigerweise an die Gangart eines bestimmten Krebses erinnerte, der in Südfrankreich als große Delikatesse gilt. Woody murmelte irgend etwas, und ich erinnerte mich, daß dies typisch ist für Menschen, die am Verdursten sind, und daß sie nur einen Wunsch haben: — Wasser. Ich ließ ein paar Tropfen auf seinen Nacken fallen, als dieser zum Vorschein kam, und erhielt als Dank für meine Mühe ein unwilliges Grunzen. Dem Grunzen folgte eine kleine, doch erlesene Auswahl jenes Vokabulars, wie es bei Seeleuten, Hafenarbeitern und Piloten gebräuchlich ist — und dann setzte sich Woody plötzlich auf, verdreckt der Bart und ausgemergelt das Gesicht darunter, die Lippen trocken und rissig, die Augen rötlich umrandet und die Wangen hohl. Er war ein kranker Mann, und er grinste.
»Ich mag's nicht, wie eine Leiche behandelt zu werden«, sagte er. »Ist eine Beleidigung. Gibt's hier irgendwas zu essen?«

Beryl Markham,
»Westwärts mit der Nacht«

Nancy Bird – Zum Fliegen geboren

Nancy Bird wurde nicht durch riskante Kunststücke oder aufsehenerregende Rekordflüge bekannt, sie versuchte vielmehr, was auch riskant und aufsehenerregend war, als Berufspilotin in den dreißiger Jahren in Australien zu überleben.
Pilotin zu werden, war für die 1915 geborene Nancy keine bewußte Entscheidung, sondern die Erfüllung eines Kindheitstraumes, die Befriedigung einer Leidenschaft, die ihr Leben völlig beherrschte. Mit 13 verließ sie die Schule, führte ihrem Vater den Haushalt und half im Geschäft. Das erste, was sie von ihrem schwer verdienten Geld kaufte, war ein Fliegerhandbuch, das sie so lange studierte, bis sie es fast auswendig konnte. Es störte sie nicht, daß niemand außer ihr selbst an die Verwirklichung ihrer Pläne glaubte. »Mein Vater nahm meine Leidenschaft für das Fliegen in dieser Phase nicht besonders ernst«, schrieb sie in ihrer Autobiographie. »Es amüsierte ihn, daß ich mit der Nase in einem Lehrbuch durch das Haus wanderte, aber er dachte nicht, daß meine Bemühungen irgendwohin führen würden.«[1]
Sie sparte jedoch eisern, um ihren Traum Wirklichkeit werden zu lassen. Stolz kam sie 1933, ausgerüstet mit einem Helm, einer Fliegerbrille und einer Lederjacke, zu einem Flugtag, an dem ihr Idol Charles Kingsford Smith, der berühmteste Pilot Australiens, Rundflüge anbot. Auch Kingsford Smith nahm das kleine und zierliche siebzehnjährige Mädchen nicht ernst, das ihm nach einem Flug mitteilte, es wolle Pilotin werden.
Er war sehr überrascht, als sie zwei Monate später, im August 1933, in Mascot in der Nähe von Sydney auftauchte, wo er eben eine Flugschule eröffnet hatte. Sie hatte gerade so viel verdient, um die Ausbildung bezahlen zu können, und war zum Entsetzen ihres Vaters, der ihre Flugleidenschaft für einen vorübergehenden Spleen hielt, entschlossen, ihr Geld bis auf den letzten Pfennig in das Fliegen zu investieren.
Das folgende Jahr verbrachte Nancy auf dem Flugplatz. Sie kam, auch wenn sie nur 20 Minuten fliegen konnte, jeden Morgen und blieb bis zum Einbruch der Dunkelheit. Jede/r, die/der regelmäßig die Morgenfähre über den Hafen nahm oder in einer der Fabriken auf dem Weg zum Flugplatz arbeitete, kannte und grüßte Nancy Bird, die wegen ihrer ungewöhnlichen äußeren Erscheinung in ihrer Fliegerausrüstung und

wegen ihrer Jugend überall auffiel. Da Röcke sich als absolut unpraktisch in einem Flugzeug mit offenem Cockpit erwiesen hatten und überdies bei der Wartung der Maschine störten, hatte sich Nancy Knickerbocker, im Sommer aus Leinen und im Winter aus Tweed, schneidern lassen.

Obwohl die angehende Pilotin schon allein aufgrund ihres rührenden Eifers bei allen beliebt war, wurden ihre Pläne von ihren Mitschülern und Fluglehrern skeptisch beurteilt. Auch ihr verehrter Kingsford Smith sagte ihr immer wieder: »Du weißt Nancy, daß ich Frauen im Cockpit eines Flugzeugs ablehne. Es ist nicht der richtige Platz für sie.«[2]

Doch Nancy Bird, die — im wahrsten Sinne des Wortes — auf Wolken schwebte, ließ sich von solchen Vorurteilen nicht beeindrucken. Sie war hingerissen von ihren neuen Erfahrungen:»Aus tausend Fuß Höhe hat die Erde am frühen Morgen eine ätherische Schönheit, die vom Boden aus nicht zu erkennen ist; auch am späten Nachmittag, wenn die Schatten der Bäume länger werden als die Bäume selbst, wenn Ocker und Grün, Braun und Grau der Erde in einem warmen und sanften Glühen verschwimmen, dann fühlt der Pilot, daß die Erde wunderschön und sein Eigentum ist.«[3]

Die ehrgeizige junge Frau lernte relativ schnell fliegen, wobei das Landen am schwierigsten war; sie lernte aber auch, ein Fluzgzeug zu warten und ein Funkgerät zu bedienen. Einen Monat nach Beginn ihrer Ausbildung bestand Nancy den Test für die A-Lizenz. In der Folgezeit flog sie alle möglichen Maschinen — manche waren richtige »Antiquitäten« — um die notwendigen 60 Flugstunden für die Verkehrspilotenprüfung zusammen zu bringen. Abend für Abend saß sie über ihren Büchern, um sich die notwendigen theoretischen Kenntnisse, unter anderem Navigation, Meteorologie und Flugzeugbau, anzueignen. Als besonderer Stolperstein erwies sich die Mathematik, in deren Geheimnisse sie oft nur mit Hilfe von Freunden und Bekannten eindringen konnte. Im März 1935 war es soweit, Nancy Bird bestand die Prüfung für die B-Lizenz und war damit im Britischen Commonwealth die jüngste Pilotin mit dieser Qualifikation.

Nancy Bird war entschlossen, auf keinen Fall mehr ins Geschäft ihres Vaters zurückzukehren, sondern ihre Lizenz zu nutzen und als Pilotin zu arbeiten, obwohl sie alle auf dem Flugplatz für verrückt erklärten. War es schon für einen Mann mit langer Flugerfahrung schwer genug, einen

Job in der Luftfahrt zu finden, so schien dies für eine Frau unmöglich zu sein, denn niemand, so hieß es, wolle sein kostbares Leben einer Frau anvertrauen. Nancy bewarb sich erst gar nicht um eine Stelle bei einer etablierten Fluggesellschaft, sondern sie kaufte mit Hilfe einer Tante und ihres Vaters, der inzwischen die Bestrebungen seiner Tochter begeistert unterstützte, ein eigenes Flugzeug — eine alte »Moth«, die erst von Grund auf überholt und repariert werden mußte. Sie plante, mit der zwei Jahre älteren Peggy McKillop, die mit ihr zusammen die B-Lizenz erworben hatte, von Ort zu Ort zu fliegen und dort Rundflüge anzubieten. Dies war, wie Nancy Bird immer wieder hören mußte, ein finanziell riskantes Unternehmen, weil die Zuschauer Mitte der dreißiger Jahre meist nicht mehr mit einem einfachen Flug zufrieden waren, sondern Sensationen in der Luft erwarteten. Kingsford Smith und Harold Durant führten beispielsweise einen simulierten Luftkampf vor, Kingsford Smiths Neffe John balancierte auf den Flügeln eines Flugzeugs, andere präsentierten waghalsige Kunstflüge.
Die Flugzeugtaufe, zu der alle Verwandten und Bekannten in ihren besten Kleidern gekommen waren, wäre beinahe ausgefallen, denn der erste Testflug endete mit einer Notlandung. Erst nachdem die Maschine von einem Auto zum Flugplatz zurückgeschleppt worden war, konnte die feierliche Zeremonie stattfinden. Die »Moth« wurde »Vincere« — »Überwinden«, getauft. »Es waren nicht nur die Entfernung, die ich überwinden wollte«, schreibt Nancy in ihrem Buch, »sondern auch die düsteren Prophezeiungen, die ich von allen Seiten hörte, daß wir vom Fliegen nicht leben könnten.«[4]
Am 3. April 1935, nachdem das Flugzeug erneut repariert war, starteten Nancy »Little Bird« und die um zwei Köpfe größere Peggy, »Big Bird« genannt, zur ersten von Pilotinnen organisierten Tour durch Australien. Sie hatten eine Flugroute erarbeitet, die sie immer dann in eine Stadt führte, wenn dort etwas »los« war, das heißt, wenn viele Menschen mit Geld in den Taschen und dem Wunsch, etwas zu erleben, zu erwarten waren.
Die erste Station der »Birds« war Tamworth, eine Kleinstadt nördlich von Sydney, wo sie begeistert aufgenommen wurden. Es fanden sich auch wirklich einige wagemutige Ortsbewohner, die sich für 10 Schilling dem zerbrechlich wirkenden Fluggerät, auf dessen Tragflächen mit großen Lettern »WOMAN« gemalt war, anvertrauten. Die Aufschrift war

nicht als feministisches Bekenntnis der Pilotinnen, sondern als Werbung für eine neue Zeitschrift gedacht und brachte Geld in die chronisch leere Kasse.

Es ging weiter nach Invernell, Moree, Burren Junction ... Überall lief ihr Aufenthalt nach dem gleichen Muster ab: Vor der Landung kreisten Nancy und Peggy einige Male, um ihre Ankunft anzukündigen und die Menschen aufzufordern, zu der Wiese zu kommen, die als Flugfeld diente. In der Regel war ihr Flugzeug sofort von Kindern umringt, die in den kleineren Orten sogar schulfrei bekommen hatten, um zum ersten Mal ein Flugzeug aus der Nähe betrachten zu können. Leider hatten die meisten Mädchen und Jungen, die liebend gerne einmal geflogen wären, nicht genug Geld, um einen Rundflug zu bezahlen. Wesentlich vorsichtiger waren die Erwachsenen, die zwar auch in Mengen kamen, um sich die Flüge und, wie sie halb hofften, halb befürchteten, einen Absturz anzusehen, die aber, auch wenn sie beabsichtigt hatten, einen Flug zu wagen, beim Anblick des winzigen Flugzeugs nervös wurden. Es bedurfte schon einiger Überzeugungskraft, um ihnen doch noch einen Flug zu verkaufen.

Überall, wo sie hinkamen, wurden beide Pilotinnen herzlich aufgenommen und wie hochgestellte Gäste behandelt: Interviews, Empfänge beim Bürgermeister, Besichtigungen und Einladungen standen in jeder Stadt auf dem Programm. In jeder Stadt holte Nancy auch ihren langen Rock und die Spitzenbluse aus dem Koffer, der wegen des beschränkten Raumes in der »Moth« etwa so groß wie ein Schulranzen war. Neben diesen Kleidungsstücken, die sie bei gesellschaftlichen Ereignissen aller Art, selbst bei großen Bällen, trug, hatte Nancy auf der drei Monate dauernden Tour noch zwei Garnituren Unterwäsche, zwei Paar Strümpfe, einen Fliegeranzug, einige Blusen und einen Ledermantel dabei.

Trotz ständiger Probleme mit dem Motor, der bei niedrigen Temperaturen nicht anspringen wollte und überdies viel zu viel Öl verbrauchte, legten »Little« und »Big Bird« in drei Monaten 22 000 Meilen unfallfrei zurück. Sie verdienten immerhin so viel, daß sie davon leben und das Flugzeug unterhalten konnten, und sie hatten so viel Spaß, daß sie einige Monate später zu ihrem zweiten Rundflug durch den Südwesten von Neu-Süd-Wales aufbrachen.

Während dieser Tour führte Nancy ihren ersten Flug im Auftrag des »Far West Children's Health Scheme« durch. Dieser von Reverend

Nancy Bird als Hilfsdienst-Pilotin

Stanley Drummond aufgebaute Gesundheitsdienst kümmerte sich um die Kinder, die fern von jeder medizinischen Versorgung im »Outback« Australiens lebten. Er brachte kranke Kinder, von denen viele an einer Augenkrankheit litten, die unbehandelt zur Erblindung führt, ins Krankenhaus nach Sydney, richtete in ausgedienten Eisenbahnwaggons mobile Kliniken ein und schickte Krankenschwestern in die Siedlungen, die Hunderte von Meilen abseits von jeder Eisenbahnlinie lagen. Dies war eine sehr aufwendige Angelegenheit, weil die Schwestern tagelang im Auto unterwegs waren. Oft hatte der Regen die Straßen unpassierbar gemacht, so daß sie ihren Bestimmungsort überhaupt nicht erreichen konnten. Ein Flugzeug schien hier das ideale Transportmittel zu sein.

Im Oktober, zwei Tage vor ihrem zwanzigsten Geburtstag, startete Nancy von Bourke aus mit Schwester Webb zu ihrer ersten Tour für den Gesundheitsdienst. Sie kamen in Orte, in denen die Hitze, der Staub und der Wind fast unerträglich waren; sie besuchten Familien, die in Hütten aus verrostetem Wellblech wohnten und sie trafen Kinder, die noch nie frisches Obst gegessen hatten. Nancy Bird bewunderte die Frauen, die unter solchen Bedingungen, weitab von jeder Zivilisation, isoliert, ohne auch nur ein Telefon, ohne Freizeit und ohne ausreichende Ernährung lebten und ihr Bestes taten, um ihre Familien zu versorgen.

Obwohl sich Schwester Webb nur ungern dem Flugzeug anvertraute, war der Flug ein voller Erfolg, und der Gesundheitsdienst forderte Nancy auf, ihre Maschine in Bourke zu stationieren und die Schwestern in einem regelmäßigen Turnus zu ihren Einsatzorten zu fliegen. Nancy akzeptierte, nicht nur weil das eine Chance war, als Pilotin zu arbeiten, sondern auch, weil sie die Frauen, die ihre Kinder im »Outback« unter schwierigsten Bedingungen aufzogen, unterstützen wollte. Freilich reichte der von der Hilfsorganisation garantierte Mindestverdienst nicht aus, um finanziell gesehen überleben zu können. Nancy brauchte zusätzlich Charteraufträge, die sie nur mit einem größeren und zuverlässigeren Flugzeug bekommen konnte. Daher beschloß sie, das Angebot eines reichen Farmers, ihr bei der Finanzierung zu helfen, anzunehmen.

Sie kaufte eine »Leopard Moth«, einen Eindecker mit zwei Passagiersitzen, der in ihren Augen unbeschreiblich luxuriös ausgestattet war. Nachdem sie monatelang in der offenen »Gipsy Moth« mit Kopf und Schultern in der brennenden Sonne oder im eiskalten Wind geflogen war, genoß sie das geschlossene Cockpit mit Ventilation und Heizung ebenso wie den großzügigen Gepäckraum und die Reisegeschwindigkeit von 120 Meilen in der Stunde. Mit dieser Maschine startete sie im November 1935 nach Bourke, wo sie in den nächsten Monaten leben und arbeiten wollte. Im Süden der Stadt erstreckten sich unendliche Wälder, die vom Flugzeug aus wie ein schwarzes Meer ohne Orientierungspunkte oder Notlandemöglichkeiten wirkten. Bourke, eine verschlafene Kleinstadt für eine Frau, die aus Sydney kam, war für die Menschen, die noch weiter im Landesinneren wohnten, der Inbegriff großstädtischen Lebens, der Ort, der die Grenze zur Zivilisation darstellte.

Nancy kümmerte sich nach ihrer Ankunft in Bourke zunächst um eine Unterstellmöglichkeit für ihr kostbares Flugzeug und suchte dann eine

Unterkunft für sich selbst. Dabei stieß sie auf Mrs. Fitzgerald, die der jungen Pilotin für nur zwei Pfund pro Woche ein winziges Zimmer mit Vollpension in ihrem Hotel anbot. Für Nancy, die zwar schon einige Rechnungen für den Hangar, aber noch keine Charteraufträge in Aussicht hatte, war dieses großzügige Angebot eine unschätzbare Hilfe, obwohl die Tatsache, daß sie, ein junges Mädchen, im Hotel wohnte, anfangs Zweifel an ihrer Respektabilität weckte. Diese Zweifel wurden durch ihre Kleidungsgewohnheiten noch geschürt: Um ihre wenigen Kleidungsstücke zu schonen, trug Nancy bei der Arbeit an ihrem Flugzeug Shorts oder einen Overall sowie einen Tropenhelm. Jeden Morgen marschierte Nancy in dieser Kluft an »Hale's Stores« vorbei zum Flugplatz, und jeden Morgen begrüßte sie der Geschäftsinhaber: »Guten Morgen, Hut! Wohin gehst du mit dem kleinen Mädchen?«[5]
Die einzigen regelmäßigen Charteraufträge waren die des Gesundheitsdienstes; weitere Aufträge kamen nur sehr unregelmäßig. Vor allem bei schönem Wetter hatte Nancy oft nichts zu tun; bei schlechtem Wetter, wenn die Straßen unpassierbar und die Telefonverbindungen unterbrochen waren, war sie dagegen viele Stunden unterwegs. Sie hätte dann zwei Piloten zusätzlich beschäftigen und drei Flugzeuge auslasten können. Die Charterflüge führten Nancy in Gegenden, die so gut wie gar nicht besiedelt waren, in flaches, konturloses Land, das von oben überall gleich aussah. Sie wußte, daß sie die Orientierung, oft eine Straße, nicht verlieren durfte, weil sie sonst in der menschenleeren Weite dieser Gebiete verloren war. Dort hätte sie auch bei einer Notlandung kaum jemand finden können, und sie wäre, wie zwei Piloten im Jahr 1929, verdurstet. »Wenn ich da draußen flog«, schreibt sie in ihrer Autobiographie, »gab es niemandem, dem ich meinen Bestimmungsort und den Zweck meines Fluges mitteilen mußte. Manchmal erzählte ich dem Mann, der mir Benzin verkaufte, nur um mich ein bißchen zu unterhalten, wohin ich flog, manchmal tat ich es auch nicht. Bei einer Notlandung wären drei oder vier Tage vergangen, bevor mich auch nur irgendjemand vermißt hätte. Es war meine größte Sorge, notlanden zu müssen. ... Ich dachte oft an H.S. Hitchcock und Keith Anderson, die 1929, während sie nach Kingsford Smith und Ulm suchten, landen mußten und in der einsamen wasserlosen Lehmwüste verdurstet sind. In ihrer Verzweiflung hatten sie sogar die Kompaßflüssigkeit getrunken ... Manchmal, wenn ich da draußen allein flog, erfüllte mich eine fast unüberwindbare

Sehnsucht, wieder in die Zivilisation zurückzukehren und wieder unter meinen Mitmenschen zu sein.«[6] Nancy flog auch nie, ohne eine große Wasserflasche und Verpflegung für den Notfall mitzunehmen.

In dieser Gegend, wo natürliche Landmarken wie Flüsse oder Berge weitgehend fehlten, war Nancy auf sehr ungenaue Straßenkarten angewiesen. Wenn es irgendwie möglich war, hielt sie sich deshalb an die Telegraphenleitungen, die sich auch im Fall einer Notlandung als lebensrettend erwiesen. Man mußte nur auf einen der Masten klettern und den Leitungsdraht durchschneiden, um einen Tag später von dem Arbeiter, der nach dem Defekt suchte, gefunden zu werden.

Ein anderes Problem bei Charteraufträgen waren die Landeplätze. Die Kunden riefen bei der lokalen Telefonvermittlung an, fragten nach dem Piloten und waren, wenn Nancy ans Telefon kam, zunächst sprachlos, weil der Charterpilot eine Frau war. Während sie sich noch von ihrem Schock erholten, erkundigte sich Nancy nach möglichen Landeplätzen, wobei sie großes psychologisches Einfühlungsvermögen entwickeln mußte. War der Kunde ein Optimist, so würde er ihr eine Wiese empfehlen, auf der allerhöchstens ein Kakadu landen konnte. Pessimistische Klienten sahen dagegen überall Schwierigkeiten, selbst wenn die Bedingungen optimal waren. Es gab auch Leute, die sich in ganz genauen Beschreibungen versuchten. Sie solle, so ein alter Mann am Telefon, einem Weg bis zu einem Tor in einem Weidezaun folgen. Dieses Tor könne sie nicht verfehlen, weil er dort eine Schafherde durchgetrieben hätte, und sie eine Menge von frischem Kot finden könnte.

Selbst wenn unter bestimmten Windbedingungen eine Landung geglückt war, hieß das immer noch nicht, daß Nancy auch problemlos wieder starten konnte. Bisweilen mußte der Boden erst eingeebnet, oder sogar von Gebüsch und Bäumen befreit werden, bevor die junge Pilotin einen Start riskieren konnte.

Im Sommer wurden Hitze und Trockenheit fast unerträglich. Wenn es, was selten passierte, regnete, machte es ihr Freude, über das ergrünende Land zu fliegen. Wenig angenehm allerdings war es, auf den überfluteten Wiesen oder auf den verschlammten Straßen zu landen, um steckengebliebene Autofahrer zu retten. Der Regen erweckte auch die Moskitos und die Sandfliegen zum Leben. Nancy trug eine Sonnenbrille und ein Moskitonetz über ihrem Tropenhelm, um Augen und Gesicht vor den Quälgeistern zu schützen. Obwohl sie pro Tag eine ganze Flasche

Insektenschutzmittel verbrauchte, waren Arme und Beine von Stichen übersät.
Nancy Bird flog Schafzüchter zu entfernten Weiden, Kranke ins Hospital oder auch die Bewohner abgelegener Orte zum nächsten Bahnhof. Sie wirkte sogar in einem Film über den Gesundheitsdienst mit dem Titel »Engel des 'Outback'« mit. Trotzdem verdiente sie nur so viel, daß sie zwar allmählich ihr Flugzeug abbezahlen, sich aber keine Extraausgaben wie frisches Obst oder jeden Tag eine Zeitung leisten konnte. Ihre Schwester schickte ihr abgelegte Kleidung und ihr Vater Vitaminpillen, um ihre einseitige Ernährung auszugleichen.
Im Dezember 1936 beteiligte sich Nancy an einem Flugwettbewerb, der von Brisbane nach Adelaide führte. Nach so vielen einsamen Monaten genoß sie jeden Augenblick des Rennens, jede Möglichkeit, wieder mit Leuten zusammen zu sein, die flogen wie sie und die ihre Sprache sprachen. Jetzt kamen ihr die vielen Flugstunden über Wüsten und Wälder, bei Sturm und Regen zugute. Sie gewann den für die beste Pilotin ausgesetzten Preis.
Nancy Bird kehrte nach dem Rennen nicht mehr nach Bourke zurück, weil der Gesundheitsdienst den Zuschuß zum Unterhalt des Flugzeugs nicht mehr aufbringen konnte. Sie entschloß sich, ihr Hauptquartier in Charlesville in Queensland aufzuschlagen und hoffte, die Behörden von der Notwendigkeit, bei der Krankenversorgung ein Flugzeug einzusetzen, überzeugen zu können. Als ihr dies nicht gelang, und es sich überdies herausstellte, daß die Lebenshaltungskosten in dieser Stadt im Vergleich zu den geringen Verdienstmöglichkeiten viel zu hoch waren, übersiedelte sie nach Cunnamulla, wo sie im Hotel von Mrs. Davis unentgeltlich wohnen konnte.
Inzwischen war sie in der ganzen Gegend bekannt und beliebt. Junggesellen machten ihr Heiratsanträge, Kinder schickten ihr Gedichte und Hausfrauen schrieben ihr Briefe. Sie gestanden ihr, daß sie durch das Küchenfenster in den Himmel starrten und die junge Pilotin um ihr freies und aufregendes Leben beneideten. Nancy fand ihr Leben zu dieser Zeit gar nicht mehr beneidenswert. Fliegen, so schien es ihr, war endlose Langeweile, unterbrochen von Augenblicken schrecklicher Furcht. Allmählich begannen die Belastungen — die Hitze und die Moskitos, die Motorprobleme und die Turbulenzen, die bei der extreme Hitze auftraten und das Fliegen gefährlich machten — Wirkung zu zeigen. Schwer

wogen auch die Verantwortung für Passagiere und Patienten und das Fehlen einer Vertrauensperson, mit der sie ihre Sorgen teilen konnte. Nancy fühlte sich müde und ausgelaugt, bekam Halsschmerzen und eine Blinddarmentzündung, die eine Operation nötig machte.
Anfang März 1938 startete sie mit einem Passagier von Sydney nach Bourke. Als sie sich dem Gebirge näherte und die tief liegende Wolkendecke sah, hatte sie plötzlich das Gefühl, nicht weiter fliegen zu können. Sie kehrte um, landete und hatte, wie sie selbst meinte, einen kontrollierten Nervenzusammenbruch. Sie wußte nur eines ganz sicher: Sie wollte nie mehr fliegen.
Nancy Bird verkaufte ihr Flugzeug und gab das Fliegen auf. Erst zwanzig Jahre später kehrte sie ins Cockpit eines Flugzeugs zurück. Auf einer »Tiger Moth«, wie früher mit einem Kissen als Unterlage, das ihre geringe Körpergröße ausgleichen sollte, erneuerte sie 1958 ihre Fluglizenz. Für Nancy Bird hatte das Fliegen seine alte Faszination wiedergewonnen. Im selben Jahr nahm sie mit einer gemieteten »Cessna« am berühmten »Powder-Puff-Derby« in USA teil und wurde Fünfte.
1985 besuchte sie einen Kongreß der Internationalen Vereinigung der Berufspilotinnen, der von Ansett, einer australischen Fluggesellschaft, gesponsort wurde. (Noch 1976 hatte diese Gesellschaft einen Prozeß verloren, als sie versuchte, Frauen von der Pilotenausbildung auszuschließen.) 1985 arbeiteten immerhin schon fünf Pilotinnen bei Ansett, was Nancy Bird, die erste Berufspilotin in Australien, mit großer Freude registrierte.

Nicola Lunemann, Pilotin der Lufthansa, bei ihrem ersten Linienflug von Frankfurt nach London, 1988

Pilotinnen heute: Im Liniendienst bei der Lufthansa

Die Luftfahrtgeschichte ist – wie dieses Buch beweist – auch eine Geschichte von Frauen, die sich langsam aber kontinuierlich in die Männer-Domäne des Fliegens vorgearbeitet haben. Keine leichte Übung. Die, die es geschafft haben, leisteten Überdurchschnittliches.
Als ich 1988 als eine der beiden ersten Pilotenschülerinnen der Lufthansa-Verkehrsfliegerschule in Bremen meine Ausbildung abschloß, war es gerade sechzig Jahre ser, seit die junge Berlinerin Marga von Etzdorf als erste (Co-)Pilotin für die damals gerade zwei Jahre alte »Luft Hansa« geflogen war.
Da ich aus einer Fliegerfamilie stamme – mein Vater und zwei meiner Brüder sind Jet-Piloten –, wollte ich, nach meiner Tätigkeit als Stewardess, nun auch meinen Wunsch verwirklichen, Verkehrsflugzeugführerin zu werden. Als Frau – warum nicht!
Heute sollen Frauen im Cockpit einer Linienmaschine nicht mehr die große Ausnahme sein. Ich finde es gut, daß sich immer mehr junge Frauen für den Beruf der Verkehrsflugzeugführerin interessieren. Mittlerweile gibt es, wenn man Ausbildung und Liniendienst zusammennimmt, schon rund 20 Pilotinnen bei der Lufthansa.
Der Auswahltest ist schaffbar, die Ausbildung umfassend. Es gibt einen Standard, den man erfüllen muß, egal ob Mann oder Frau. Gefragt sind fliegerisches Können, Reaktionsschnelligkeit, Genauigkeit. Dabei ist fliegerische Vorbildung keine Bedingung. Meine Kollegin Evi Lausmann zum Beispiel, die wie ich jetzt als Copilotin im Liniendienst fliegt, war vor ihrer Reise zum Auswahltest in Hamburg noch nie mit einem Flugzeug unterwegs gewesen.
Zwar wird noch einige Zeit vergehen, bis wir bei Lufthansa eine »all women crew« zusammenbekommen, aber aufzuhalten ist die Entwicklung nicht mehr. Der Luftverkehr ist schließlich eine Wachstumsindustrie. Das schafft Zukunftsperspektiven. Auch für immer mehr Pilotinnen.

Nicola Lunemann,
Copilotin, Deutsche Lufthansa AG

Anmerkungen

Die Erfüllung eines Traumes – Luftschifferinnen

1 zit. nach: Emanzipation in den Wolken, S. 44. Dieser Arktikel wurde mir ohne nähere Angaben vom Archiv des Luftsportverbandes Schleswig-Holstein zur Verfügung gestellt.
2 zit. nach: Emanzipation in den Wolken, S. 42.
3 Große Frauen der Weltgeschichte. o.J., S. 468.
4 Russel, 1988, S. 63.
5 Salomon, 1966, S. 17.
6 L'Aérophile, Paris Nr. 16 (1908), S. 196 f.

Carlotta, die Lady im Ballon

1 Bassett, 1953, S. 157.
2 Bassett, 1953, S. 145.
3 Bassett, 1953, S. 148.

Käthe Paulus, die erste deutsche Fallschirmspringerin

1 Langsdorff, o.J., S. 13.
2 Langsdorff, o.J., S. 15 f.
3 Langsdorff, o.J., S. 16 f.
4 Bonnet, 1965, S. 24.
5 Langsdorff, o.J., S. 19.
6 Bonnet, 1965, S. 28 f.
7 Salomon, 1966, S. 14.
8 Bonnet, 1965, S. 32.

Frauen in ihren »fliegenden Kisten«

1 Beese, 1921, S. 158.
2 Norden, 1939, S. 203.
3 Moolman, 1982, S. 13.

Melli Beese

1 Norden, 1939, S. 66.
2 Beese, 1921, S. 158.
3 Norden, 1939, S. 179.
4 Flugsport Nr. 3 (1911), S. 721.
5 Mahn, 1961, S. 293.
6 Norden, 1939, S. 261.
7 Beese, 1921, S. 155.
8 Beese, 1921, S. 155.

Harriet Quimby

1 Powell, 1982, S. 273 f.
2 Gwynn-Jones, 1984, S. 121.
3 Powell, 1982, S. 277.
4 Powell, 1982, S. 277.
5 Gwynn-Jones, 1984, S. 121.
6 Powell, 1982, S. 278.
7 Moolman, 1982, S. 23.

Baronessen, Artistinnen, Künstlerinnen – Flugpionierinnen

1 Moolman, 1982, S. 15.
2 Damen-Sport, Damen-Turnen, 1919, S. 168.
3 Aerial Age, Nr. 4 (1916), S. 278.
4 Moolman, 1982, S. 33.
5 Moolman, 1982, S. 31 f.
6 Moolman, 1982, S. 31.

Mit dem Flugzeug über die Meere ...

1 Beinhorn, 1988.
2 Heath/Murray, 1929, S. 31.
3 Diese Aussagen wurden einem maschinenschriftlichen Text aus dem Archiv des Luftsportverbandes Schleswig-Holstein entnommen.
4 Holzapfel/Stocks, 1931, S. 58.
5 Lindbergh, 1937, S. 31 f.

Die »fliegende Sekretärin« – Amy Johnson

1 Smith, 1967, S. 263.
2 Smith, 1967, S. 265.
3 Smith, 1967, S. 267.
4 Smith, 1967, S. 25.
5 Smith, 1967, S. 53.
6 Smith, 1967, S. 128.
7 Boase, 1979, S. 97.
8 Smith, 1967, S. 163.
9 Boase, 1979, S. 101.
10 Smith, 1967, S. 194 f.
11 Smith, 1967, S. 211.
12 Smith, 1967, S. 217.
13 Smith, 1967, S. 219.
14 Smith, 1967, S. 28.
15 Smith, 1967, S. 353.

Versuch's noch einmal, Jean – Jean Batten

1 Batten, 1955, S. 10.
2 Batten, 1955, S. 15.
3 Batten, 1955, S. 31.
4 Batten, 1955, S. 40.
5 Boase, 1979, S. 176.

Mary, Herzogin von Bedford – Eine alte Dame fliegt um die Welt

1 Gore, 1938, S. 374. John Gore hat die Tagebücher der Herzogin von Bedford herausgegeben.
2 Bedford, 1949, S. 58.
3 Gore, 1938, S. 154.
4 Gore, 1938, S. 15.
5 Gore, 1938, S. 163.
6 Gore, 1938, S. 181.
7 Gore, 1938, S. 244.
8 Gore, 1938, S. 291.
9 Gore, 1938, S. 371.
10 Gore, 1938, S. 407
11 Gore, 1938, S. 422.

Der Flug ist das Leben wert – Marga von Etzdorf

1 Etzdorf, 1931, S. 11.
2 Etzdorf, 1931, S. 13.
3 Etzdorf, 1931, S. 19.
4 Earhart, 1932, S. 142.
5 Etzdorf, 1931, S. 29.
6 Etzdorf, 1931, S. 30.
7 Etzdorf, 1931, S. 31.
8 Etzdorf, 1931, S. 56.
9 Etzdorf, 1931, S. 95.
10 Beinhorn, 1980.

Jacqueline Cochran – Ihr Weg zu den Sternen

1 Cochran, 1954, S. 57.
2 Cochran, 1954, S. 66.
3 Cochran, 1954, S. 78.
4 Cochran, 1954, S. 101.
5 Cochran, 1954, S. 214.
6 Cochran, 1954, S. 219.

Amelia Earhart – Pilotin und Feministin

1 Backus, 1982, S. 232.
2 Moolman, 1982, S. 128.
3 Backus, 1982, S. 231.
4 Moolman, 1982, S. 131.
5 Earhart, 1932, S. 26.
6 Earhart, 1932, S. 27.
7 Boase, 1979, S. 70.
8 Backus, 1982, S. 65.
9 Backus, 1982, S. 66 f.
10 Earhart, 1932. S. 99.
11 Backus, 1982, S. 104 f.
12 Backus, 1982, S. 107.
13 Boase, 1979, S. 83.
14 Purdue Today vom 17.4.87, S. 4.
15 Boase, 1979, S. 89.

Fliegen als Beruf – Buschpilotinnen, Kunstfliegerinnen, Fallschirmspringerinnen

1 Frobenius 1931; dieser Text befindet sich ohne nähere Angaben im Archiv des Luftsportverbandes Schleswig-Holstein.
2 Smith 1981, S. 274
3 Schröter o.J., S. 12
4 Schröter o.J., S. 101
5 Smith 1981, S. X

Beryl Markham – Afrika war ihre Heimat

1 Lovell 1987, S. 53
2 Lomax 1987, S. 129
3 Markham 1983, S. 196
4 Markham 1983, S. 5
5 Markham 1983, S. 10
6 Markham 1983, S. 199
7 Markham 1983, S. 205
8 Lovell 1987, S. 286
9 Markham 1983, S. 286
10 Markham 1983, S. 287
11 Markham 1983, S. 7 f.

Nancy Bird – Zum Fliegen geboren

1 Bird 1961, S. 11
2 Bird 1961, S. 37
3 Bird 1961, S. 21
4 Bird 1961, S. 62
5 Bird 1961, S. 110
6 Bird 1961, S. 112

Literatur

Backus, Jean: Letters from Amelia, Boston 1982.
Bassett, Preston, R.: Carlotta, the Lady Aeronout of the Mohawk Valley, in: New York History 44 (1963), 145-172.
Bassett, Preston, R.: Carlotta, the Lady Aeronout, in: American Heritage 17 (1966) 65-67.
Batten, Jean: My Life, Darmstadt 1955.
Beese, Melli: Unser Flugplatz — in memoriam, in: Motor 1921, 156-158.
Beinhorn, Elly: ...so waren diese Flieger, Herford 1966.
Beinhorn, Elly: Alleinflug, Berlin 1988.
Beinhorn, Elly: Marga von Etzdorf — allein nach Nordafrika und weiter, Fliegerkalender 1980.
Beinhorn-Rosemeyer, Elly: Berlin-Kapstadt-Berlin, Zweite Aufl., Berlin 1940.
Bird, Nancy: Born to Fly, Sydney/London 1961.
Boase, Wendy: The Sky's the Limit. Women Pioneers in Aviation, New York 1979
Bonnet, Rudolph: Käthchen Paulus. Die Ballonfahrerin und Fallschirmspringerin, in: Mitteilungen des Vereins für Geschichte und Landeskunde zu Bad Homburg vor der Höhe, Nr. 29, Bad Homburg 1965.
Cochran, Jacqueline: Mein Weg zu den Sternen. Die Lebensgeschichte einer Rekordfliegerin, Zürich 1954.
Dixon, Charles: Amy Johnson — Lone Girl Flyer, London o.J.

Earhart, Amelia: The fun of it, New York 1932.
Earhart, Amelia: Last Flight, New York 1937.
Etzdorf, Marga von: Kiek in die Welt. Als deutsche Fliegerin über drei Erdteilen, Berlin 1931.
Gore, John (Hrsg): Mary Duchess of Bedford. 1865-1937, 2 Bände, London 1938.
Große Frauen der Weltgeschichte. Tausend Biographien in Wort und Bild, Murnau o.J.
Gwynn-Jones, Terry: For a Brief Moment the World Seemed Wild about Harriet, in: Smithonian Nr. 14 (1984), S. 112-126.
Hastings Duke of Bedford: The years of transition, London 1949.
Heath, Sophie/Murray, Stella Wolfe: Woman and Flying, London 1929.
Holbrook, Francis: Amelia Earhart's Final Flight, in: U.S. Naval Institute Proceedings, Februar 1971, S. 49-55.
Holzapfel, Carl Maria/Stocks, Käte und Rudolph : Frauen fliegen. 16 deutsche Pilotinnen in ihren Leistungen und Abenteuern, Berlin 1931.
Huntington-Smith, Helene: Profiles — Elinor Smith, in: The New Yorker (1930) May, S. 28-31.
Johnson, Amy: Sky Roads of the World, London/Edinburgh, 1939
Langsdorff, Werner von: Flieger und was sie erlebten. 77 deutsche Luftfahrer erzählen. Gütersloh, o.J.
Lomax, Judy: Women of the Air, New York 1987
Lovell, Mary. S.: Straight on till Morning. The Biography of Beryl Markham, New York 1987.
Lindbergh, Anne Morrow: Ich fliege mit meinem Mann, Leipzig/Wien 1937.
Mahn, Rudi: Melli Beese — in memoriam, in: Deutsche Flugtechnik Nr. 5 (1961), S. 293.
Markham, Beryl: West With The Night, Berkeley 1983. Deutsch: Westwärts mit der Nacht, München 1988
Mayer, Edgar: Zur Geschichte der Ballonfahrt im 18. und 19. Jahrhundert, in: Luftballone. Eine Ausstellung der Flughafen Frankfurt/Main AG und der Stadt Frankfurt/Main zur Ballonfahrt in Geschichte und Gegenwart, Frankfurt 1985, S. 15-24.
Moolman, Valerie: Frauen in der Luft, Amsterdam 1982.
Norden, Adalbert: Flügel am Horizont, Berlin 1939.
Powell, Hugh: Harriet Quimby. America's first Women Pilot, in: American Aviation Historical Society Journal Nr. 27 (1982), S. 273-279.
Putnam, George Palmer: Soaring wings, New York 1939.
Rasche, Thea: Und über uns die Fliegerei, o.J., o.O.
Reitsch, Hanna: Fliegen, mein Leben, Stuttgart 1951.
Russel, Mary: Vom Segen eines guten festen Rockes, Bern/München/Wien 1988.
Salomon, Eleonore: Die ersten Ballonfahrerinnen und Fallschirmspringerinnen, in: Theorie und Praxis der Körperkultur Nr. 15 (1966), S. 11-21.
Schmitt, Günter: Als die Oldtimer flogen. Die Geschichte des Flugplatzes Johannisthal, Berlin 1980.
Schröter, Lola: 150 Fallschirmabsprünge. Lola erzählt Selbsterlebtes! Dresden o.J.
Schwipps, Werner: Riesenzigarren und fliegende Kisten, Berlin 1984.
Smith, Constance Babington: Amy Johnson, London/Sydney/Toronto 1967
Smith, Elinor: Aviatrix, New York/London 1981

Stoll, Hans: Der Sturzflug einer Fliegerin, in: Zeit Magazin vom 22. Januar 1982, S. 4-15.
Supf, Peter: Das Buch der deutschen Fluggeschichte, 3 Bände, Stuttgart, 1956/58.
Tessier, Roland: Femmes de L'Air, o.O. 1941.
Thomas, Donald W.: Amelia Earhart's fatal decision, in: Journal of the American Aviation Historical Society Nr. 22 (1977), S. 87-90.
Woodhouse, H.: Pioneer women of the ... in: Flying, 2 (1913), H. 5, S. 22-26.

Bildnachweis

Abbildung Seite 6/7, 8, 22, 31, 43, 55, 65, 68, 72, 91, 94, 96, 98, 119, 146, 178 : Privatarchiv Gertrud Pfister
Seite 10 : Lovell, »Straight on till morning«, New York
Seite 13, 44, 88, 206 : Ullstein Bilderdienst, Berlin
Seite 14, 158, 206 : Deutsches Museum, München
Seite 16 : Girardet-Archiv
Seite 18, 21 : Flughafen AG, Frankfurt/M.
Seite 26, 47, 84, 138, 169, 192 : Moolmann, »Frauen in der Luft«, Amsterdam 1982
Seite 39, 62 : Museum für Verkehr und Technik, Berlin
Seite 112, 200, 205, 228 : Lomax, »Women of the Air«, New York, 1987
Seite 172 : Cochran, »Mein Weg zu den Sternen«, Zürich, 1954
Seite 197 : Backus, »Letters from Amelia«, Boston, 1982
Seite 213 : UPI / Bettmann Newsphotos
Seite 234 : Deutsche Lufthansa AG